Arbeitsanhang:

Wetter	142–145
Wirtschaft	**56 / 57, 90, 97,**
	100, 109
Wirtschaftssektor	57
Wurzelsprengung	114 / 115
Zehrgebiet	124 / 125
Zentraler Ort	**78 / 79**

Sachverzeichnis
Die dort **fett** gedruckten Begriffe werden im Anhang als "Wichtige Begriffe" genau erläutert.

Z

Zentraler Ort: Ein Ort, der für ein weites ⟶ Umland im Hinblick auf Arbeitsplätze, Einkaufsmöglichkeiten, Dienstleistungen und sonstige Angebote einen Mittelpunkt darstellt. Je nach Bedeutung und Ausstattung eines zentralen Ortes unterscheidet man Ober-, Mittel- und Unterzentren.

Wichtige Begriffe
Hier sind alle wichtigen Begriffe des Bandes zusammengestellt.

Zusatzangebot im Internet:

Weitere Lernangebote zu den Themen dieses Buches findest du im Internet mithilfe von Online-Links.
Die Online-Links, z. B. 104029-0101, stehen immer oben auf den Buchseiten.

Lernen im Netz
Kinder der Erde
104029-0101

Öffne die Internetseite www.klett.de/online und gib den Online-Link im Suchfenster ein ...

... und du gelangst zum passenden Material für das jeweilige Thema.

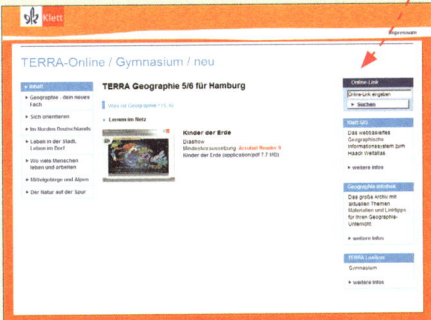

Umschlagbild: Luftbild eines Freibads © AEROPLOT (Jörg Umrath), Tübingen

1. Auflage   1 6 5 4 3 | 19

Alle Drucke dieser Auflage sind unverändert und können im Unterricht nebeneinander verwendet werden.
Die letzte Zahl bezeichnet das Jahr des Druckes.

Mit Beiträgen von: Benita Banach, Wesel; Dr. Joachim Bierwirth, Bad Nauheim; Dr. Egbert Brodengeier, Lichtenberg; Dieter Czekalla, Falkensee; Delia Dombrowski, Dresden; Frank Ehrlichmann, Bad Wildungen; Dr. Michael Geiger, Landau; Mike Jährig, Oderwitz; Robert Jansen, Aachen; Jens Joachim, Leipzig; Bodo Lehnig, Großdubrau; Bodo Meißner, Halle; Paul Palmen, Alsdorf; Herbert Paul, Asperg; Sebastian Paul, Hamburg; Christian Porth, Frechen; Dr. Petra Sauerborn, Bonn; Steffen Werner, Berlin
Redaktion: Mandy Görner, Oederan
Herstellung: Roland Rütten

Gestaltung: Nathanaël Gourdin & Katy Müller GbR, Leipzig
Umschlaggestaltung: Nathanaël Gourdin & Katy Müller GbR, Leipzig
Illustrationen: Steffen Butz, Karlsruhe; Klaus Feske, Ammerbuch; Rudolf Hungreder, Leinfelden-Echterdingen; Diana Jäckel, Erfurt; Ulf S. Graupner, Berlin; Wolfgang Schaar, Stuttgart; Ursula Wedde, Göppingen
Karten: Thomas Hönicke, Dr. Henry Waldenburger
Satz: Druckmedienzentrum Gotha GmbH, Gotha
Reproduktion: Druckmedienzentrum Gotha GmbH, Gotha
Druck: Firmengruppe APPL, aprinta druck, Wemding

Printed in Germany
ISBN 978-3-12-104029-2

Geographie 5/6

Hamburg

TERRA

Ernst Klett Verlag
Stuttgart · Leipzig

Inhalt

Geographie – dein neues Fach

Geographie – so heißt eines der neuen Fächer in deinem Stundenplan.
TERRA – der Name deines Schulbuches kommt aus dem Lateinischen und bedeutet „Erde".
Unsere Erde hat viele Gesichter. Auch die Menschen, die auf ihr leben, sind verschieden. Was du im Fach Geographie alles lernst, erfährst du auf der nächsten Seite. Wir laden dich ein, mit uns in deinem neuen Fach Geographie auf Entdeckungsreise zu gehen.

Schon vor über 2 000 Jahren haben sich die Griechen für die Erde interessiert. Sie nannten dies „Γεωγραφία" (geographia), was „Erdbeschreibung" bedeutet. Noch heute heißt diese Wissenschaft Geographie.

1

Was ist Geographie?

Im Geographieunterricht erfährst du, wie Menschen bei uns und in anderen Teilen der Erde leben, wie sie arbeiten, wohnen und ihre Freizeit verbringen.
Du lernst Länder und Regionen kennen, in denen das ganze Jahr eisige Kälte oder glühende Hitze herrschen, in denen es fast täglich regnet oder in denen oft jahrelang kein Regen fällt. Du erfährst, wie die Menschen ihr Land nutzen und verändern, wo sie Bodenschätze abbauen und wie sie sich vor Naturkatastrophen schützen.
Am besten lernst du natürlich durch eigene Anschauung. Du kannst aber nicht alle Gebiete der Erde selbst besuchen. Berichte, Bilder und Karten helfen dir hier weiter. Du lernst, wie Geographen die Erde mit „besonderen" Augen zu sehen. Geographen beobachten zuerst, was sich wo befindet. Danach versuchen sie, Muster in der Verteilung von z. B. Städten, Flüssen, Erdbeben oder anderen Dingen zu erkennen. Dann bemühen sie sich, die Vielfalt zu ordnen und Gebiete voneinander abzugrenzen. In einem weiteren Schritt erforschen sie die Ursachen der beobachteten Erscheinungen und Muster.
Geographieunterricht hilft dir, die Welt zu verstehen. Du lernst, wie die Menschen und Naturkräfte die Erde verändern und was getan werden muss, um das Leben für alle Menschen auf der Erde zu verbessern. Deshalb wirst du, wie ein Geograph, häufig die Fragen stellen: Wo ist es? Warum ist es dort? Wie geschah es?

1 Die Kinder berichten über Besonderheiten, die auch zu den Inhalten des Geographieunterrichts gehören.

In welchen Ländern und Kontinenten leben sie jeweils?

Ich lebe im Regenwald am Amazonas. In der Schule lerne ich Tembé, unsere Indianersprache. Aber ich muss auch Portugiesisch lernen, weil das die Amtssprache ist. Da es bei uns immer sehr heiß ist, brauche ich kein T-Shirt zu tragen.

Mein Land ist das einzige der Erde, das einen ganzen Kontinent umfasst. Meine Familie gehört zu den Aborigines. So nennt man die Ureinwohner unseres Landes. Das Känguru, das im Beutel seiner Mutter aufwächst, kommt nur in unserem Land vor.

Meine Eltern nenne ich „Dad" und „Mom". Sie arbeiten beim Film in Hollywood. Bei uns gibt es Gebäude so hoch, dass sie an den Wolken kratzen. Kein Land hat so viele Nationalparks mit so vielen einzigartigen Naturwundern.

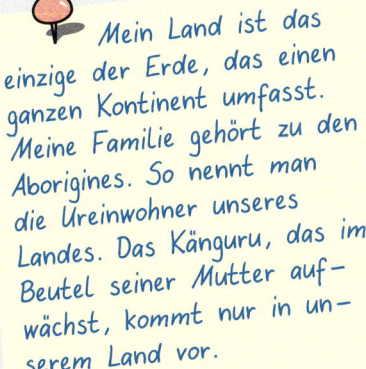

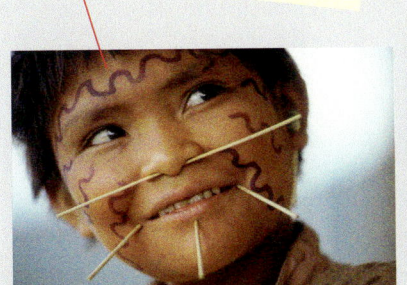

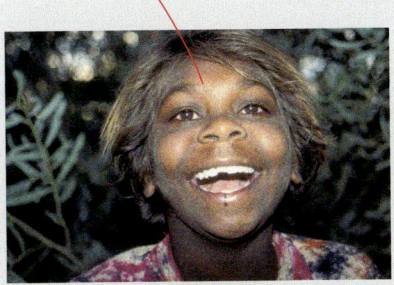

Ich wohne im größten Land der Erde. Im Norden befindet sich das größte Waldgebiet der Erde, das wir Taiga nennen. Unser Weihnachtsmann heißt Väterchen Frost. Wir erwarten ihn und seine Geschenke ganz aufgeregt am 7. Januar.

Wir schreiben in der Schule nicht mit Buchstaben, sondern mit Zeichen. So schreibe ich den Namen meines Landes:
中国
Das erste Zeichen bedeutet „Mitte", das zweite „Land". Übrigens hat kein Land der Erde mehr Einwohner als unseres.

Ich gehöre zum Volk der Massai. Bei uns gehört es zur Tradition, dass Mädchen ihre Köpfe kahl rasieren. Unsere bunten Halsreifen bestehen aus vielen kleinen Kugeln. In meinem Land entspringt der längste Fluss der Erde und unser Kilimandscharo ist der höchste Berg des Kontinents.

2

Sich orientieren

Orientieren heißt, sich zurechtfinden oder eine bestimmte Richtung suchen. Orientieren ist eine Fähigkeit, die du erlernen kannst. Zur Orientierung auf der Erde, an einem Urlaubsort oder in deiner Schulumgebung helfen dir Karten, Stadtpläne, ein Kompass, ein GPS-Gerät oder auch ein modernes Handy.

Winterhude

Winter-
huder-
Marktpl.

Grasweg

Barmbeker

U Sierichstr.

Graasweg

**Heinrich-
Hertz-
Schule**

Südring

Südring

Sportplätze

*Stadtpark-
see*

Freibad

Str.

Str.

Str.

Louisen-

Maria-

Str.

Str.

Dorotheen-

Klärchenstr.

Willi-

Blumen-

Zesen-

Dorotheen-

Krohns-

Heidberg

Poßmoorw.

**U
Borgweg**

Borgweg

Johanneum

Opitzstr.

Gottschedstr.

kamp

weg

Roepersweg

Poßmoor-

Wiesendamm

ufer

Semper-

Hanssensweg

Glindweg

Stammann-

Großheide-

str.

str.

str.

Meenwein-

Jarre-

Wiesendamm

Goldbekkanal

Goldbek-

*Rondeel-
teich*

Rondeelkanal

Rondeel

Bellevue

Sierich-

str.

Dorotheen-

Mühlen-

Schinkelstr.

Semper-

Forsmannstr.

Geibelstr.

Barmbeker

str.

Str.

**Heinrich-
Hertz-
Schule**

**Kampnagel-
fabrik**

Osterbekkanal

str.

*Barmbek-
Süd*

Andreas-Wenzel-str.

chaukamp

Poel-

Gellertstr.

ernsicht

Mühlenkampkanal

Gertig-

kamp

Jahn-

H. Henny-

Weg

str.

Osterbek-

Weide-

Bach-

Irmstedt

Weg

He

Irmstedt

str.

Flotow-

2

3

4

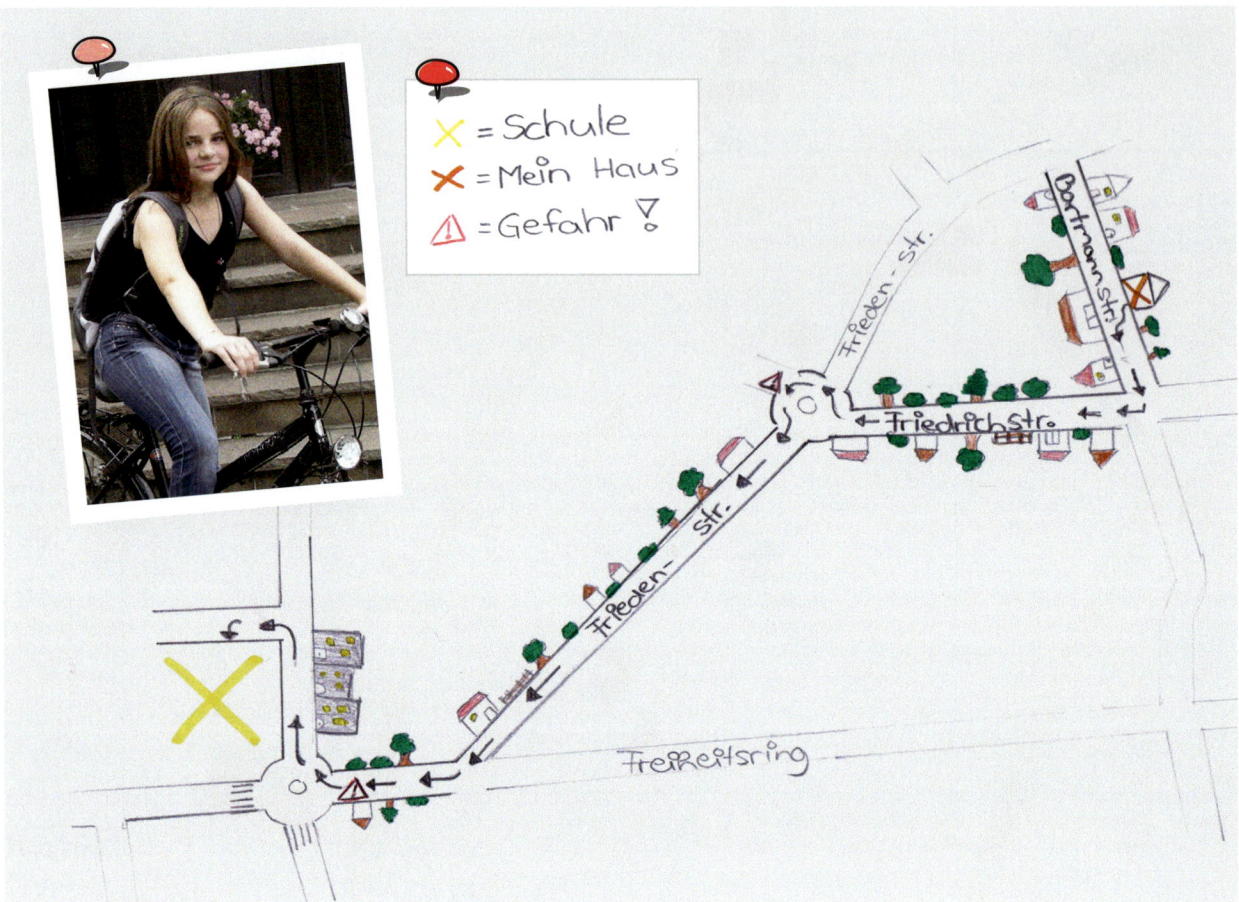

X = Schule
X = Mein Haus
⚠ = Gefahr !

Bortmann-str.

Frieden-str.

Friedrich-str.

Frieden-str.

Freiheitsring

1 Schulwegskizze von Marie

Neue Wege schnell gefunden

Nutze die richtigen Worte für eine Wegbeschreibung:
Was tun?
vorbeigehen, vorbeifahren, abbiegen, einbiegen, überqueren, wechseln
Wann?
zuerst, als Nächstes, danach, schließlich, zuletzt
Welche Richtung?
geradeaus, rechts, links, vorbei an, hinter, über, oberhalb, neben, nächste, erste

Seit kurzem besucht Marie das Gymnasium. Ganz unbekannt war ihr der Schulweg nicht, denn vor dem Schulanfang hat sie mit ihren Eltern die Strecke erkundet.

Marie soll in den ersten Schultagen ihren Schulweg beschreiben und eine Schulwegskizze anfertigen. Sie zeichnet auffallende Gebäude und Gefahrenstellen ein, damit sie problemlos und sicher an der Schule und zu Hause ankommt.

Viele ihrer neuen Mitschüler wohnen in anderen Stadtteilen und müssen sich neu orientieren. Dabei helfen Stadtpläne.

Was Stadtpläne erzählen
„Wie gelange ich denn zur Post?" – Ein **Stadtplan** weiß die Antwort! Er zeigt, wie die Straßen verlaufen und wie sie heißen. Die Legende hilft dir, wichtige Gebäude oder Anlagen zu finden.

Zur besseren Orientierung ist ein Stadtplan in Vierecke, die Planquadrate, unterteilt. Jedes Planquadrat ist durch eine Buchstaben-Zahlen-Kombination gekennzeichnet, z. B. C 2. Du findest sie im Straßenregister des Stadtplans, wo alle Straßen einer Stadt alphabetisch aufgelistet sind.

Material
Fragebogen zum Einzugsgebiet
104029-0201

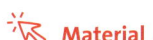

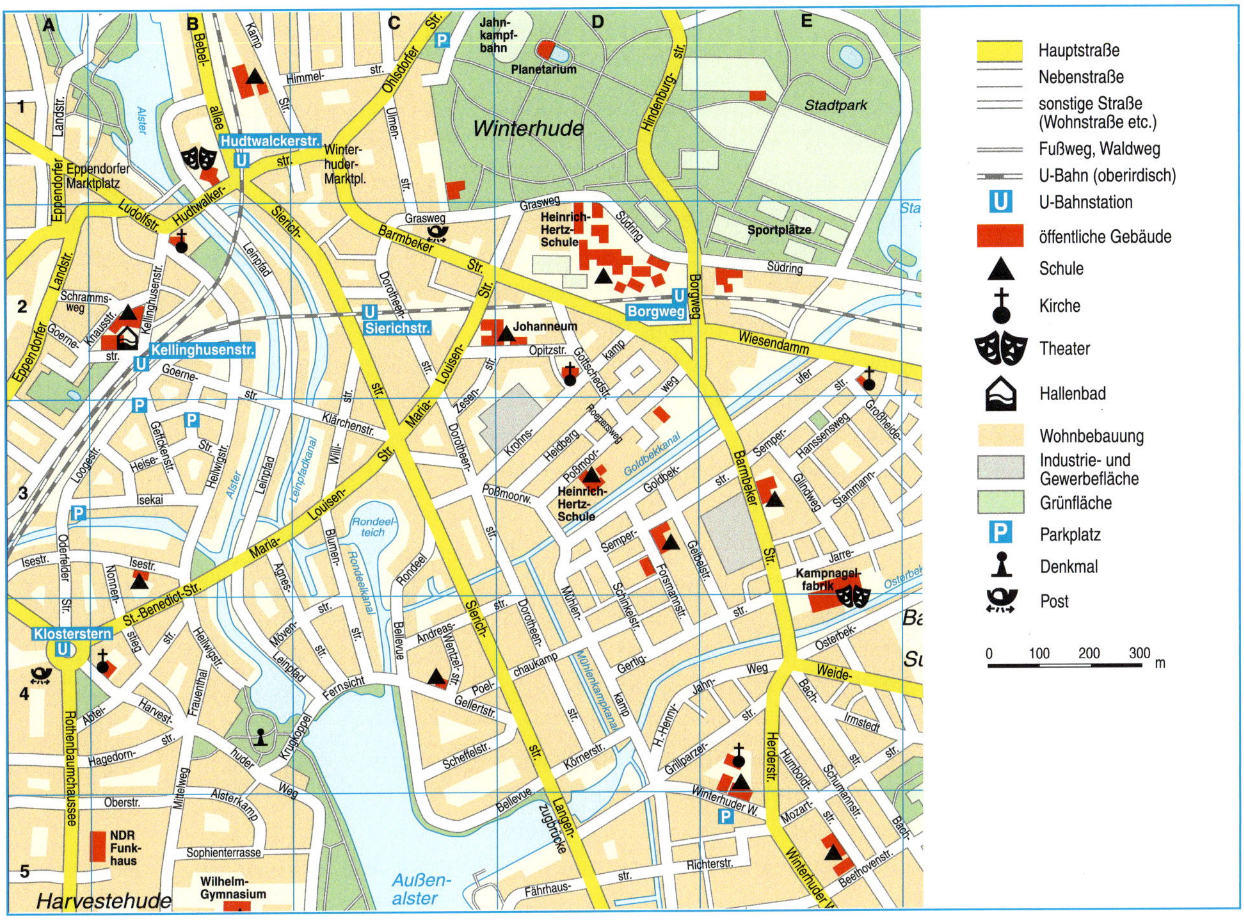

2 **Ausschnitt aus dem Stadtplan von Hamburg mit Legende**

Agnesstraße	B3/C4	Eppendorfer Landstraße	A1/A2
Barmbeker Straße	C2/D2/E3	Semperstraße	...
Bebelallee	...	St. Benedict-Straße	...
Blumenstraße	...	Wiesendamm	E2

3 **Aus dem Straßenregister**

1 Beschreibe Maries Schulweg mithilfe der Wortliste am linken Rand. Nenne die Gefahrenstellen, die Marie eingezeichnet hat.

2 Dein eigener Schulweg:

a) Zeichne eine Skizze deines Schulweges. Zeichne auch Gefahrenstellen ein.

b) Lasse deinen Schulweg von deinem Tischnachbarn beschreiben.

3 Vergleiche die Schulwegskizze mit dem Stadtplan 2. Nenne Gemeinsamkeiten und Unterschiede der Darstellung.

4 Stellt euch gegenseitig Fragen zum Stadtplan 2: In welchem Planquadrat liegt die Post, das Rathaus, der Kindergarten ...?

5 Arbeite mit dem Straßenregister 3: Ergänze die fehlenden Planquadrate.

Die Schulumgebung erkunden

Nicht alle Schüler und Schülerinnen an Maries Schule haben das Glück, in der Nähe ihrer neuen Schule zu wohnen und sich auszukennen. Viele kommen mit dem Fahrrad in die Schule. Dabei ist natürlich Vorsicht geboten: Ist das Fahrrad überhaupt fit für den Straßenverkehr? Auch sollte niemand ohne Fahrradhelm fahren, denn überall lauern Gefahren, so z. B. an Kreuzungen, Straßen ohne Fahrradweg oder an Bushaltestellen.

Deshalb erkundet die Klasse gemeinsam die Schulumgebung. Das Ergebnis soll in einer Karte festgehalten werden.

Maries Mitschüler und Mitschülerinnen zeichnen in der Schule die Gefahrenpunkte in die Karte ein. Man kann aber auch vieles anderes einzeichnen: Häuser, Straßen, Wiesen, Freizeiteinrichtungen wie Sportplätze, und allerhand mehr. Dafür verwendet man unterschiedliche Zeichen, die Signaturen. Diese werden in einer Legende erklärt.

So gestaltet ihr eine Karte eurer Schulumgebung:

1. Schritt: Euer Lehrer besorgt euch vom Katasteramt – meist im Rathaus – eine Karte eurer Schulumgebung im Maßstab von 1:2 500 oder 1:5 000.

2. Schritt: Überlegt, was ihr in die Karte einzeichnen wollt, zum Beispiel Freizeitangebote, öffentliche Gebäude usw. in der Nähe eurer Schule.

3. Schritt: Legt die Kartenzeichen (Signaturen) für die Legende fest.

4. Schritt: Erkundet, wo sich die Freizeiteinrichtungen, die öffentlichen Gebäude usw. befinden.

5. Schritt: Zeichnet die Ergebnisse eurer Erkundungen in die Karte ein.

6. Schritt: Gebt eurer Karte eine Überschrift.

Was man im Schulumfeld erkunden kann:
– die Verkehrssituation,
– wie die Flächen genutzt werden,
– welche Geschäfte es gibt,
– wer in der Umgebung wohnt,
– was man in der Umgebung unternehmen kann.

1

Und das soll sicher sein ?!

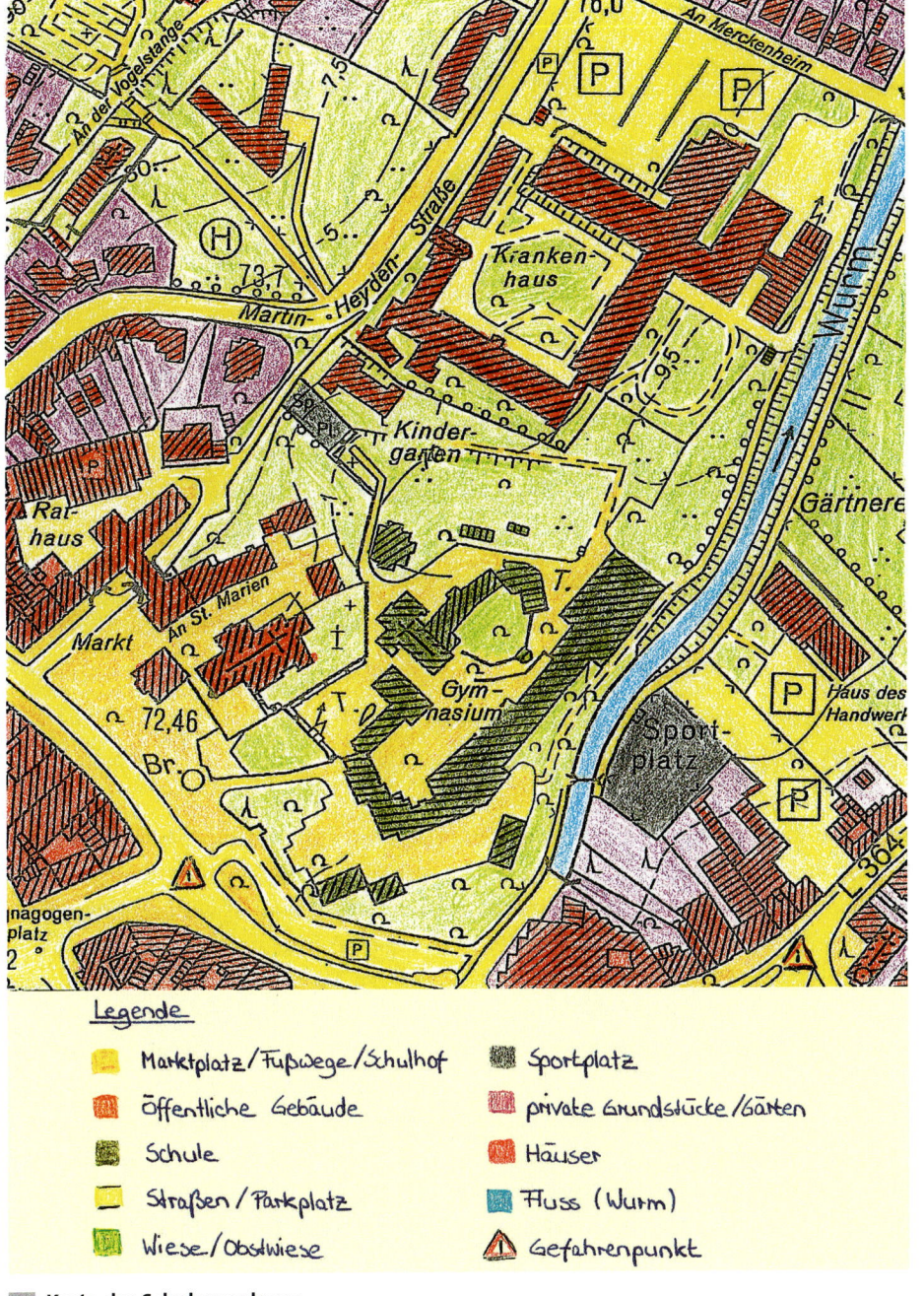

Was ihr alles in eine Schulumgebungskarte einzeichnen könnt:

– Freizeiteinrichtungen: z. B. Sportplätze, Spielplätze;
– öffentliche Einrichtungen: z. B. Post, Rathaus, Bahnhof;
– kulturelle Einrichtungen: z. B. Kino, Theater;
– Einkaufsmöglichkeiten und Restaurants.

Legende

- ▢ Marktplatz / Fußwege / Schulhof
- ▢ Öffentliche Gebäude
- ▢ Schule
- ▢ Straßen / Parkplatz
- ▢ Wiese / Obstwiese
- ▢ Sportplatz
- ▢ private Grundstücke / Gärten
- ▢ Häuser
- ▢ Fluss (Wurm)
- ⚠ Gefahrenpunkt

2 Karte der Schulumgebung

1 Nenne die Gefahrenstellen, die Lukas in der Karte 2 dargestellt hat.

2 Liste auf, was in der Karte der Schulumgebung noch dargestellt ist.

3 Vergleicht die Schulumgebung von Lukas' Schule (Karte 2) mit der Umgebung eurer Schule.

4 Erkundet nun selbst die Umgebung eurer Schule. Nutzt die Anregungen dieser Seite.

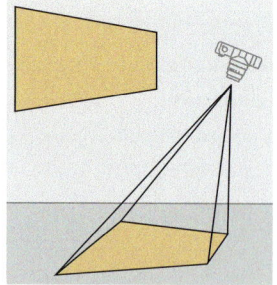

1 Schrägluftbild

2 Hamburg (Schrägluftbild)

Vom Bild zur Karte

Auf dem **Schrägluftbild** von Hamburg kannst du die Binnenalster, Wege und Straßen sowie einzelne Häuser deutlich erkennen. Beim **Senkrechtluftbild** ist das anders. Hier schaust du senkrecht auf die Binnenalster. Bei Gebäuden siehst du keine Fassade mehr, sondern nur die Grundrisse.

Aus solchen Senkrechtluftbildern werden Karten gezeichnet. Karten zeigen Stadt und Land so abgebildet, wie man sie senkrecht von oben sehen würde. Jedoch kann man nicht jede Einzelheit der Landschaft in einer Karte abbilden. Dazu würde der Platz nicht ausreichen. Deswegen müssen die Kartografen, so nennt man die Kartenhersteller, Objekte auswählen, vereinfachen, verkleinern und einebnen.

So kann zum Beispiel nicht jedes Haus auf der Karte abgebildet werden. Auch mancher Grundriss wird vereinfacht. Wege, Straßen oder Bäche, die oft nur wenige Meter breit sind, müssen sehr viel breiter als in der Wirklichkeit gezeichnet werden. Dieses „Übertreiben" ist notwendig, damit man sie in der Karte überhaupt erkennen kann. Die genaue Breite von Straßen, Wegen, Flüssen und Häusern lässt sich aus der Karte also nicht direkt abmessen. Zur Darstellung der Wirklichkeit benutzen die Kartografen Zeichen, Farben, Schrift und Linien. Diese werden in der **Legende** (Zeichenerklärung) erklärt.

1 Vergleiche die Luftbilder von Hamburg: Was kannst du genau, was weniger deutlich erkennen?

 **Lernen im Netz**
Spiel Luftbild und Karte
104029-0202

 **Material**
Animation „Vom Luftbild zur Karte"
104029-0203

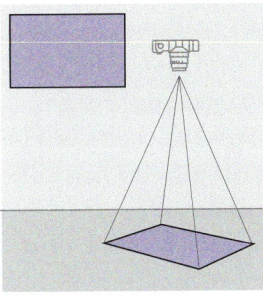

5 Senkrechtluftbild

3 Hamburg (Senkrechtluftbild)

4 Hamburg: Ausschnitt aus einem Stadtplan

2 Vergleiche die im Luftbild 3 festgehaltene Wirklichkeit mit der Karte 4:

a) Welche Vereinfachungen hat der Kartograf vorgenommen?

b) Welche Signaturen hat er verwendet?

c) Was erkennt man auf Karte 4 besser als auf dem Luftbild?

2 TERRA **METHODE**

Wenn du dich in fremden Städten oder auf Wanderungen orientieren möchtest, ist ein Blick auf eine Karte oft unerlässlich.
Wie weit ist es bis zur nächsten Stadt? Welcher Weg ist kürzer? Geht es bergauf oder bergab?
Solche Fragen kannst du beantworten, wenn du gelernt hast, eine Karte „zu lesen".

Karten lesen

Jede Karte hat einen Maßstab

Der **Maßstab**, genauer gesagt die Maßstabszahl, gibt an, um wievielmal die Wirklichkeit in einer Karte verkleinert ist. Dazu ein Beispiel:

Dein Schülerbuch liegt in Originalgröße vor dir, also 1:1. Das TERRA-Buch in Abbildung 1 ist 5-mal verkleinert abgebildet. Hier entspricht 1 cm in der Abbildung einer Strecke von 5 cm in der Wirklichkeit. Wir sagen, die Abbildung hat den Maßstab 1:5.

So sind z.B. auf Karten mit dem Maßstab 1:10000 alle Gegenstände 10000 mal kleiner als in Wirklichkeit. Das bedeutet, dass 1 cm in der Karte 10000 cm bzw. 100 m in der Wirklichkeit entspricht. Je stärker die Karten die Wirklichkeit verkleinern, desto mehr muss die Darstellung vereinfacht werden. Dann können z.B. nur noch wichtige Straßen berücksichtigt werden. Orte erscheinen nur noch in ihrem Umriss oder als Kreissymbol. Mit der zunehmenden Verkleinerung nimmt die Größe des dargestellten Gebietes zu.

1 Dein Schulbuch im Maßstab 1:5 und 1:10

Verschiedene Karten und Inhalte

Wanderkarten enthalten Orte mit vereinfachtem Grundriss, Straßen- und Wegenetz, Freizeiteinrichtungen, Rad- und Wanderwege, Orientierungshilfen wie Türme und einzelne Bäume.
Landschaftskarten enthalten Landschaften, Flüsse, Siedlungen und wichtige Verkehrslinien sowie Angaben zur Bodennutzung (Ackerland, Wald). Straßenkarten bilden Orte nur noch als Kreise oder Vierecke ab, Straßen sind mit Entfernungsangaben hervorgehoben.

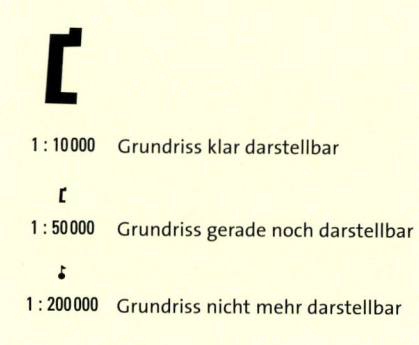

1 : 10 000	Grundriss klar darstellbar
1 : 50 000	Grundriss gerade noch darstellbar
1 : 200 000	Grundriss nicht mehr darstellbar

2 Signaturen und Maßstab
Mit dem Maßstab verändert sich auch die Darstellung einzelner Gebäude, hier eines Schlosses.

1 Berechne jeweils den Maßstab:
a) 1 cm auf der Karte entspricht 250 m in Wirklichkeit,
b) 1 cm entspricht 1 km,
c) 1 cm entspricht 10 km.
2 Ermittle die Entfernungen:
a) Karte 5: vom Dom in Fulda zur Ruine Edelsturm,
b) Karte 6: von Fulda nach Schlüchtern.
3 In Straßenkarten kannst du Strecken direkt ablesen: Wie lang ist die Fahrtstrecke von Fulda Nord nach Fulda Süd auf der Autobahn (Karte 5)?

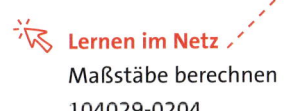

Karten lesen

1. Schritt: Überblick verschaffen

Suche in der Kartenlegende nach den Informationen, die du suchst, z. B. nach den Zeichen für einen Sportplatz oder den Farben für Wiesen.

2. Schritt: Sich orientieren

Suche in der Karte nach den entsprechenden Zeichen bzw. Farben und präge dir ihre Lage ein.

3. Schritt: Beschreiben

Beschreibe die Lage der gesuchten Objekte. Prüfe, ob du bestimmte Anordnungsmuster erkennen kannst.

Entfernungen/Luftlinie bestimmen

1. Schritt: Entfernung messen

Miss mit einem Lineal die gesuchte Entfernung ab (Luftlinie, also die direkte Verbindung).

2. Schritt: Maßstab feststellen

Stelle die Maßstabszahl der Karte fest, z. B. 1 000 000 in Karte 6.

3. Schritt: Entfernung berechnen

Multipliziere die gemessene Entfernung mit der Maßstabszahl und du erhältst die wirkliche Entfernung. Da das Ergebnis allerdings in Zentimeter angegeben ist, musst du es noch in eine sinnvolle Einheit umrechnen.

Tipp:

Wenn du zwei Nullen wegstreichst, kommst du von Zentimeter auf die Einheit „Meter". Wenn du noch einmal drei Nullen streichst, kommst du von „Meter" auf „Kilometer".

Gemessen: 3 cm
Maßstabszahl: 1 : 200 000
3 cm × 200 000 = 600 000 cm =
6 000 m = 6 km

3 Umrechnungsbeispiel

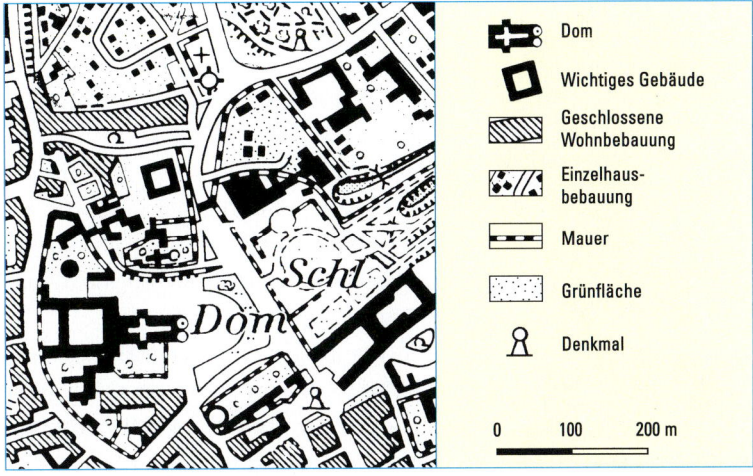

4 Topografische Karte 1 : 10 000

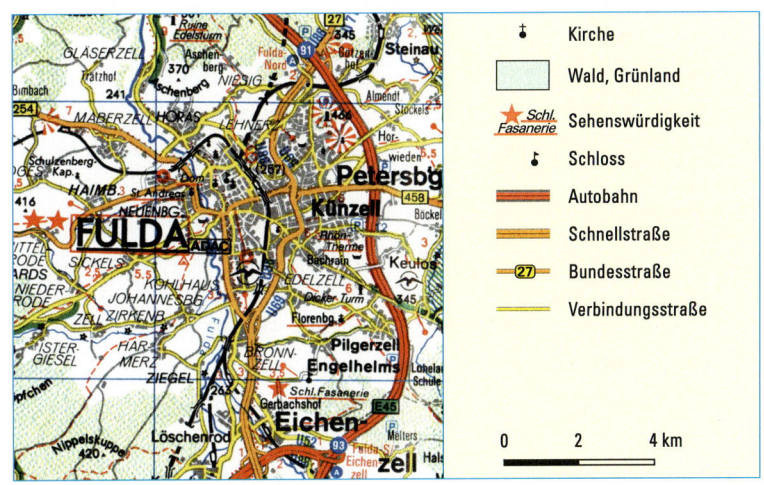

5 Straßenkarte 1 : 200 000

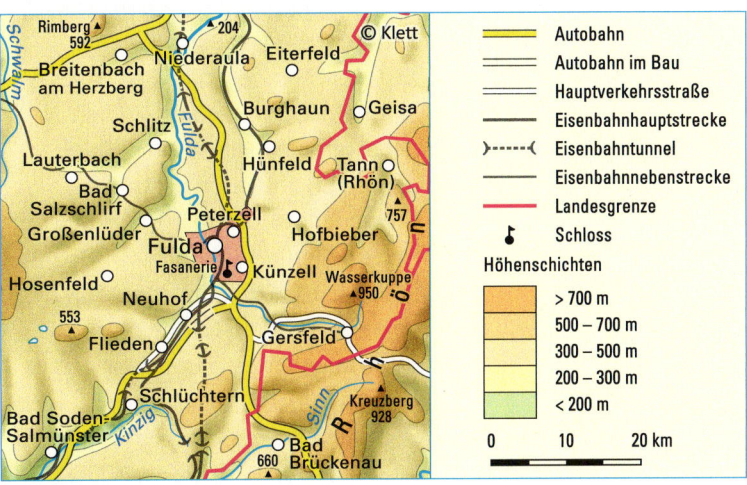

6 Atlaskarte 1 : 1 000 000

1 **Atlas von Farnese: Marmorstatue aus dem 1. Jh. v. Chr. (Nationalmuseum Neapel)**

Die Welt im Atlas

In der griechischen Sage wird vom Kampf zwischen den Göttern um die Vorherrschaft berichtet. Atlas, aus dem Geschlecht der Titanen, musste als Strafe für seine Teilnahme am Kampf gegen den Göttervater Zeus fortan das Himmelsgewölbe tragen.

Die Menschen im alten Griechenland stellten sich vor, dass das Himmelsgewölbe im Westen des Mittelmeeres auf der Erde bzw. auf dem Meer aufliege. Dort, so glaubte man, stütze Atlas mit seinen breiten Schultern den Himmel ab. An diese Sage hat sich der berühmte Kartograf Gerhard Mercator aus Duisburg erinnert, als er im Jahre 1595 erstmals den Namen **Atlas** für eine Sammlung von Karten verwendet hat. Seither benutzt man für eine Kartensammlung die Bezeichnung Atlas. Übrigens: Für den Atlas erlaubt der Duden die zwei Pluralbildungen Atlasse und Atlanten sowie die zwei Genitive des Atlasses und des Atlas.

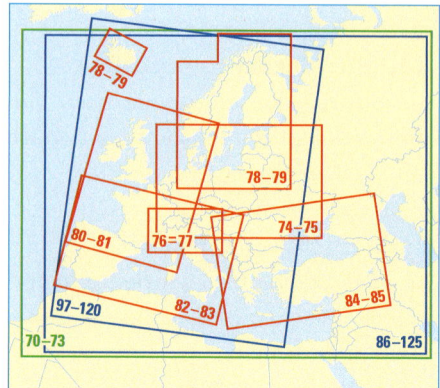

2 **Kartenübersicht**

Wenn ich das richtig sehe, ist in den Karten Grün nicht gleich Grün!

1 Neben dem Atlas für den Erdkundeunterricht gibt es viele andere Atlanten. Nenne einige Beispiele.

2 Lokalisiere in der Karte 4 den höchsten Berg Norwegens (Galdhøpiggen) und die Hauptstadt Schwedens (Stockholm). Auf welcher Höhe liegen beide?

3 Die Karte 5 wird als thematische Karte bezeichnet. Nenne die in der Karte abgebildeten Landschaften und Nutzungen.

4 Beschreibe die Bevölkerungsverteilung in Karte 6.

5 Erläutere die unterschiedliche Bedeutung der grünen Farbe in den Karten 4 bis 6:

Kartenthema	Bedeutung von Grün
Höhenschichten	
Landschaften	
Bevölkerung	

6 Suche in deinem Atlas Karten zu folgenden Themen:
a) Landeshauptstädte der deutschen Bundesländer,
b) Süddeutschland,
c) Landwirtschaft in Deutschland,
d) Klima in Europa.

Karten im Atlas

Auf den ersten Seiten des Atlas befindet sich das Kartenverzeichnis. Dort werden alle im Atlas vorhandenen Karten angegeben. Dann folgt der Kartenteil. Am Ende steht das Register, in dem alle auf den Karten verwendeten Namen von Ländern, Städten, Flüssen, Gebirgen, Bergen usw. alphabetisch aufgeführt sind.

Der Atlas ist eine unentbehrliche Hilfe für den Geographieunterricht. Wenn du in deinem Atlas blätterst, findest du ganz unterschiedliche Karten. Jede stellt für ein bestimmtes Gebiet ein Thema dar. Diese Seite zeigt drei Kartenausschnitte von Europa mit drei verschiedenen Themen. Beim Lesen dieser Karten erhältst du Informationen über die Vegetation bzw. die landwirtschaftliche Nutzung (Karte 5), die Höhenlage von Landschaften und Orten (Karte 4) sowie über die Bevölkerungsdichte (Karte 6). Das Thema jeder Karte wird im Titel bzw. in der Unterschrift formuliert, zum Beispiel: „Europa: Landschaften". Mit dem Kartenthema erkennst du das abgebildete Gebiet und die Kartenart.

4 **Europa: Höhenschichten (Physische Karte)**

5 **Europa: Landschaften**

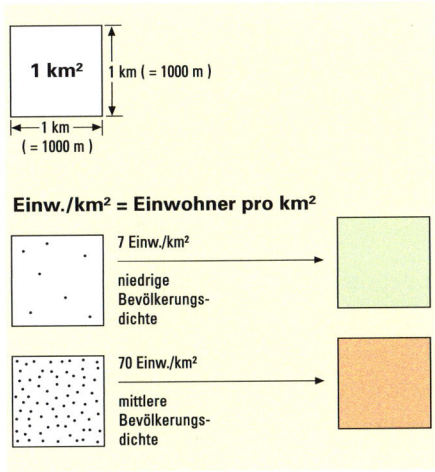

3 **Bevölkerungsdichte**

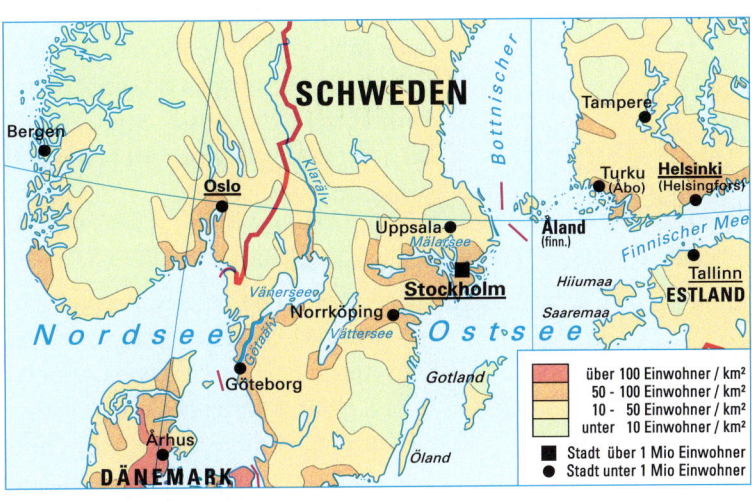

6 **Europa: Bevölkerung**

19

TERRA **METHODE**

1 Eisbär auf einem Müllplatz in Churchill

Christianskoog	18/19 DE1
Christmasinsel	172/173 O3
Chromtau	130/131 G4
Chubut	198 B4
Churchill, Stadt in Kanada	178/179 J4
Churchill, Fluss zur Hudson Bay	178/179 J4
Cienfuegos	180/181 E4
Cima dell' Argentera	76/77 B3
Cincinnati	180/181 E3

3 Register aus einem Schulatlas

Mit dem Atlas arbeiten

Die „Stadtstreicher" von Churchill
Immer wenn es Winter wird, im Oktober, schweben die Menschen von Churchill Town in Lebensgefahr. Raubtiere im weißen Pelz streifen durch ihre Straßen. Auf der Suche nach bequemer Nahrung schlagen sich die „Stadtstreicher" auf den Müllplätzen der Stadt den Wanst voll. Ganz gefährlich wird es für die Bewohner, wenn die „weißen Ungetüme" die Mülltonnen an den Häusern plündern oder gar in ihre Häuser einbrechen. Nach etwa zwei Monaten ist der Spuk vorbei. Mit rußgeschwärztem Fell verlassen die „Stadtstreicher" Churchill und die Gegend um Churchill und ziehen sich auf die im Winter zugefrorene Hudson Bay zurück: In Churchill geht die gefürchtete Eisbär-Saison zu Ende.

2

Eine interessante Nachricht, aber weißt du, wo Churchill liegt?

Geographische Namen auffinden
Jeder Atlas enthält, alphabetisch angeordnet, ein Verzeichnis geographischer Namen wie Orte, Flüsse, Seen, Meere. Du nutzt dieses Register (Abbildung 3) in folgender Weise:
1. Schritt: Kartenseite und Gradnetzfeld ermitteln
Suche zuerst den Namen des gesuchten Ortes im Register. Hinter dem Namen stehen dort drei Angaben. Die erste Zahl gibt die Kartenseite im Atlas an, die du aufschlagen musst, z.B. Churchill Seite 178/179. Die folgenden Zahlen geben ein Gradnetzfeld an, in dem das Objekt zu finden ist.

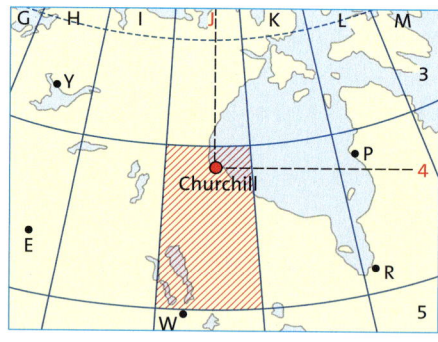

4

2. Schritt: Lage auf der Karte bestimmen
Suche dann das angegebene Gradnetzfeld auf, z.B. für Churchill J4.
3. Schritt: Objektangaben entnehmen
Entnimm aus der Legende die Angaben über das Objekt, z.B. Churchill: Stadt in Kanada, am gleichnamigen Fluss, hat unter 100 000 Einwohner.

5 **Singapur**

7 **In der Nähe von Uluru (Ayers Rock)**

6 **Bei Quito**

8 **Meerechsen auf den Galapagosinseln**

Aussprachehinweise und Wortbedeutungen
– Canberra [känbera], austral.: = „Treffpunkt"
– Fuji-san [fudshi ßan] oder Fudschijama = „Herr Berg"
– Honolulu [honelulu] polyn.: = „geschützter Hafen"
– Mississippi [mißißipi] indian.: Misi Sipi = „großes Wasser"
– Ouagadougou [uagadu´gu] in der Sprache der Volksgruppe Mossi = „das Land der Ouaga" (Ouaga war im 15. Jahrhundert ein mächtiges Königreich)
– Popocatépetl [popokateepetel] aztek.: = „rauchender Berg"
– Vatnajökull [watnajööküdl] isländ.: = „Wassergletscher"
– Wladiwostok [wladiwaßtok]: russ.: = „Beherrsche den Osten"

Bestimmte Karten auffinden

Der Atlas bietet dir dazu zwei Hilfsmittel an. Das Inhaltsverzeichnis gibt alle Karten des Atlas mit dem Thema an. Die Kartenübersicht zeigt, wo sich Karten für bestimmte Gebiete befinden. Damit kannst du schnell eine ganz bestimmte Karte auffinden, z.B. eine Staatenkarte zu Europa.

1. Schritt: Karte suchen

Suche im Inhaltsverzeichnis oder der Kartenübersicht nach der gewünschten Karte.

2. Schritt: Karte prüfen

Schlage die angegebene Seite auf und prüfe, ob die Karte auch die gesuchten Informationen enthält. Wenn die Kartenübersicht mehrere Seiten angibt, dann blättere diese nach der gesuchten Karte durch.

---

1 Lustige Namen und Zungenbrecher: Finde die Namen im Register, schlage die angegebenen Seiten auf und notiere:

Name	ist was	liegt wo
Canberra	Stadt	Australien
Fudschijama		
Honolulu		
Mississippi		
Ouagadougou		
Popocatépetl		
Vatnajökull		
Wladiwostok		

2 Fotos 5–8: Wo liegen die Orte oder Gebiete? Erstelle eine Tabelle:

Ort bzw. Gebiet	Atlas-seite	Feld	Lage-beschreibung

3 Finde in deinem Atlas mithilfe
a) des Inhaltsverzeichnisses die Karte „Afrika: Physische Übersicht",
b) der Kartenübersicht die Karte „Tourismus in Deutschland".

TERRA **METHODE**

Eine Lageskizze anfertigen

Vivien aus der 5 A erzählt in der Klasse von ihrem Urlaub. Sie wurde dort
gefragt, woher sie denn komme. Viele
kannten zwar Hamburg, wussten aber
nicht, wo ihr Heimatort Norderstedt
liegt. Daher kam sie auf die Idee, eine
Skizze anzufertigen, in der größere und
bekanntere Orte wie natürlich Hamburg oder Flüsse wie die Elbe mit enthalten waren. Damit konnten die anderen eine Vorstellung gewinnen, wo
Vivien zu Hause ist.

Beim Anfertigen einer Lageskizze
kommt es nicht darauf an, die Genau-
igkeit einer gedruckten Landkarte zu erreichen. Viel wichtiger ist es, die für die
Orientierung notwendigen Objekte wie
Städte, Flüsse oder Gebirge in ihrer richtigen Lage zueinander darzustellen.

Eine Lageskizze anfertigen
1. Schritt: Kartenausschnitt festlegen
und Objekte auswählen
Um das Anfertigen einer Lageskizze zu
üben, solltest du anfangs einen Atlas
zur Hilfe heranziehen. Suche am besten
zunächst eine physische Karte, denn
sie enthält viele Informationen, die du
benötigst. Dann musst du überlegen,
welche Informationen du brauchst, um
eine bestimmte Lage genauer beschreiben zu können. Du musst also einen
Kartenausschnitt festlegen, der diese
Informationen liefert. Innerhalb dieses
Kartenausschnittes wählst du Objekte
aus, die in deiner Lageskizze enthalten
sein sollen, z. B. Städte, Flüsse, Berge,
Straßen oder Eisenbahnlinien.

1 Ausschnitt physische Karte Hamburg

2. Schritt: Skizzieren

Skizziere mit Buntstiften alle ausgewählten wichtigen Elemente auf ein weißes Blatt. Beachte dabei die richtige Lage, die richtige Entfernung und die Lage der Elemente zueinander. Ergänze dann, falls du noch Platz hast, weitere Objekte, die einer noch besseren Orientierung dienen können.

3. Schritt: Beschriften und gestalten

Beschrifte zum Abschluss deine Lageskizze und gestalte sie farbig. Enthält deine Skizze viele Zusatzinformationen, fertige noch eine Legende an.

2 Viviens Lageskizze entsteht

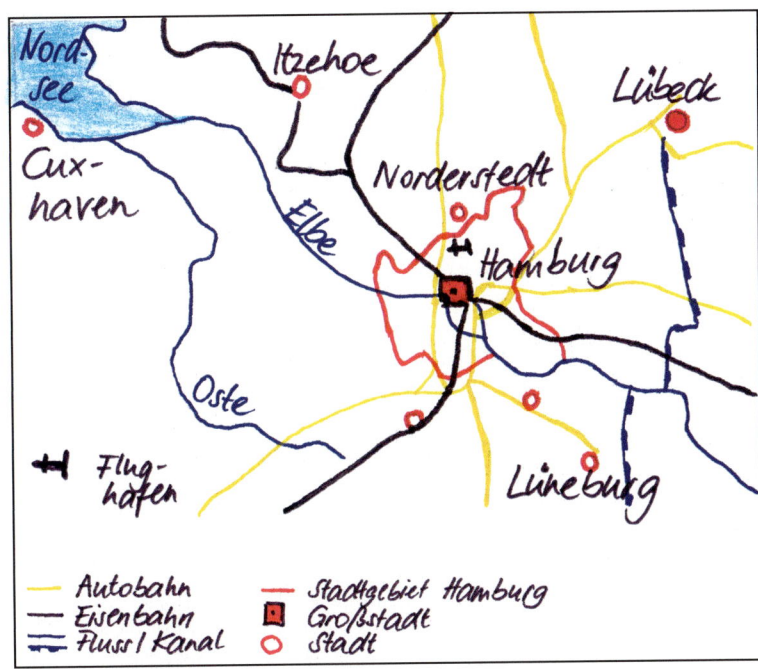

3 Viviens Lageskizze

1 Fertige eine Lageskizze zu deinem Wohnort an. Du kannst dich dabei zunächst an Viviens Beispiel orientieren, es aber auch ohne die Hilfe eines Atlas versuchen.

1

Orientieren in Deutschland und Europa

Über 800 Kilometer beträgt die Nord-Süd-Ausdehnung Deutschlands zwischen der Insel Helgoland in der Nordsee und der Zugspitze in den Alpen. Ein Flugzeug überfliegt diese Strecke in nur einer Stunde. Eine Vielfalt von Landschaften könntest du bei einem solchen Flug beobachten.

Aber so unterschiedlich die Landschaften auch sind – sie lassen sich zu vier **Großlandschaften** zusammenfassen. Mit dieser groben Ordnung entsteht ein Muster, das man sich leicht einprägen kann. Solche Muster sind die Grundlage für eine sichere Orientierung.

Zur Abgrenzung der Großlandschaften dienen die Höhen und Oberflächenformen wie Berge, Täler und Hügelländer – aber auch die im Untergrund anstehenden Gesteine. Sicher wirst du weitere Muster erkennen, wenn du genau auf den Verlauf der Flüsse achtest.

2 **Kartenskizze von Deutschland**

 **Material**
Flüge über Deutschland
104029-0206

 **Lernen im Netz**
Landschaftsbilder zuordnen
104029-0207

3 Großlandschaften

4 Bevölkerungsdichte

Tiefland
0 – 200 m (Höhe über dem
Meeresspiegel)
Mittelgebirgsland
200 – 2 000 m
Hochgebirgsland
> 2 000 m
Alpenvorland
ähnelt in den Oberflächenformen dem Tiefland, liegt
aber zwischen 200 – 900 m

1 Beschreibe die Fotos A – D und ordne sie den vier Großlandschaften zu.

2 Erstelle eine Deutschland-Skizze:

a) Skizziere den Umriss von Deutschland frei Hand auf ein weißes Blatt
Papier.

b) Trage grob den Verlauf der
Flüsse Rhein, Weser, Elbe, Main
und Donau in deine Skizze ein.

c) Beschreibe den Verlauf der Flüsse
und ordne sie den vier Großlandschaften zu.

3 Arbeite mit den Karten 3 und 4:

a) Welche Muster erkennst du?

b) Benenne Übereinstimmungen
zwischen beiden Karten.

6

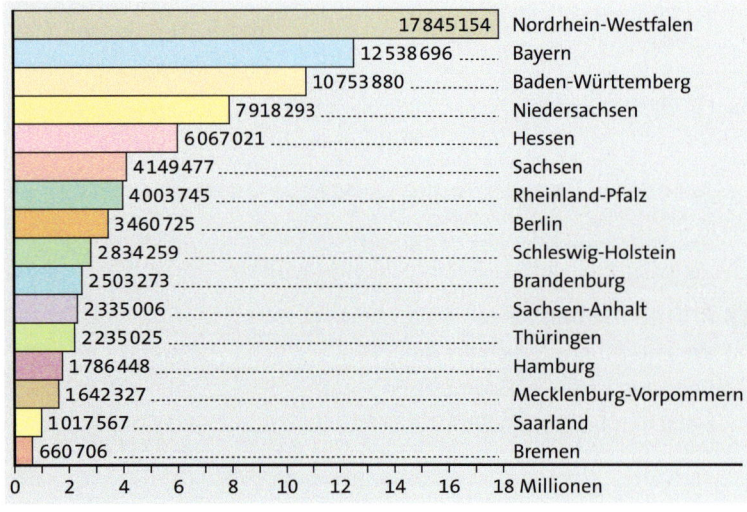

17 845 154		Nordrhein-Westfalen
12 538 696		Bayern
10 753 880		Baden-Württemberg
7 918 293		Niedersachsen
6 067 021		Hessen
4 149 477		Sachsen
4 003 745		Rheinland-Pfalz
3 460 725		Berlin
2 834 259		Schleswig-Holstein
2 503 273		Brandenburg
2 335 006		Sachsen-Anhalt
2 235 025		Thüringen
1 786 448		Hamburg
1 642 327		Mecklenburg-Vorpommern
1 017 567		Saarland
660 706		Bremen

0   2   4   6   8   10   12   14   16   18 Millionen

5 Einwohner der Bundesländer 2010

Bundesländer, Nachbarn, Europa

Die Bundesrepublik Deutschland ist ein Bundesstaat, der 16 **Bundesländer** umfasst. Regelmäßig finden Landtagswahlen statt, bei denen die Landesparlamente gewählt werden. Diese treten in der jeweiligen **Landeshauptstadt** zusammen. Dort werden die Gesetze beschlossen, die nur für das jeweilige Land gelten.

Drei der Bundesländer werden auch als Stadtstaaten bezeichnet, weil sie nur so groß sind wie eine Stadt. Andere, wie z. B. Nordrhein-Westfalen, sind dagegen größer als mancher Staat in Europa.

Lernen im Netz
Orientieren in Europa
104029-0208

Material
Lernkarte Europa
104029-0209

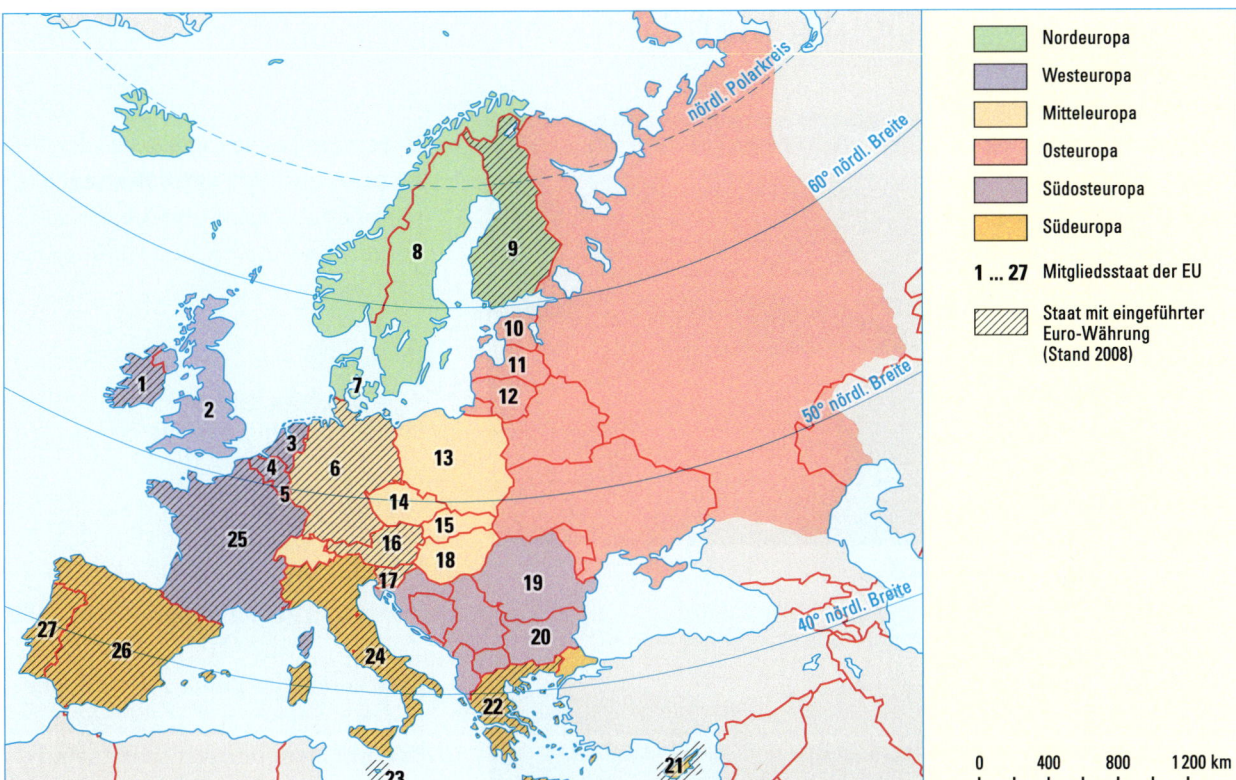

Nordeuropa	
Westeuropa	
Mitteleuropa	
Osteuropa	
Südosteuropa	
Südeuropa	

1 ... 27 Mitgliedsstaat der EU

Staat mit eingeführter Euro-Währung (Stand 2008)

0   400   800   1 200 km

7 Gliederung Europas

Deutschland in Europa

Zur besseren Orientierung in Europa hilft eine Gliederung des Kontinents nach den Himmelsrichtungen. Dabei ist jedoch eine eindeutige Zuordnung aller Staaten zu einem Teil Europas nicht möglich. Deutschland liegt in der Mitte Europas und wird zu Mitteleuropa gezählt. Die politische und wirtschaftliche Entwicklung Deutschlands wird bis heute von dieser zentralen Lage beeinflusst. Quer durch Deutschland verlaufen Verkehrswege, die Nord- und Südeuropa sowie West- und Osteuropa miteinander verbinden.

Bis 2007 haben sich 27 Staaten Europas zur Europäischen Union zusammengeschlossen. Sie haben Verträge geschlossen, die die Zusammenarbeit regeln, und sie wollen friedlich miteinander leben.

4 Lege mithilfe von Diagramm 5 eine Tabelle der Bundesländer an. Ergänze Flächengrößen und Landeshauptstädte. Nutze Seite 152.

5 Vergleiche die Bundesländer:
a) Welches hat die meisten, welches die wenigsten Einwohner?
b) Welches ist das flächengrößte, welches das flächenkleinste?

6 Entfernungen in Europa: Bestimme die Ausdehnung des Kontinents Europa vom Nordkap bis zur Insel Kreta und von Lissabon zum Narodnaja im Uralgebirge.

7 Atlasarbeit: Benenne die Namen der EU-Staaten 1 bis 27 in Karte 7.

2

TERRA **ORIENTIERUNG**

Deutschland – unser Land, in dem du lebst. Deutschlands Landschaften sind vielfältig. Jeder kann eine Landschaft finden, die er besonders schön findet. Wenn du dann von einer Landschaft hörst, solltest du schon wissen, wo sie liegt und wie es da aussieht. Diese Seite hilft dir, dabei den Überblick zu behalten.

Deutschland

1

2

3

1 Beschreibe die Lage von Deutschland auf unserer Erde. Benutze die Kontinente, Ozeane, Nachbarstaaten, angrenzende Meere und Himmelsrichtungen.

2 Die Lage Hamburgs zu beschreiben ist einfach: Es liegt in Norddeutschland an der Elbe. Beschreibe die Lage von:
a) Schleswig-Holstein,
b) Brandenburg,
c) Thüringen,
d) Baden-Württemberg.

3 Benenne das Bundesland mit den meisten Nachbarn. Dazu gehören alle Bundesländer und Nachbarstaaten.

4 Arbeite mit der Karte 4 und finde heraus:
a) die Meere,
b) die Flüsse und Seen,
c) die Gebirge,
d) die Bundesländer,
e) die Städte.

5 Finde mithilfe der Karte 4 heraus:
a) Bundesländer, die im Norddeutschen Tiefland liegen.
b) Bundesländer, die im Mittelgebirgsland liegen.
c) Bundesländer, die in zwei Großlandschaften liegen.

6 Ordne den Fotos 1–3 die dazugehörige Großlandschaft zu. Begründe deine Entscheidung.

Lernen im Netz
Orientieren in Deutschland
104029-0210

Lernen im Netz
Spiel zur Topografie
104029-0211

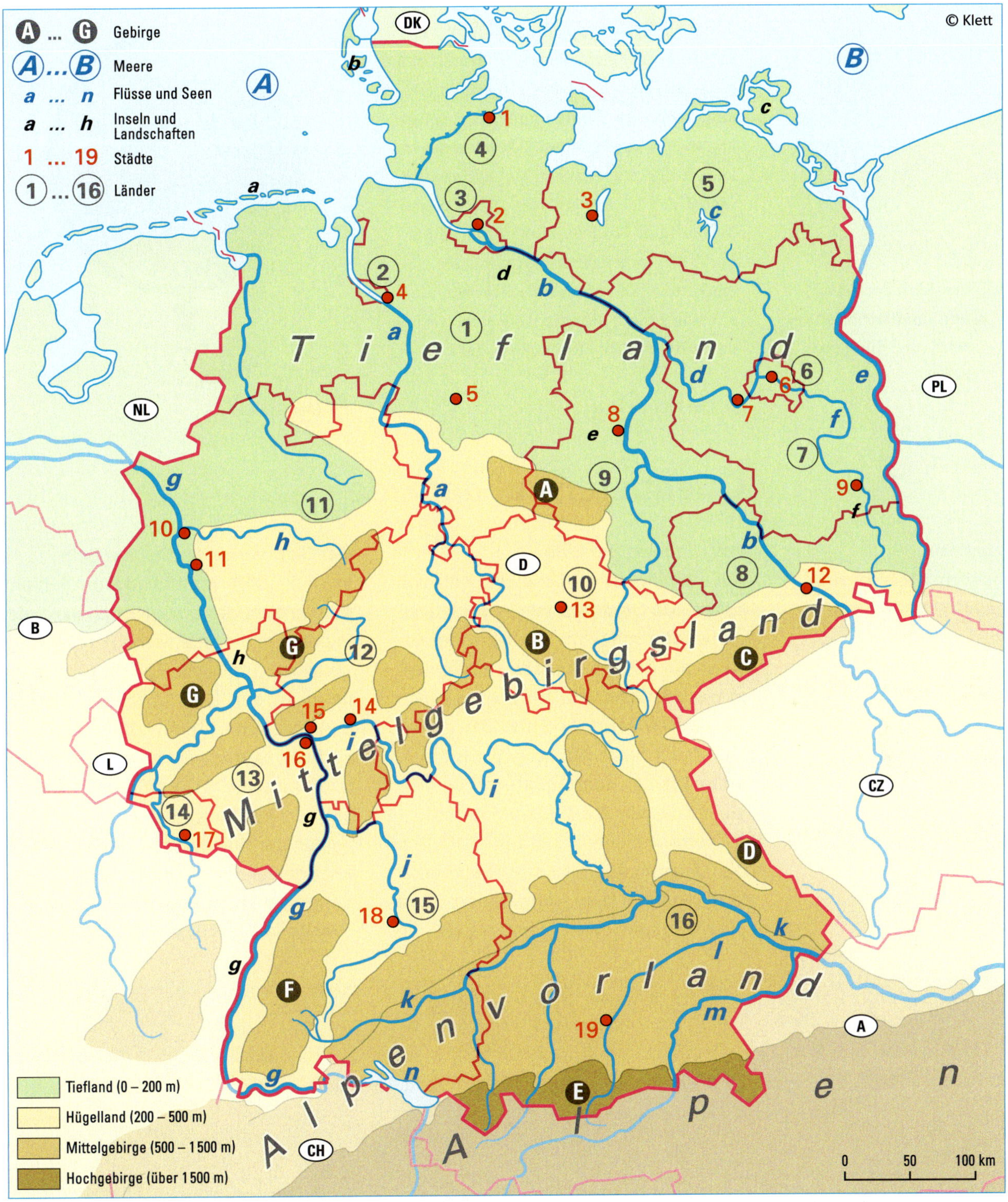

© Klett

A ... G Gebirge
Ⓐ...Ⓑ Meere
a ... n Flüsse und Seen
a ... h Inseln und Landschaften
1 ... 19 Städte
①...⑯ Länder

Tiefland (0 – 200 m)
Hügelland (200 – 500 m)
Mittelgebirge (500 – 1500 m)
Hochgebirge (über 1500 m)

0   50   100 km

4

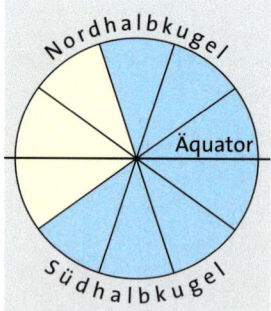

1 Vergleich der Wasser- und Landfläche auf der Nord- und Südhalbkugel

In der Nacht vom 14. zum 15. April 1912 kollidiert das Passagierschiff Titanic auf dem Atlantik mit einem Eisberg. In den aufgeschlitzten Schiffsrumpf dringt sofort Wasser ein. Das Schiff mit 2 206 Menschen an Bord beginnt zu sinken. Um Mitternacht sendet der Funker das Notsignal SOS und meldet seine Position. Kurz nach 4 Uhr erreicht die herbeieilende Carpathia die Unglücksstelle und nimmt die Überlebenden auf. Wie konnte die Carpathia, fern von jeder Küste, die Unglücksstelle finden?

3 Die Titanic in Not

4 Der Globus

Orientieren auf der Erde

Kontinent
aus dem lateinischen ,continens' = zusammenhängend

Ozean
aus dem altgriechischen Ωκεανος (,okeanos') = Weltmeer

Das Gradnetz der Erde
Auf dem Globus kannst du ein Netz von Linien, das **Gradnetz**, sehen. Diese Linien benutzt man, um die Lage oder Position auf der Erde angeben zu können. In west-östlicher Richtung umspannen die **Breitenkreise** die Erde. Der größte von ihnen heißt **Äquator**. Die Breitenkreise werden vom Äquator zu den Polen jeweils von 0 bis 90 nummeriert.
In nord-südlicher Richtung verlaufen die **Längenhalbkreise** oder **Meridiane**. Vom Nullmeridian nummeriert man die Meridiane jeweils von 0 bis 180.

Der Globus – ein Modell der Erde
Im Jahr 1492 erschuf Martin Behaim in Nürnberg das erste Modell der Erde. Er gab ihm die lateinische Bezeichnung „**Globus**" für Kugel. Nur ein Globus ermöglicht den Blick über die Erde mit den richtigen Größenverhältnissen und Entfernungen aller Länder, Kontinente und Ozeane. Das liegt daran, dass es bei der Abbildung der Erde in Karten wegen der Kugelgestalt immer zu Verzerrungen kommt. Du siehst das, wenn du versuchst, die gewölbte Schale einer Orange in eine Fläche zu pressen.

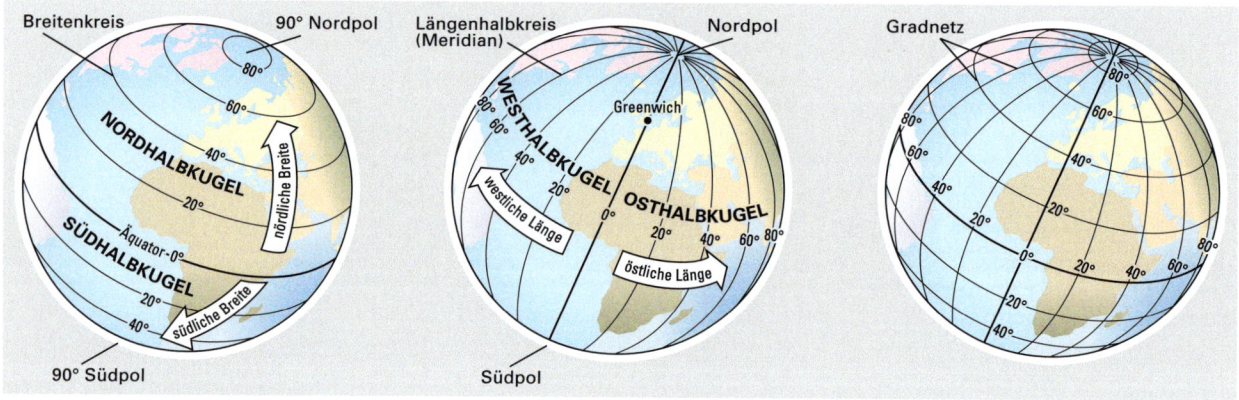

2 Das Gradnetz der Erde

Lernen im Netz
Ouiz: Vom Globus zur Karte
104029-0212

Lernen im Netz
Übungen Kontinente und Ozeane
104029-0213

Die Flächengrößen der Kontinente und Ozeane (in Mio. km²)	
Kontinent / Ozean	**Größe**
Australien	8
Europa	10
Antarktis	14
Südamerika	18
Nordamerika	24
Afrika	30
Asien	44
Indischer Ozean	75
Atlantischer Ozean	106
Pazifischer Ozean	180

5

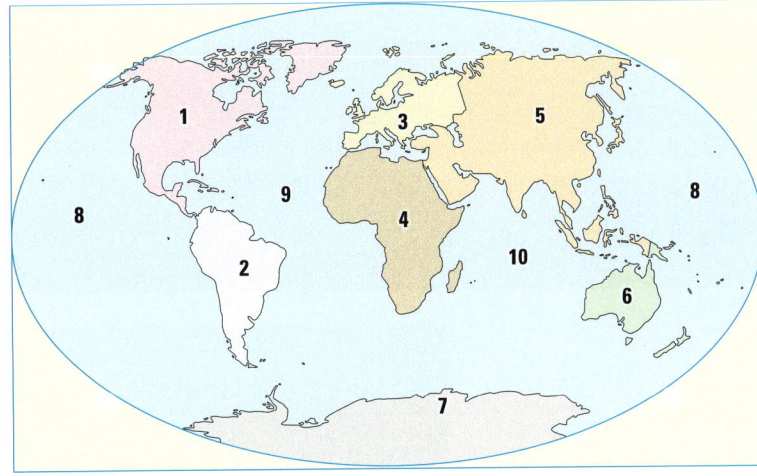

6 Die Kontinente und Ozeane der Erde (Europa im Zentrum)

Kontinente und Ozeane

Drehe den Globus einmal langsam gegen den Uhrzeigersinn. Dies entspricht der Drehung der Erde von West nach Ost. Dabei überblickst du die großen Landmassen der Erde. Diese werden Erdteile oder **Kontinente** genannt. Zusammen nehmen die sieben Kontinente jedoch eine geringere Fläche auf der Erde ein als die große zusammenhängende Wassermasse, das Weltmeer. Stellt sich da nicht die Frage, ob die „Erde" ihren Namen überhaupt zu Recht trägt oder nicht besser „Wasser" hieße? Durch die Kontinente wird das Weltmeer in riesige Teilräume, die drei **Ozeane** geteilt.

Name, Gestalt, Größe und Lage der Kontinente solltest du dir besonders

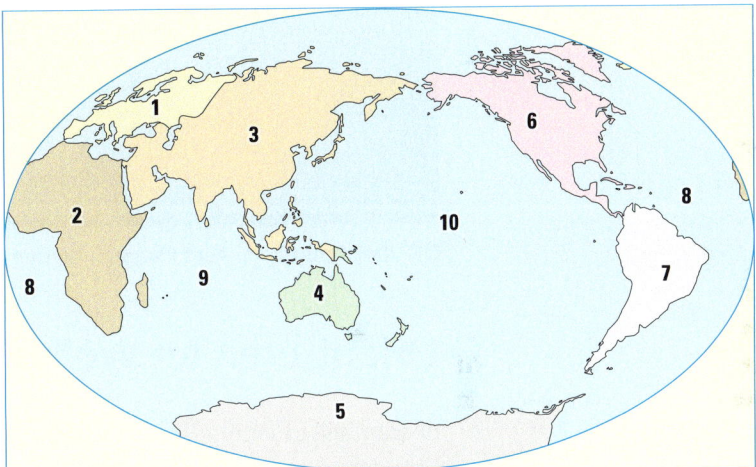

7 Die Kontinente und Ozeane der Erde (Pazifik im Zentrum)

gut einprägen. Schwierig ist es in einigen Fällen, die Kontinente und Ozeane gegeneinander abzugrenzen.

1 Vergleiche Breitenkreise und Meridiane (Anzahl, Länge, Verlauf, ...).

2 Welche Breitenkreise und Meridiane begrenzen den Kontinent Afrika?

3 Arbeite mit den Karten 6 und 7.
a) Stelle Unterschiede fest.
b) Benenne jeweils die Kontinente und Ozeane 1 bis 10.

4 Arbeite mit dem Atlas:
a) Gib die Lage im Gradnetz für New York, Delhi, Kapstadt und Brasilia an.
b) Nenne die nächstgelegene Stadt zu den folgenden Koordinaten:
52° n. Br. und 10° ö. L.
52° n. Br. und 13° ö. L.
51° n. Br. und 0°
40° n. Br. und 4° w. L.
34° s. Br. und 152° ö. L.

1

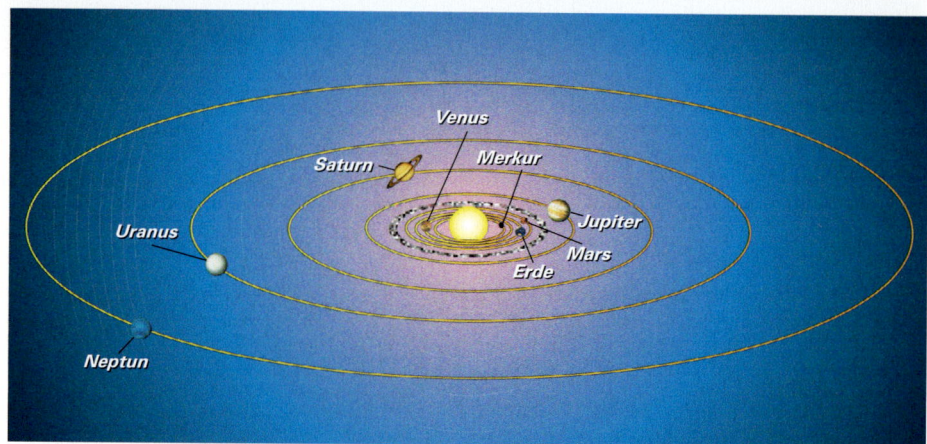

2 **Planetensystem: Acht Planeten kreisen auf unterschiedlichen Bahnen um die Sonne.**

Orientieren im Weltall

Blicken wir in einer klaren Nacht zum Himmel, so sehen wir eine Vielzahl von Sternen. Schauen wir etwas länger hin, dann sehen wir viele verschieden helle Sterne am Himmel leuchten. Sie gehören alle zu unserer Galaxis, die auch Milchstraße genannt wird und aus etwa 100 – 200 Milliarden Sternen besteht. Im unvorstellbar großen Weltall gibt es neben dem Milchstraßensystem Milliarden anderer Galaxien.

Die Erde dreht sich um die Sonne
Die Erde ist ein Himmelskörper, der im Weltall die Sonne umkreist. Diese Bewegung der Erde wird als Revolution bezeichnet.

Für einen Sonnenumlauf benötigt die Erde 365 Tage und fast sechs Stunden. Diese Zeitspanne nennen die Menschen ein Jahr.

Alle vier Jahre wird ein Schaltjahr mit 366 Tagen eingefügt. Der zusätzliche Tag, der 29. Februar, ergibt sich aus der in vier Jahren entstandenen Differenz von vier mal sechs Stunden.

Die Erde dreht sich um ihre Achse
Neben der Revolution führt die Erde eine zweite Drehbewegung aus. Innerhalb von 24 Stunden dreht sich die Erde einmal um ihre eigene Achse. Diese Drehbewegung heißt **Rotation**. Die gedachte Linie, um die sich die Erde dreht, ist die **Erdachse**. Sie verläuft vom Nordpol zum Südpol.

 **Lernen im Netz**
Planetenquiz
104029-0214

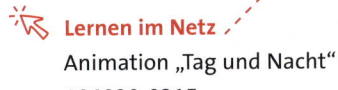 **Lernen im Netz**
Animation „Tag und Nacht"
104029-0215

3 Der Blick aus dem All auf die Erdkugel

4 Der Blick von der Erde auf den Mond

Kaum zu glauben

Die Erde bewegt sich auf ihrer Umlaufbahn um die Sonne mit einer Geschwindigkeit von etwa 30 Kilometern pro Sekunde. Der sonnenfernste Planet Neptun benötigt annähernd 165 Jahre für einen Umlauf um die Sonne.

Die Erde dreht sich von Westen nach Osten. Diese Drehbewegung bemerken wir aber nicht, weil sich unsere Umgebung mitdreht. Dafür erleben wir die Folgen dieser Drehbewegung jeden Tag, wenn die Sonne im Osten aufgeht und abends im Westen untergeht. Die Rotation der Erde bewirkt den Wechsel von **Tag** und **Nacht**. Denn während der Drehung wird immer nur die der Sonne zugewandte Hälfte der Erde beleuchtet. Hier ist es Tag. Die andere Hälfte liegt zur selben Zeit im Dunkeln. Dort ist es Nacht.

Um die Erde dreht sich der Mond

Monde sind kleinere Himmelskörper, die sich um Planeten drehen. Der Mond der Erde benötigt für einen Erdumlauf rund 28 Tage. Wie die Erde, so wird auch ihr Mond von der Sonne beleuchtet. Von der Erde aus sieht man allerdings nur einen Teil der beleuchteten Mondoberfläche. Der beleuchtete Teil des Mondes hat von Vollmond zu Neumond hin eine abnehmende, von Neumond zu Vollmond hin eine zunehmende Gestalt. Der Mond hat ebenfalls mit unserer Zeiteinteilung zu tun: So bezeichnete man früher die Zeitspanne von Vollmond zu Vollmond als Monat.

Beobachte den Mond

○ Vollmond
☾ abnehmender Mond
○ Neumond
☾ zunehmender Mond
○ Vollmond

Eselsbrücke

a abnehmender Mond
z zunehmender Mond

„**M**ein **V**ater **e**rklärt **m**ir **j**eden **S**onntag **u**nseren **N**achthimmel."

1 Eine Täuschung: Die Sonne umkreist die Erde von Ost nach West. Erkläre.

2 TERRA **TRAINING**

Wichtige Begiffe

Äquator
Atlas
Breitenkreis
Bundesland
Erdachse
Globus
Gradnetz
Großlandschaft
Kontinent
Landeshauptstadt
Legende
Maßstab
Meridian
 (Längenhalbkreis)
Nacht
Ozean
Rotation
Schrägluftbild
Senkrechtluftbild
Stadtplan
Tag

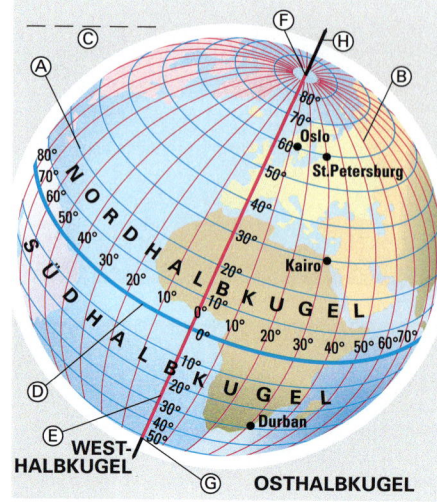

1

Orientieren

1 Kontinente und Ozeane

Afrika grenzt im Westen an den Atlantik, im Osten an den Indik und im Norden an das Mittelmeer. Schreibe:
a) Nordamerika grenzt im Westen …
b) Australien …
c) Europa …

2 Großlandschaften unter der Lupe

a) Welche Bundesländer liegen im Norddeutschen Tiefland?
b) Welche Bundesländer liegen im Mittelgebirgsland?
c) Welche Bundesländer haben Anteil an zwei Großlandschaften?
d) In welcher Großlandschaft liegt dein Heimatort/Schulort?

3 Nachbarn gesucht:

Welches Bundesland hat die meisten Nachbarn? Unterscheide zwischen den benachbarten Bundesländern und den benachbarten Staaten.

4 Außenseiter gesucht

a) Düsseldorf – Mainz – München – Wiesbaden
b) Dresden – Hamburg – Kiel – Magdeburg
c) Berlin – Erfurt – Köln – München

5 Wegweiser in Thailand (Foto 4)

Ordne die Städte den Kontinenten zu.

6 Einmal West-Ost

Ordne die Staaten von West nach Ost: Belgien, Frankreich, Polen, Russland, Deutschland.

Wissen und verstehen

7 Das Gradnetz im Griff

Finde die richtigen Grundbegriffe. Grafik 1 hilft dir.

A Von Westen nach Osten verlaufende Netzlinien heißen …
B Von Norden nach Süden verlaufende Netzlinien heißen …oder …
C Beide Linienarten zusammen ergeben das …
D Der längste Breitenkreis heißt …
E Der durch Greenwich bei London verlaufende Längenhalbkreis heißt …
F Der nördlichste Punkt der Erdkugel heißt …
G und der gegenüberliegende Punkt…
H Die gedachte Drehachse durch den Erdmittelpunkt heißt …

8 Bilderrätsel

Erkläre den gesuchten Begriff.

Bogen zur Selbsteinschätzung
104029-0216

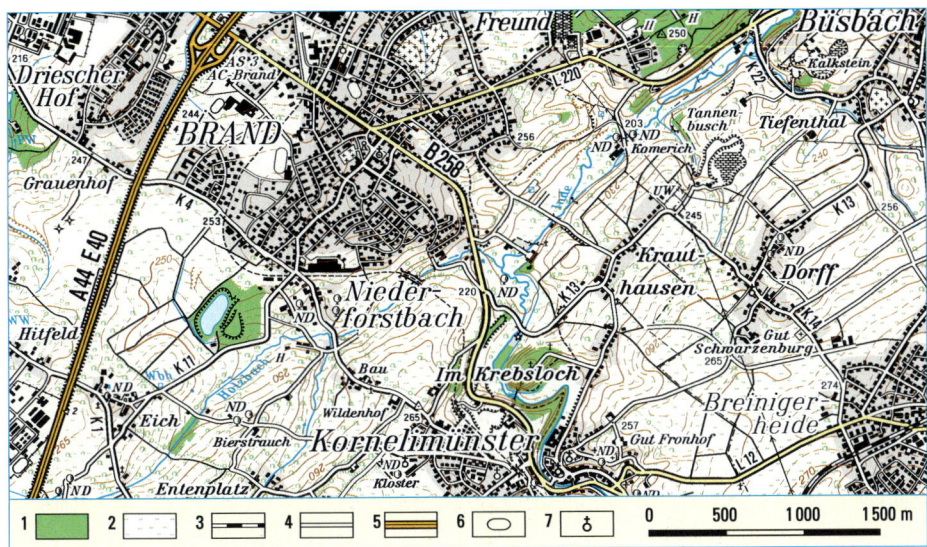

2 Ausschnitt aus der Topografischen Karte 1:50000

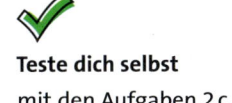
Teste dich selbst
mit den Aufgaben 2 c,
5 und 7

Fachmethoden anwenden

9 Kartenzeichen
a) Welche Bedeutung haben die Kartenzeichen in Karte 2?
b) Erweitere die Legende um fünf zusätzliche Kartenzeichen.
c) Erkläre deinem Nachbarn den Weg vom Kloster in Kornelimünster zum Kalksteinbruch in Büsbach.

10 Kartenmaßstab
Bestimme in Karte 2 die Entfernung vom Zentrum in Kornelimünster zum Autobahnanschluss Aachen-Brand.

Beurteilen

11 Wer findet die beste Begriffserklärung für die „Rotation der Erde"?
a) Die Erde dreht sich um sich selbst und zwar von Westen nach Osten.
b) Die Erde dreht sich im Gegenuhrzeigersinn um ihre eigene Achse.
c) Die Erde dreht sich um eine gedachte Achse zwischen den Polen von Westen nach Osten.

3 Wegweiser in Thailand
Die Zahlenangaben sind englische Meilen. 1 Meile = 1,6 Kilometer.

Handeln

12 Tag, Monat und Jahr
Drei Schüler führen als „Sonne", „Erde" und „Mond" die Bewegungen dieser Himmelskörper vor. Beschreibe die Bewegungen und erkläre die Begriffe Tag, Monat und Jahr.

Im Norden Deutschlands

Im Norden begrenzen die Nordsee und die Ostsee Deutschland. Die Küste ist der Grenzbereich zwischen Meer und Festland. Ihr Erscheinungsbild ist vielfältig und abwechslungsreich. An die Küstenlandschaft schließt sich das Norddeutsche Tiefland an. Dieser Bereich der Erdoberfläche erstreckt sich in Richtung Süden bis zu einer Höhe von etwa 200 Metern über dem Meeresspiegel (NN).

Du erfährst, wie die Menschen diese Naturlandschaften für ihre Bedürfnisse nutzen und verändern. Antworten findest du auch auf solche Fragen, weshalb es beispielsweise immer wichtiger wird, Küste und Tiefland so zu schützen, dass auch die nächsten Generationen in ihnen gut leben können.

1 **Hallig Hooge**
2 **Heidelandschaft bei Lüneburg**
3 **Steilküste auf der Insel Rügen**
4 **Seenlandschaft bei Chorin**

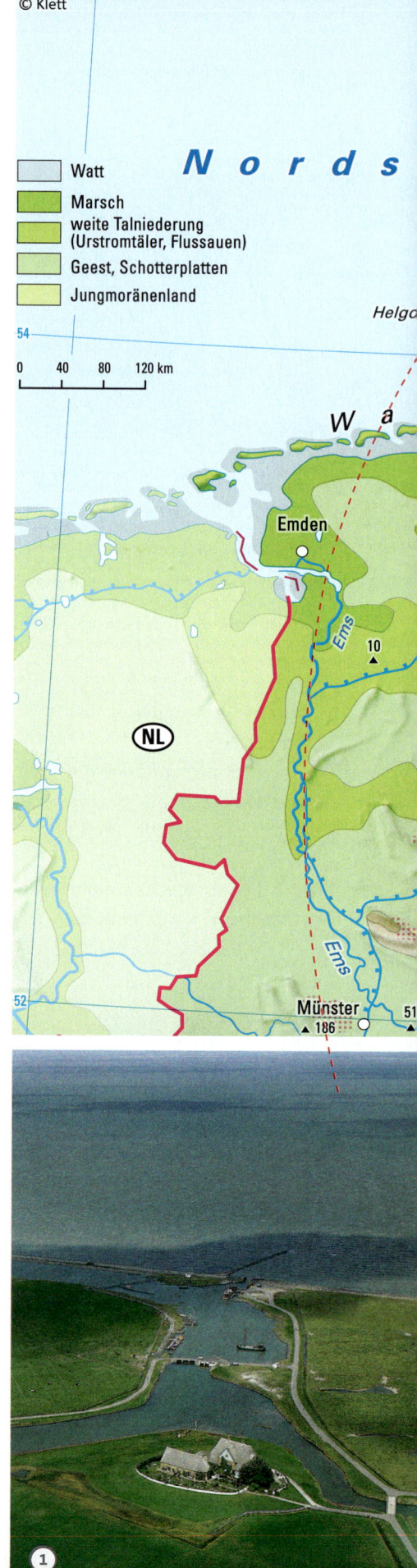

© Klett

Watt
Marsch
weite Talniederung (Urstromtäler, Flussauen)
Geest, Schotterplatten
Jungmoränenland

N o r d s

Helgo

54

0   40   80   120 km

W a

Emden

Ems

NL

10

Ems

52   Münster   51
186

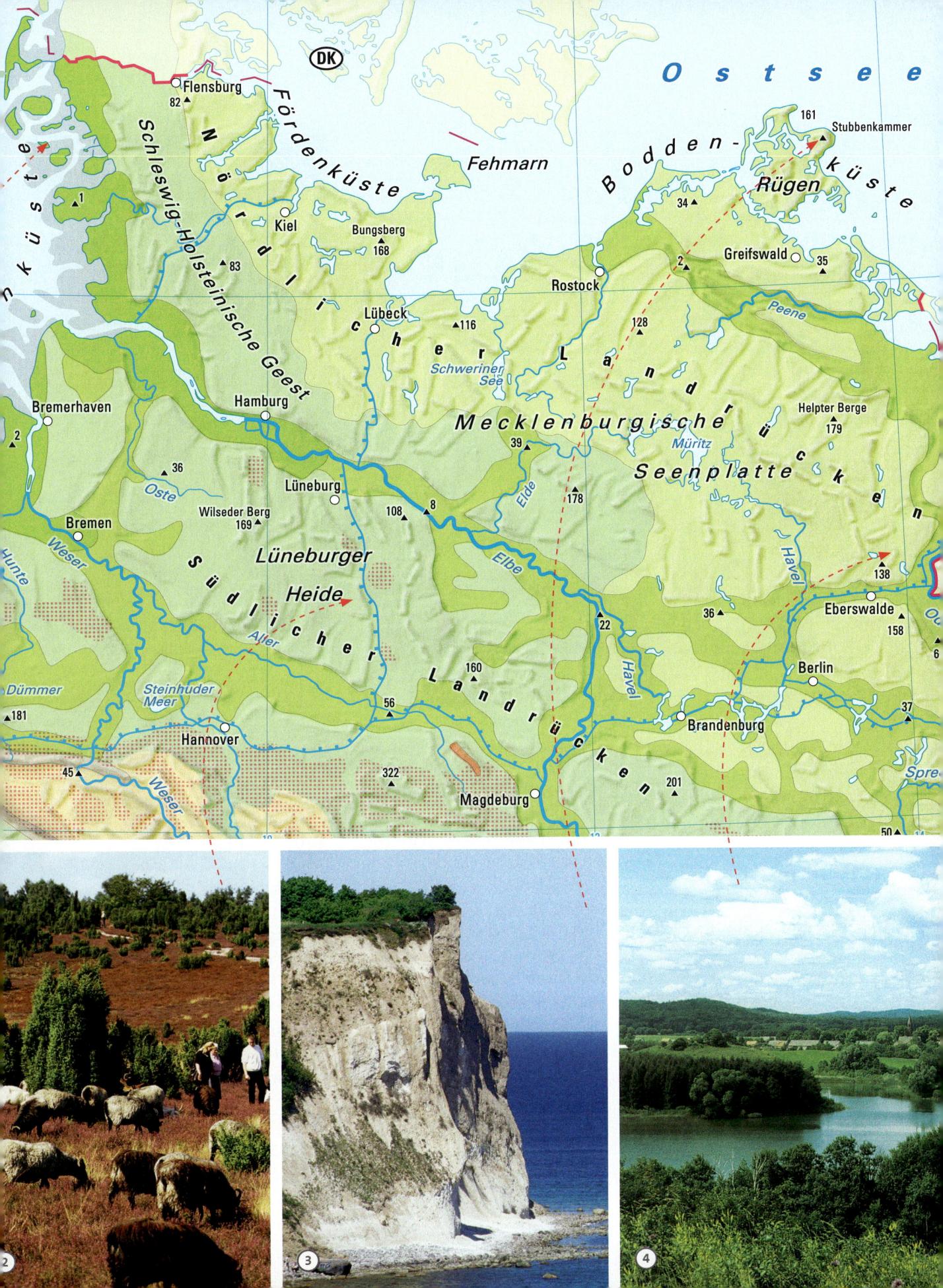

DK

O s t s e e

Flensburg
82 ▲

Fördenküste

Fehmarn

Bodden-

161
Stubbenkammer

Rügen

küste

Schleswig-Holsteinische Geest

N
ö
r
d
l
i
c
h
e
r

L
a
n
d
r
ü
c
k
e
n

▲1

Kiel

Bungsberg
168

34 ▲

2 ▲
Greifswald ○
▲ 35

▲ 83

Rostock

Peene

Lübeck ○

▲116

Schweriner
See

128 ▲

Bremerhaven ○

Mecklenburgische

Helpter Berge
179 ▲

▲ 2

Oste

▲ 36

Lüneburg ○

39 ▲

Seenplatte

Müritz

Bremen ○

Wilseder Berg
169 ▲

108 ▲   ▲8

178 ▲

Helpter Berge

Hunte

Lüneburger

Elbe

Havel

138 ▲

Weser

Heide

36 ▲

Eberswalde
158

Dümmer

Aller

S
ü
d
l
i
c
h
e
r

L
a
n
d
r
ü
c
k
e
n

22 ▲

Havel

Berlin ●

▲181

Steinhuder
Meer

160 ▲

37 ▲

Hannover ○

56 ▲

Brandenburg ●

201 ▲

45 ▲

Weser

322 ▲

Magdeburg ○

50 ▲

Spre

Hamburg ●

Ou

6

Elde

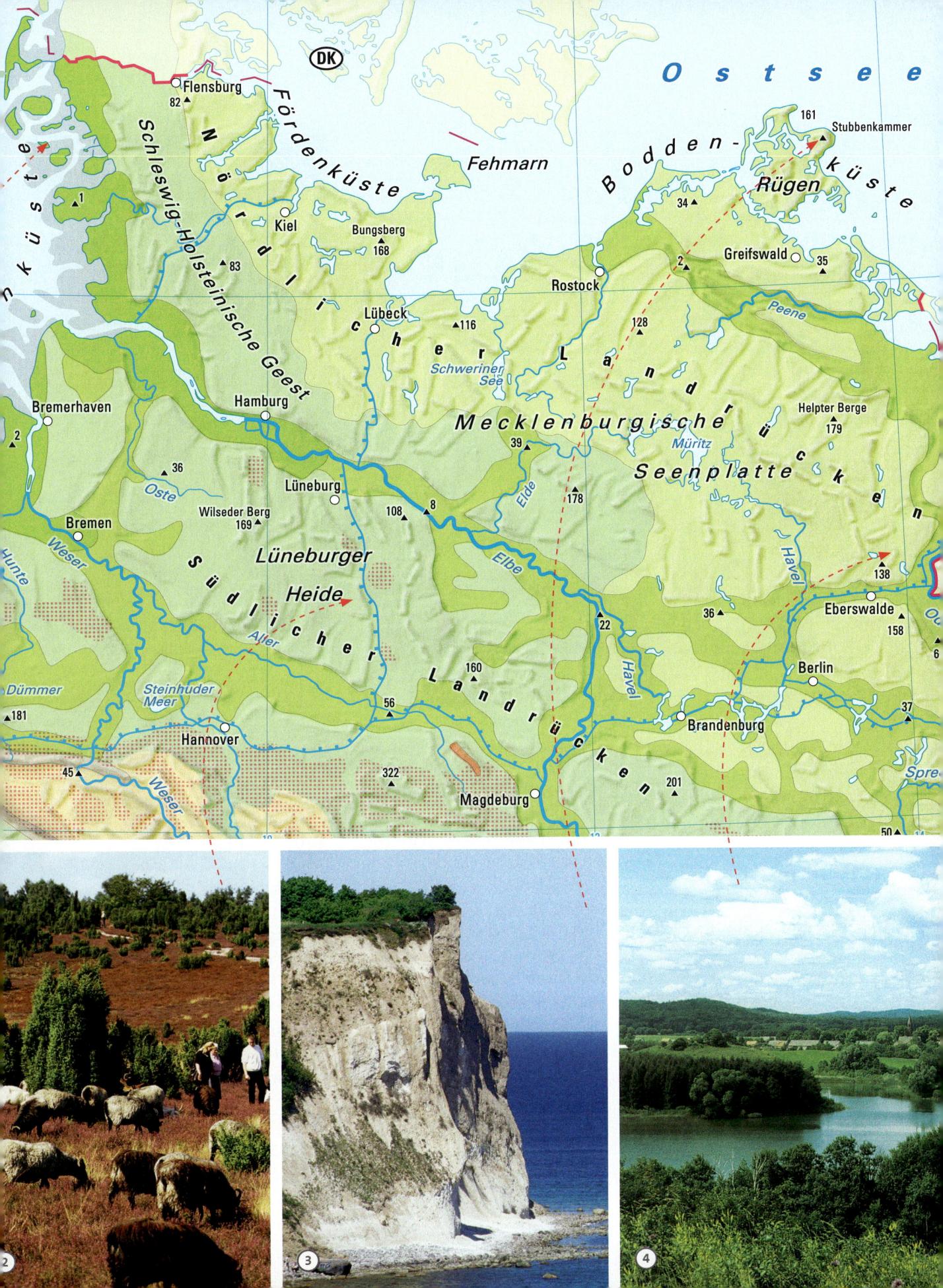

2

3

4

1 Randmeer Nordsee und Binnenmeer Ostsee

2 Satellitenbild der Küste

Küste entdecken

Eine Reise an die **Küste** ist spannend. Bist du mit deinen Eltern unterwegs, sucht ihr beispielsweise lange nach dem schönsten Sandstrand. Möglicherweise wollt ihr wandern und bestimmte Steine oder Muscheln sammeln. Wo findet man die? Gehst du auf Klassenfahrt, werdet ihr über Gefahren beim Baden sprechen oder darüber, dass sich das Meer regelmäßig zurückzieht.

Die Küsten der Nordsee und Ostsee unterscheiden sich voneinander. Das ist auch darauf zurückzuführen, dass die Nordsee ein **Randmeer** ist. Sie hat eine breite Verbindung zum Atlantik.

- - ➤

Seite 42/43
Gezeiten

3 Küstenformen

Die Ostsee hingegen ist fast vollständig vom Festland umschlossen. Sie wird daher als **Binnenmeer** bezeichnet. Die Gezeiten treten unterschiedlich stark auf. Betrachtet man die Küstenlinie vom Satelliten aus, werden unterschiedliche Küstenformen deutlich.

1 Beschreibe den Verlauf der Küstenlinie von Nord- und Ostsee.

2 Ordne den Küstenformen in Text 4 das entsprechende Beispiel zu (Abbildungen 2 und 3).

A B C D

C D

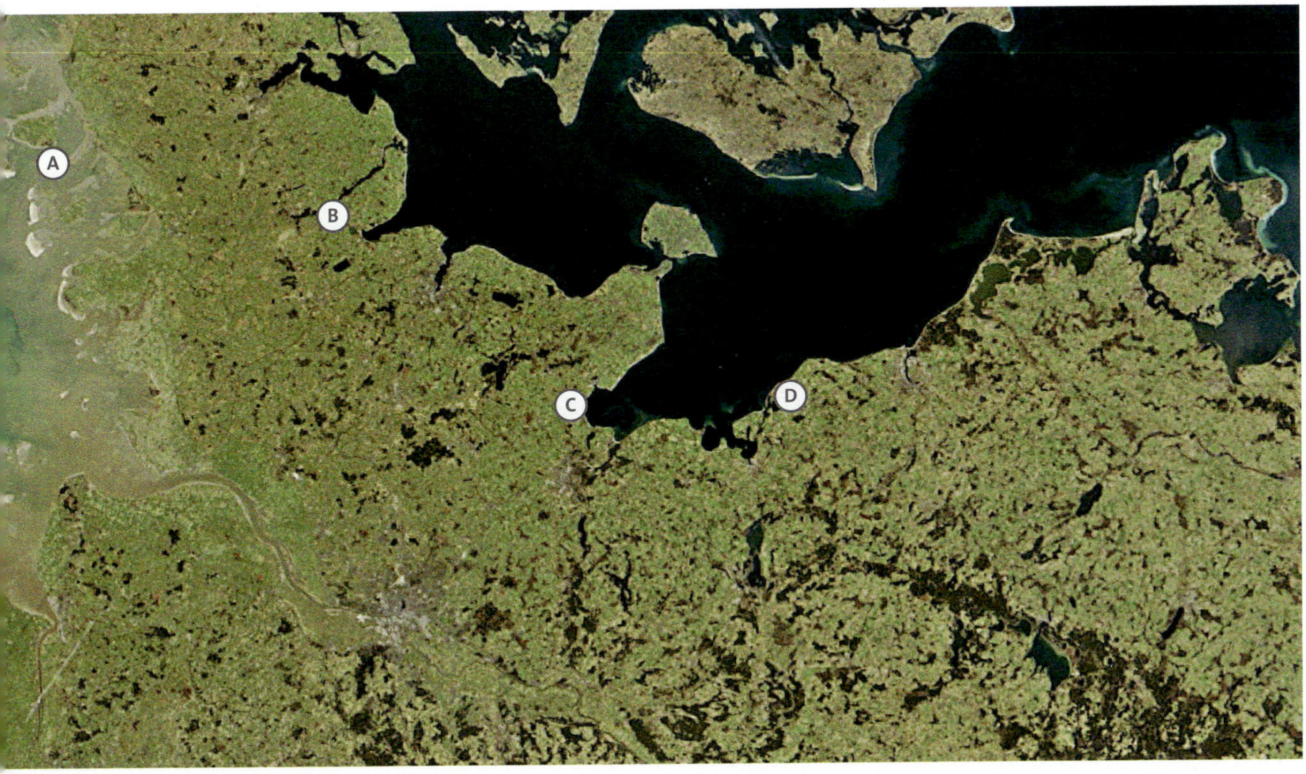

Küstenformen

Wattenküste

Das sind die Bereiche der Nordseeküste, an denen die Gezeiten so stark ausgeprägt sind, dass große Teile des Meeresbodens bei Niedrigwasser trocken liegen.

Buchtenküste

Buchten sind große, ins Landesinnere vordringende Wasserflächen. Sie verfügen über eine breite Verbindung zum Meer.

Fördenküste

Förden sind schmale, langgestreckte Meeresarme, die weit in das Festland hineinreichen. Sie sind meist recht tief und ihre Uferzonen sind hügelig und wellig.

Boddenküste

Bodden kommen an der Flachküste der Ostsee vor. Es sind unregelmäßig geformte, flache, kleine Buchten, die häufig nur über eine schmale Verbindung zum Meer verfügen.

Die **Küstenlinie** wird häufig auch als Strandlinie bezeichnet. Sie ist der Grenzbereich zwischen Meer und Festland.

4

3

1 Steilküste Holnis, Flensburger Förde

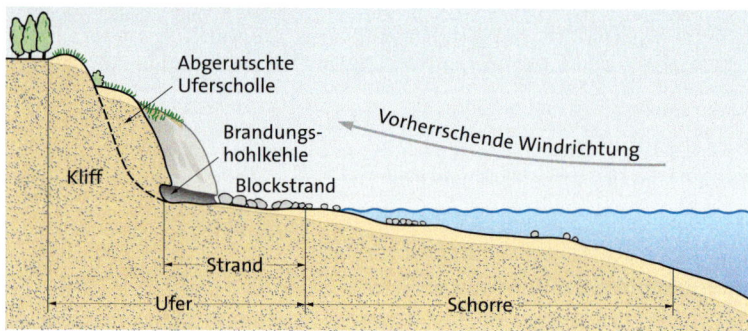

2 Eine Profilskizze erstellen

![Profil einer Steilküste]

Abgerutschte
Uferscholle

Brandungs-
hohlkehle

Vorherrschende Windrichtung

Kliff

Blockstrand

Strand

Ufer

Schorre

3 Profil einer Steilküste

Naturkräfte verändern die Küste

Hast du dich schon einmal darüber gewundert, dass sich ein dir bekannter Küstenabschnitt innerhalb kurzer Zeit verändert hat? So wurde z. B. ein Weg entlang der Steilküste gesperrt, weil die Gefahr des Abrutschens besteht. Möglich wäre auch, dass dein Lieblingsstrand „verschwunden" ist.

Küsten sind nichts Beständiges. Sie sind vor allem den erdäußeren Naturkräften ausgesetzt: Wasser, Wind, Brandung, Ebbe und Flut verändern die Küstenlandschaften ständig.

Sehr langsam und kaum wahrnehmbar tragen Wind, Regen und Meeresströmungen den Sand und anderes Gesteinsmaterial ab, transportieren und lagern sie an anderer Stelle wieder ab. Küstenarten unterscheiden sich z. B. nach der Gestalt (dem Relief) in Steilküsten und Flachküsten.

An der Steilküste

Bei Sturm peitschen die Wellen gegen das Kliff der **Steilküste** und unterspülen es. Eine Brandungshohlkehle entsteht. Vertieft sich diese weiter, wird das Gewicht der darüber hängenden Wand zu groß. Sie bricht herunter. Der gewaltige Erdrutsch reißt am Steilhang alles mit und begräbt den Bereich des Strandes unter sich. Durch die Brandung werden Sand und anderes feines Material weggeschwemmt. Nur die großen Steine bleiben liegen. Sie bilden den schmalen Blockstrand. Über längere Zeiträume verlagert sich das Steilufer zurück ins Land.

 Lernen im Netz
Quiz Küstentypen
104029-0302

 Material
Animation Steilküste / Ausgleichsküste
104029-0303

 Material
Exkursionsangebote
104029-0304

An der Flachküste

Auch die **Flachküsten** verändern ständig ihr „Gesicht". Kräftige Winde transportieren die feinen Sandkörner über die Dünen in das Land hinein. Die Wirkung der Brandung ist geringer. Das Land senkt sich allmählich zum Meer.

Ausgleichsküsten entstehen

Wenn der Wind schräg auf die Küste weht, treibt er die Wellen auch schräg auf den Strand. Ein Sogstrom am Meeresboden wirkt entgegen. Durch diese Küstenströmung entstehen vor der ursprünglichen Küstenlinie im Meer Sandbänke, die schließlich aus dem Wasser „herauswachsen". Man nennt diesen Vorgang Strandversetzung. Es bilden sich Ausgleichsküsten mit Flach- und Steilufer. Die neu entstandene Küstenlinie verläuft fast gerade.

5 **Flachküste in der Hochwachter Bucht**

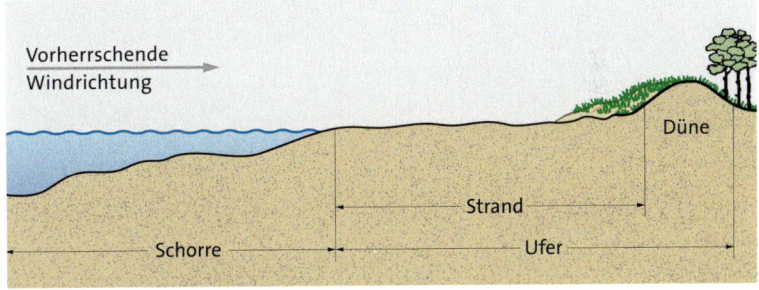

6 **Profil einer Flachküste**

4 **Ausgleichsküste bei Heiligenhafen**

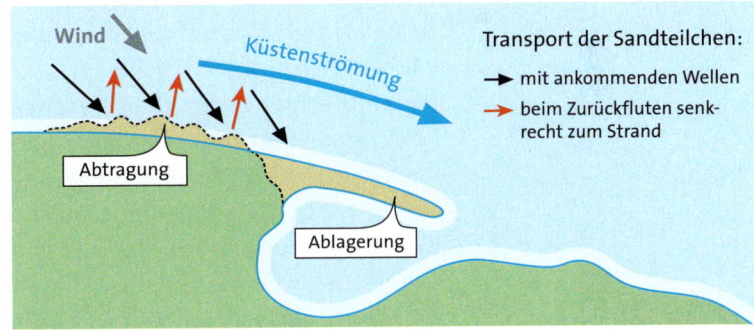

7 **Entstehung einer Ausgleichsküste**

1 Nenne erdäußere Kräfte. Beschreibe deren Tätigkeiten.

2 Vergleiche anhand der Fotos und Grafiken auf dieser Seite Merkmale von Steil- und Flachküsten.

3 Erstelle mithilfe des Fotos 5 eine Profilskizze einer Flachküste. Eine Hilfe bei der Erstellung bietet dir die Skizze 2.

4 Beschreibe mithilfe des Fotos 4 und der Grafik 7 die Entstehung einer Ausgleichsküste.

5 Erkläre, wie Menschen die Küste vor den gewaltigen Naturkräften schützen. Recherchiere dazu im Internet.

1

2

Ebbe und Flut

Die Gezeiten

Zweimal täglich steigt und fällt der Wasserspiegel an den Küsten der Erde. Diesen Wechsel nennt man **Gezeiten** oder Tiden (friesisch: Zeit). Den Zeitraum, in dem das Wasser ansteigt und auf die Küste zuläuft, nennt man **Flut**. Diese dauert ungefähr 6 Stunden und 12 Minuten. Den am Ende der Flut erreichten höchsten Wasserstand nennt man Hochwasser (HW). Anschließend fließt während der **Ebbe** das Wasser wieder von der Küste weg, bis das Niedrigwasser (NW) erreicht ist. Die Ebbe dauert genauso lange wie die Flut. Der Höhenunterschied zwischen HW und NW (Tidenhub) ist nicht überall gleich. Er kann nur wenige Dezimeter, wie an den Küsten der Ostsee, aber auch viele Meter, wie in der Bucht von Bristol in England (12 m), betragen. Die mittlere Höhe zwischen HW und NW bezeichnet man als Normalnull (NN).

Warum ändert sich der Wasserspiegel?

Die Anziehungskraft des Mondes hebt und senkt den Wasserspiegel regelmäßig. Der Mond zieht das Wasser der Erde an, sodass sich auf dieser Erdseite ein Flutberg bildet. Auf der entgegengesetzten Seite der Erde entsteht ebenfalls ein großer Flutberg, denn durch die Erdrotation wirken – wie bei einem Karussell – starke Fliehkräfte.
An den Stellen, von denen das Wasser weggezogen wird, herrscht Ebbe.

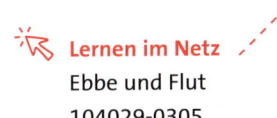

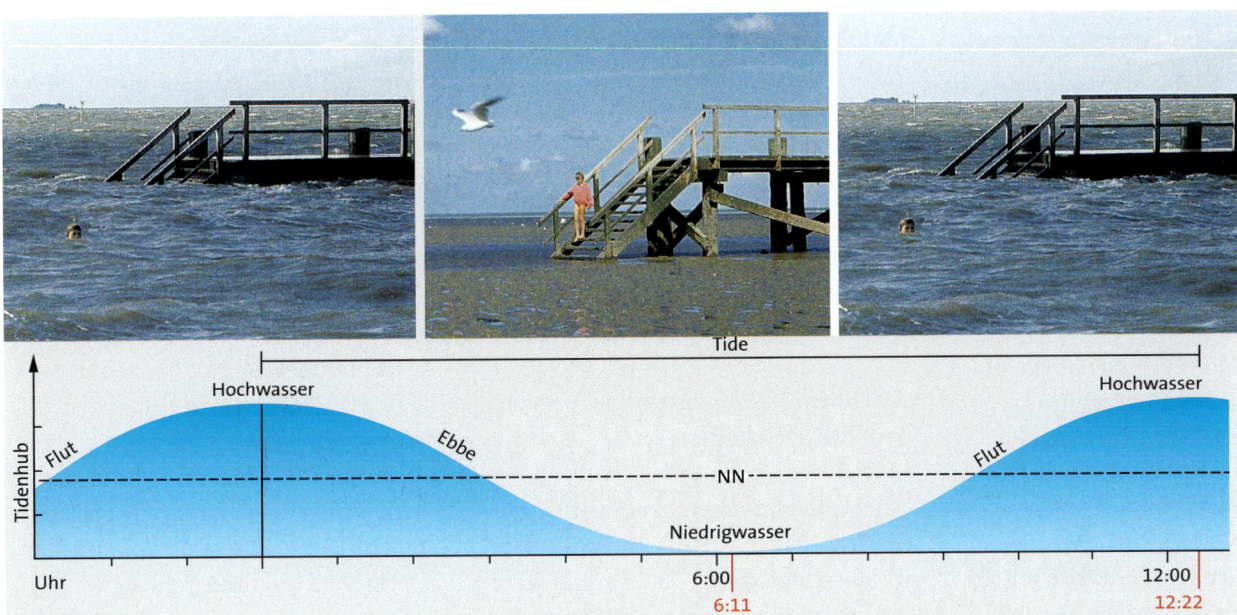

Tide

Hochwasser

Hochwasser

Flut

Ebbe

NN

Flut

Niedrigwasser

Tidenhub

Uhr

6:00
6:11

12:00
12:22

3 Die Gezeiten

„Wat is Watt?"

Den Teil des Meeresbodens, der bei Hochwasser überschwemmt ist und bei Niedrigwasser trocken liegt, nennt man Watt. Dieser Bereich ist von Sand und Schlick, einem Gemisch aus Schlamm und feinsten Pflanzen- und Tierresten, bedeckt. Das vom Meer überspülte Watt wird als **Wattenmeer** bezeichnet. Liegt das Watt trocken, sieht man, dass es von Wasser führenden Rinnen, den Prielen, durchzogen wird. Bei Niedrigwasser kann man durch einige hindurch waten. Aber Vorsicht! Priele können sich zu „Flüssen" mit starker Strömung entwickeln.

Gezeitenkalender Friedrichskoog 04/2012

	HW*	NW**	HW	NW	HW
	Uhr	Uhr	Uhr	Uhr	Uhr
11.	04:41	11:16	16:58	23:29	—
12.	05:26	11:45	17:40	—	—
13.	—	00:02	06:13	12:19	18:28
14.	—	00:45	07:09	13:10	19:30
15.	—	01:51	08:22	14:25	20:51
16.	—	03:18	09:49	15:56	22:16
17.	—	04:46	11:09	17:17	23:26

* = Hochwasser, ** = Niedrigwasser

4

Tidenhub-Rekorde

Weltrekord:
Kanada (Fundy-Bay): 16 m
Europarekord:
Frankreich (St. Malo): 15 m
Nordseeküste: 2 m
Ostseeküste: 30 cm

1 Erkläre folgende Begriffe: Gezeiten, Tidenhub, Ebbe, Flut, Watt, Hochwasser, Niedrigwasser.
2 Beschreibe anhand der Grafik 3 und der Fotos Vorgänge bei Ebbe und Flut.
3 Beantworte den Brief 2: Erläutere Laura die Bedeutung von Gezeitenkalendern.
4 Begründe den extrem abweichenden Tidenhub in Ostsee und Nordsee.

Sachtexte auswerten

Immer wieder begegnen dir Texte: in Lehrbüchern, Nachschlagewerken, Zeitungen und Zeitschriften oder im Internet. Sie enthalten oft Informationen, die dir helfen, dein Wissen zu erweitern. Doch Texten wichtige Inhalte zu entnehmen und diese richtig auszuwerten will gelernt sein.
Das erfordert von dir viele Fertigkeiten, die Schritt für Schritt vollzogen werden müssen.

Der Text 2 enthält eine Menge Informationen: Bekanntes, Unbekanntes, Wichtiges, Unwichtiges. Es ist nicht immer leicht, das Wesentliche zu entnehmen. Unbekanntes klärst du mit geeigneten Hilfsmitteln. Ergebnisse stellst du für dich einprägsam dar.

1. Schritt: Erstes Lesen, sich einen Überblick verschaffen
Du liest den Text durch, um dir einen ersten Überblick über den Inhalt zu verschaffen. Dabei achtest du besonders auf die Überschrift, Teilüberschriften, Fettgedrucktes, Absätze und Wörter, die auf den ersten Blick auffallen, weil sie dir unbekannt sind. Diese Begriffe markierst du oder notierst sie auf einem Zettel. Später kannst du im Wörterbuch oder im Lexikon nachschlagen.

> Beispiel
> Rotoren: Flügelblätter einer Windkraftanlage, die eine Drehbewegung vollziehen.
> (Quelle: Wörterbuch)

2. Schritt: Fragen stellen
Notiere dir zunächst auf einem Merkzettel Fragen, die du mithilfe des Textes beantworten möchtest, z. B.: Worum geht es im Text? Was ist dir in dem Zusammenhang schon bekannt? Welche Informationen werden noch benötigt?

3. Schritt: Gründliches Lesen
Nun liest du den Text ein zweites Mal. Alle unbekannten Begriffe müssen geklärt sein. Aufmerksam studierst du Bilder, Grafiken oder Tabellen, die als Ergänzung zum Verständnis beitragen. Du markierst dir Kernaussagen (= Schlüsselstellen). Diese solltest du aufschreiben.

4. Schritt: Zusammenfassen
Du legst den bearbeiteten Text beiseite und kontrollierst dich selbst. Stelle deine Ergebnisse z. B. in Form einer Tabelle oder als Mindmap dar. Anhand aller Notizen versuchst du, in vollständigen Sätzen die wesentlichen Aussagen des Textes mündlich wiederzugeben.

5. Schritt: Wesentliche Inhalte darstellen, beschreiben und erklären
Lasse dir die wesentlichen Inhalte des Textes noch einmal durch den Kopf gehen. Finde Zusammenhänge heraus, kläre die Beziehungen zu einzelnen Aussagen und erkläre Ursachen und Folgen.

6. Schritt: Bewerten
Um mit deinen Mitschülern diskutieren zu können, bildest du dir zum Inhalt des Textes eine eigene Meinung. Diese musst du aber immer begründen. So könntest du im konkreten Fall nichts von Windrädern halten, weil sie deiner Meinung nach die Landschaft verunstalten. Aber welche Lösung zur notwendigen Stromerzeugung könntest du anbieten?

1 Windpark in Norddeutschland

3 Offshore-Windpark

Windkraft drängt aufs Meer

Riesige Rotoren der Windkraftanlagen drehen sich langsam im frischen Wind des Norddeutschen Tieflandes. Überall breiten sich die eindrucksvollen Kraftwerke aus. Die Windenergie hat in den letzten beiden Jahrzehnten einen bis heute ungebrochenen Aufschwung erlebt. Der Anteil der Windkraft an der Stromerzeugung in Deutschland betrug 1998 nur 1%. Im Jahr 2003 hatte die Windenergie einen Anteil von 3,8%. Diese Menge reichte bereits aus, eine Großstadt wie Berlin mit Strom aus Windkraft zu versorgen. Der Anteil wuchs ständig, bis auf 7,6% im Jahr 2010.

Die Zukunft der Windenergie liegt nach Einschätzung vieler Fachleute auf dem Meer:

Am 27.04.2010 ging 45 km vor der Insel Borkum der Offshorewindpark „Alpha Ventus" planmäßig in Betrieb. Er wird auf hoher See mit 30 m Wassertiefe betrieben. So kann das Wattenmeer windparkfrei bleiben.

Die Vorteile liegen auf der Hand: Auf dem Meer weht der Wind viel beständiger als an der Küste. Die Genehmigungsverfahren werden viel einfacher sein. Die Geräuschemissionen stören auf dem Meer niemanden. Gleichzeitig will man Anlagen mit einer um 40 % höheren Energieausbeute bauen. Die Rotoren werden gigantische Generatoren antreiben. Der Strom wird dann in dicken Kabeln an Land geleitet.

2

Kaum zu glauben

Die Rotoren auf dem Meer werden mit über 100 m Durchmesser die Länge eines Fußballfeldes haben!

1 Bearbeite eine Kopie des vorliegenden Textes wie hier beschrieben.
2 Vergleiche deine Ergebnisse mit deinem Nachbarn:

a) Welche Zwischenüberschriften habt ihr eingefügt?
b) Vergleicht die Schlüsselbegriffe.

TERRA **METHODE**

Das Lernen an Statio-
nen bietet dir die Mög-
lichkeit, allein, mit ei-
nem Partner oder in
einer kleinen Gruppe
Aufgabenstellungen zu
lösen. Dabei kannst du
die einzelnen Lernstati-
onen in beliebiger Rei-
henfolge aufsuchen.
Du bestimmst dein Ar-
beitstempo selbst.
Solltest du in den vor-
gesehenen 3 Unter-
richtsstunden nicht alle
Stationen bewältigen,
informierst du dich bei
Mitschülern über die Er-
gebnisse. Jede Pflicht-
station umfasst zwei
Seiten im Buch. Darin
erfährst du Stationsti-
tel, Kurzinformationen
zum Thema und Aufga-
benstellungen. Wie die
Unterrichtsarbeit orga-
nisiert wird, erläutern
dir die Arbeitsschritte.

1

2

Lernen an Stationen –
Leben an der Nordseeküste

Lisa fährt mit ihren Eltern oft an die Nordsee. Dann gehen sie zusammen am Deich bei den kleinen Lämmern spazieren. Anschließend gibt's meist frische Scholle in ihrem Lieblingsrestaurant. Im Sommer gehen sie häufig an den Strand zum Baden oder sie machen eine Wattwanderung. Heute treffen sie Knut, einen Freund von Lisas Vater. Er ist Ranger im Nationalpark Wattenmeer und erzählt von seinem Arbeitsplatz. Er berichtet von Wattwürmern, riesigen Vogelschwärmen, den Seehunden, Muscheln und schönen Seesternen. Deshalb lieben und schützen die Menschen das Wattenmeer. Manchmal gibt es hier aber auch gewaltige Sturmfluten, die das Leben der Menschen bedrohen. Daher bauen sie hohe Deiche, sodass die Launen der Natur ihnen nicht ihr fruchtbares Land, ihre Häuser, Hotels und Straßen rauben.

 **Material**
Laufzettel für die Stationsarbeit
104029-0306

 Material
Ein Poster gestalten
104029-0307

3

4

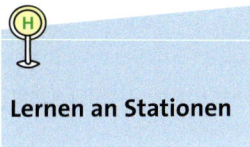

Lernen an Stationen

Stationsüberblick

- - ➤

1. Schritt: Stationen gestalten

Baut euer Klassenzimmer so um, dass mehrere Schülerinnen und Schüler gleichzeitig an den Tischen arbeiten können. Kennzeichnet diese mit Stationsschildern und legt die Informations- und Arbeitsmaterialien aus.

2. Schritt: Rundgang mit der Lehrerin/ dem Lehrer

Gemeinsam überprüft ihr die Vollständigkeit an den Stationen. Fragt nach, wenn etwas unklar ist. Ihr solltet eine Vorentscheidung treffen, in welcher Reihenfolge die Stationen besucht werden sollen. Das Ausfüllen des Laufzettels besprecht ihr gemeinsam.

3. Schritt: Arbeitsregeln erstellen

Ihr entscheidet z. B., ob ihr die Aufgabenstellungen in Einzel-, Partner- oder Gruppenarbeit bearbeiten wollt. Das kann sich aber auch von Station zu Station ändern. Weitere Arbeitsregeln pinnt ihr gut sichtbar an die Wand.

4. Schritt: An den Stationen arbeiten

Ihr begebt euch an die Station, wo ihr mit der Arbeit beginnen wollt. Sollte es einen „Stau" geben, müsst ihr auslosen. Löst die Aufgaben vollständig, überprüft die Ergebnisse mithilfe des Lösungsblattes und korrigiert, wenn nötig, mit einer anderen Farbe.

5. Schritt: Ergebnisse präsentieren

Präsentiert eure Arbeitsergebnisse, z. B. auf einem Poster. So könnt ihr sie besser miteinander vergleichen und auch kritisch betrachten.

6. Schritt: Abschlussgespräch

Ihr wertet gemeinsam mit eurem Lehrer/ eurer Lehrerin die Arbeitsergebnisse aus. Sollten noch Fachfragen offen sein, dann stellt sie jetzt. Anhand des Laufzettels diskutiert ihr gemeinsam, was euch gefallen hat und was ihr das nächste mal anders machen möchtet.

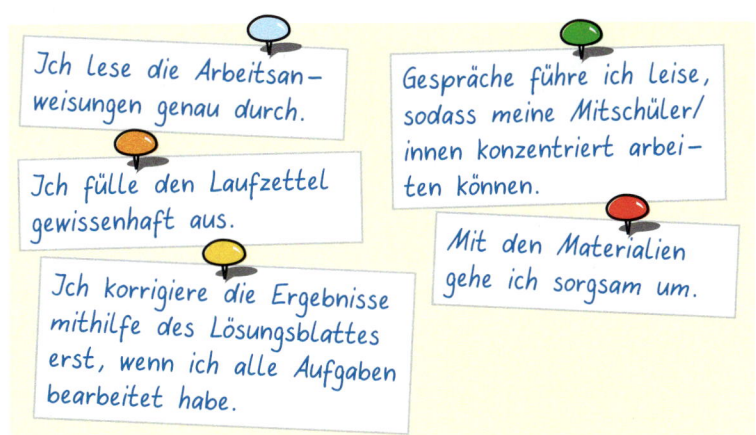

Jch lese die Arbeitsanweisungen genau durch.

Jch fülle den Laufzettel gewissenhaft aus.

Jch korrigiere die Ergebnisse mithilfe des Lösungsblattes erst, wenn ich alle Aufgaben bearbeitet habe.

Gespräche führe ich leise, sodass meine Mitschüler/innen konzentriert arbeiten können.

Mit den Materialien gehe ich sorgsam um.

5 **Arbeitsregeln**

**Lernen an Stationen
Station 1**

Nationalpark Wattenmeer

Thema
Zum Wattenmeer gehören nicht nur das Watt mit seinen Prielen und Rinnen, sondern auch die Salzwiesen vor den Küstendeichen, die Dünen, die Strände, die Inseln und Sandbänke sowie die Mündungen großer Flüsse.

Aufgaben
1 Formuliere mithilfe des Textes Gründe für den Schutz des Wattenmeeres.

2 Erstelle eine Tabelle mit Verhaltensregeln für die Besucher in den drei Schutzzonen.
3 Suche mithilfe des Atlas oder des Internets (Online-Link) weitere Nationalparks in Deutschland und notiere, was dort besonders geschützt wird.
4 Erarbeite eine Segeltour durch den Nationalpark Wattenmeer. Die Reise muss ein Rundkurs sein und folgende Stationen haben: vier Inseln, zwei Halligen, zwei Hafenstädte an Flüssen, mindestens zwei weitere Häfen, zwei Sandstrände, eine Sandbank.

1 Hinweisschild

2 Queller

3 Watt bei Niedrigwasser

Ein einzigartiger Lebensraum
Das trockengefallene Watt knistert leise. Im flachen Wasser tummeln sich Garnelen und kleine Fische. Rauschend steigt ein riesiger Vogelschwarm in die Luft. Seehunde ziehen auf den Sandbänken ungestört ihre Jungtiere auf. Hier ist die Kinderstube vieler Nordseefische.
Auf den Salzwiesen, dem Bereich zwischen Wattenmeer und Deich, sammeln sich in jedem Frühjahr und Herbst Millionen Zugvögel, um auf ihrer langen Reise zu verschnaufen. Dies ist auch der Lebensraum für viele seltene Pflanzen. Der Queller zum Beispiel ist eine fleischige Pflanze mit schuppenförmigen Blättern. Er verträgt das Salzwasser der Nordsee und schützt die Küste vor der Abtragung durch die Meereswellen. Viele Tiere und Pflanzen haben sich auf das Leben im Wattenmeer spezialisiert — was auch bedeutet, dass

 **Material**
Karte Nationalparke im Wattenmeer
104029-0308

 **Surftipp**
Bundesamt für Naturschutz – Nationalparke
104029-0309

Nordsee

Nationalpark
Schleswig-Holsteinisches
Wattenmeer

Nord-
friesische
Inseln

Husum

Helgoland

Heide

Nationalpark
Hamburgisches
Wattenmeer

Meldorfer
Bucht

Nationalpark
Niedersächsisches Wattenmeer

Itzehoe

Ostfriesische Inseln

Cuxhaven

Elbe

HAMBURG

Norden   Jever

Bremerhaven   Stade

Emden   Wilhelmshaven
Ems-Jade-Kanal

Varel

Weser

Legende:
- Nationalpark
- Watt
- Gewässerfläche des Nationalparks
- Nationalparkgrenze
- Staatsgrenze
- Stadt

0   20   40   60   80 km

4 Nationalparke Wattenmeer

die meisten auf diesen Lebensraum angewiesen sind. Aufgrund seiner Artenvielfalt gilt das Wattenmeer vor der niederländischen, deutschen und dänischen Küste als auf der Welt einzigartiger Lebensraum.

Nationalparke Wattenmeer
Zum Schutz des Wattenmeeres wurden 1986 drei **Nationalparke** eingerichtet. Ein Nationalpark ist ein Schutzgebiet mit einer wertvollen Naturausstattung, in dem sich die Natur weitestgehend ungestört und möglichst ursprünglich entfalten soll. Hier gelten besondere Vorschriften für Anwohner und Touristen. Zum Beispiel ist das Fahren mit Motorbooten hier untersagt.

Die Nationalparke wurden in drei verschiedene Schutzzonen aufgeteilt: Die Ruhezone umfasst den größten Teil des Nationalparks wie Wattflächen, Seehundbänke, Salzwiesen oder Dünen. Hier darf man sich nur auf markierten Flächen aufhalten. Es gelten die strengsten Verhaltensregeln, um die Natur nicht zu gefährden. In der Zwischenzone ist das Wattwandern erlaubt. Besondere Gebiete, wie Brut- oder Nahrungsgebiete von Vögeln, sind nur auf gekennzeichneten Wegen begehbar. In der Erholungszone können Badestrände und die Kureinrichtungen von den Besuchern ohne Einschränkungen genutzt werden.

Schon gewusst?
Im Jahr 2009 wurde das deutsche Wattenmeer der Nordseeküste zum Weltnaturerbe erklärt.

3 TERRA **METHODE**

**Lernen an Stationen
Station 2**

Leben im Watt

Thema

Wer denkt, dass das Watt nur aus Sand besteht, hat weit gefehlt. Neben zahlreichen Pflanzen leben über 2 500 teils einzigartige Tierarten auf oder im Wattboden. Deshalb wurde das Watt auch vom Menschen zum Naturschutzgebiet erklärt. Einige dieser Tiere sollst du etwas genauer kennen lernen.

Material

Tierlexikon, Zeichenmaterial

Aufgaben

1 Fertige mithilfe der Texte und zum Beispiel eines Tierlexikons für jedes Tier einen Pass wie für den Seestern an, mit wichtigen Informationen zum Beispiel über seinen Lebensraum, seine Größe und seine Ernährungs- und Lebensgewohnheiten.

2 Weshalb darf man Robben nicht berühren? Entwirf ein Hinweisschild.

PASS

NAME: Seestern
LEBENSRAUM: am Meeresboden oder auf
Buhnen oder Steinschüttungen
GRÖSSE: 30 bis 50 cm
ERNÄHRUNG: Schnecken und Muscheln
GEWOHNHEITEN: fängt seine Beute mit seinen
kräftigen, mit Saugnäpfen besetzten Armen

1

Miesmuscheln

Bei Ebbe verschließen sie ihre Kalkgehäuse ganz fest. Während der Flut wird Wasser angesogen, das Plankton als Nahrung herausgefiltert und das Wasser wieder ausgestoßen. Sie werden bis zu 10 cm groß. In ganzen Familien leben sie nahe der Wasseroberfläche an Steinen oder Pfählen, an die sie sich durch kleine Fäden festheften.

Strandkrabben

Sie sind bis zu 6 cm lang und bis zu 8 cm breit. Man sieht sie nur im Sommer, da sie sich im Winter im tiefen Wasser aufhalten. Bei Gefahr graben sie sich in den Boden ein. Sie laufen nur quer, dafür aber recht schnell. Aktiv sind sie vor allem in der Nacht und fressen fast alles, was ihnen vor die Schere kommt, besonders gern aber Muscheln und Schnecken.

Seehunde und Robben

Diese Säugetiere unterscheiden sich nur in ihrer Größe und Kopfform. Die Robben der Nordsee haben einen kegelförmigen Kopf und werden bis 2,30 m lang. Damit sind sie ca. 50 cm größer als Seehunde.

Seehunde und Robben leben auf den Sandbänken der Küste. Beide sind sehr scheu.

Besonders gern fressen sie Fisch und Krebse. Ausgewachsene Tiere benötigen etwa 5 kg Nahrung täglich. Junge Seehunde werden auch „Heuler" genannt. Sie stoßen vermeintliche Klagelaute aus und bleiben so mit der Mutter, die sich auf Nahrungssuche befindet, in Kontakt. Jungtiere, die von Menschen angefasst werden, werden von ihren Müttern verstoßen.

Wattwürmer

Die Watt- oder Pierwürmer sind etwa 20 cm lang und leben in etwa 25 cm Tiefe im Wattboden. Sie fressen sich förmlich durch den Sand und filtern daraus ihre Nahrung. An der Oberfläche hinterlassen sie kleine Kothäufchen.

Schollen

Sie gehören ebenso wie die Flundern zu den Plattfischen. Schollen können bis zu 90 cm lang und bis 20 Jahre alt werden. Schnecken, Würmer, Muscheln und Krebse gehören zu ihren Lieblingsspeisen. Sie liegen flach auf dem Grund und können sich dort verstecken, weil sie sich mit Sand bedecken und ihre Farbe dem Meeresboden angepasst ist.

Austernfischer

Die Austernfischer mit ihrem typischen schwarz-weißen Federkleid, rotem Schnabel und roten Beinen gehören zu den Wattvögeln. Von der Schnabel- bis zur Schwanzspitze können sie bis zu 43 cm messen. Sie fallen besonders durch ihr lärmendes Verhalten auf. Während der Balz trippeln diese Vögel mit vorgestrecktem Hals und abwärtsgerichtetem Schnabel umeinander herum. Sie fressen Würmer, Krebse, kleinere Schnecken und vor allem Muscheln. Austern gehören eher selten zu ihrem Speiseplan.

Kaum zu glauben

In einem gedachten Würfel mit einer Kantenlänge von 10 cm findet man im Watt bis zu 150 Lebewesen wie Muscheln, Schnecken oder Krebse.

Plankton

So bezeichnet man pflanzliche und tierische Kleinstlebewesen, die frei schwebend im Meer leben.

3 TERRA **METHODE**

**Lernen an Stationen
Station 3**

Meereswellen – mal schön, mal gefährlich

Thema

Die Nordsee – mal mit ruhigem Wellengang, mal mit gefährlicher Sturmflut. Vor allem früher richteten Sturmfluten immer wieder verheerende Zerstörungen an.

Zusatzmaterial

Material für das Experiment, Lineal

Aufgaben

1 Führe den Versuch 3 durch. Notiere deine Beobachtungen in dein Heft.

2 Erkläre mithilfe des Textes, unter welchen Bedingungen es an der Nordseeküste zu einer Sturmflut kommt.

3 Vergleiche die Karten 2 und 5. Beschreibe, wie sich die Südspitze Sylts von 1930 bis 2003 verändert hat. Beachte folgende Bereiche:

a) Breite und Länge: Nimm die Linien AB und CD zur Hilfe, um die Breite zu ermitteln. Überlege, wie du in der Karte die Linien EF und GH für die Ermittlung der Länge legen würdest;

b) Lebensraum der Menschen.

4 Vermute und notiere

a) wie sich die Situation weiter entwickeln könnte,

b) was das für die Menschen dort bedeutet und

c) was die Menschen deshalb (nicht) tun sollten.

1 Nach einer Sturmflut auf Sylt

Wie entstehen Sturmfluten?

Eine Sturmflut entsteht meist dann, wenn zur normalen Flut ein starker Sturm aus nordwestlicher Richtung vom Atlantischen Ozean Richtung Küste weht. In diesem Fall wird viel mehr Wasser in die Deutsche Bucht getrieben als üblicherweise. Von einer Sturmflut spricht man, wenn der Wasserhöchststand den normalen Stand des Gezeitenhochwassers erheblich überschreitet.

⚡ **Material** ⟋

Infoblatt Sturmfluten an der Nordseeküste
104029-0310

⚡ **Material** ⟋

Vorlage für Versuchsprotokoll
104029-0311

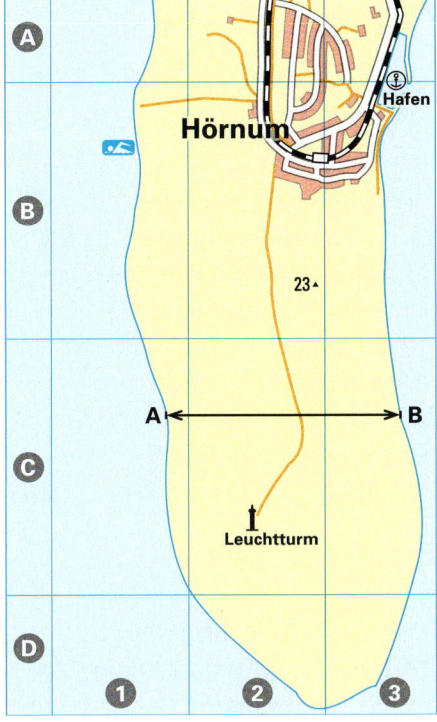

2 Südspitze von Sylt 1930

5 Südspitze von Sylt 2003

🟧	Bebauung
🟩	Wald
⬜	Meer
⧄⧄	Grenze eines Naturschutzgebiets
▬▭	Eisenbahnlinie mit Bahnhof
▬	Hauptstraße
═	Nebenstraße
▬	Weg
🅿	Parkplatz
Ⓗ	Haltestelle
≈	Kurhaus
🏊	Bademöglichkeit im Meer
🐕	Hundestrand
🏄	Surfing
⚓	Hafen
ℹ	Information
✝	Kirche
★	Polizei
✉	Post

0   500 m   1 km

Die Kraft von Meereswellen nachstellen

Material: kleine Wanne, Sand, Wasser, Brettchen

Durchführung: Modelliere aus Sand einen Festlandsbereich. Klopfe ihn mit der flachen Hand fest. Fülle anschließend die Wanne einige Zentimeter mit Wasser. Erzeuge mit dem Brettchen leichte Wellen gegen das „Festland".

Auswertung: Beobachte, was an deiner „Küste" passiert und übertrage deine Beobachtungen auf die Wirklichkeit.

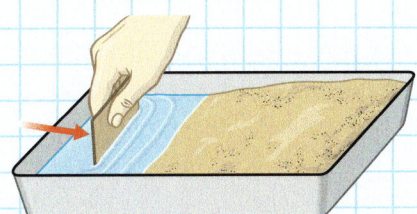

3

Sylt in Seenot

Heute schlägt besonders die Nordseeinsel Sylt Alarm. Die beliebte Urlaubsinsel verliert bei jeder schweren Sturmflut durchschnittlich einen Meter Strand. An der Südspitze der Insel können es sogar bis zu 15 m sein. Um Sylt zu retten, sind daher dringend teure Küstenschutzmaßnahmen notwendig.

4

TERRA **METHODE**

**Lernen an Stationen
Station 4**

Küstenschutz an der Nordsee

Thema

SOS an der Nordseeküste – Sturmflut!
Diese Meldung war und ist keine
Seltenheit. Obwohl Sturmfluten auch
heute noch große Schäden anrichten
können, ist die Gefahr nicht mehr so
groß wie früher.

Material

Material für den Versuch

Aufgaben

1 Stelle mithilfe des Textes und der
Grafik 4 Merkmale früherer und mo-
derner Deiche gegenüber.

2 Zeichne in Anlehnung an die Grafik 4 eine Skizze mit dem Querschnitt
eines modernen Deiches. Beachte:
1976 erreichte die Sturmflut eine
Höhe von 6,45 m.

3 Führe den Versuch 2 durch. Beschreibe die Wirkungsweise eines
Deiches.

SOS

Internationales Seenotzei-
chen, gedeutet als „Save
our ship" („Rettet un-
ser Schiff") oder „Save
our souls" („Rettet unsere
Seelen")

Kleiner Sturmflutkalender

16.1.1362 „Erste Große Mandränke",
100 000 Tote, 30 Dörfer im Meer ver-
sunken

11.10.1634 „Zweite Große Mandränke",
6 123 Menschen und 50 000 Tiere ertrunken, 1 339 Häuser zerstört

24.12.1717 Weihnachtsflut, 20 000 Tote,
100 000 Tiere ertrunken, 5 000 Häuser zerstört

3./4.2.1825 „1. Februarflut": Größte
Sturmflut im 19. Jahrhundert; 800 Tote

16./17.2.1962 Hamburg-Sturmflut, 312
Tote, 60 Deichbrüche, 20 000 Menschen
evakuiert

3.1.1976 Jahrhundertflut, bislang höchste Sturmflut, keine Toten, zahlreiche
Deichbrüche

26.–28.2.1990 zwei Sturm-, zwei Orkan-
fluten, Schäden nur am Deich in Dagebüll

28.1.1994 und danach jährlich hohe
Sturmfluten ohne Tote und Schäden

1

Versuch: Einen Deich testen

Material: Getränkedose mit Sand gefüllt als Welle, flache Holzplatte als
Deich, Holzbrett als Anlauffläche.

Durchführung: Ein Schüler lässt die
„Dosenwelle" die Anlauffläche her-
unterrollen, während ein anderer die
Holzplatte flach geneigt in den Weg
hält.

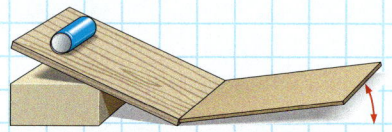

Beim nächsten Versuch wird der
Deich viel steiler gegen die Rampe
gehalten.

Auswertung: Vergleicht die Beobachtungen der Versuche mit unterschiedlicher Steilheit. Was passiert
jeweils mit dem Deich? Überlegt, wie
der Bau eines idealen Deiches aussehen müsste.

2

Material

Infoblatt Küstenschutz und Landgewinnung
104029-0312

Material

Vorlage für Versuchsprotokoll
104029-0313

3 **Deich bei Dagebüll nach der Sturmflut am 28. Februar 1990**

Deiche schützen die Küsten

Seitdem Menschen an der Nordseeküste siedeln, müssen sie sich vor Sturmfluten schützen. Dort, wo Dünen als natürlicher Schutz fehlten, wurden **Deiche** als Schutzwälle errichtet. Bereits vor 1000 Jahren begann man mit dem Bau von Deichen. Sie waren noch niedrig und hatten steile Böschungen, die durch Holzpfosten im Brandungsbereich gesichert wurden. Häufig konnten solche Dämme der Gewalt der Sturmfluten nicht standhalten und brachen.

Es war dringend notwendig, die Deiche zu verbessern, weil der Meeresspiegel in den letzten Jahrhunderten gestiegen ist. Sturmfluten wurden dadurch gefährlicher. Weil heute viel mehr Menschen unmittelbar hinter den Deichen leben als früher, gibt es größere Schäden.

Aber erst in den letzten 30 Jahren ist es gelungen, Deiche als wirksamen Schutz gegen Sturmfluten auszubauen. Die heutigen Deiche sind viel höher und breiter als früher: Sie sind bis zu acht Meter hoch und an ihrer Sohle bis einhundert Meter breit. Der Deichkern besteht aus Sand, der mit einer dicken Schicht aus Klei, einem „klebrigen", Wasser undurchlässigen Tonboden abgedeckt ist. Darauf wächst eine dicke Grasdecke, die an keiner Stelle aufreißen darf. Schafe halten das Gras kurz. Die Außenböschung ist viel flacher als früher und durch eine Steinböschung verstärkt. Somit wird der starken Brandung gefährliche Kraft genommen.

Kaum zu glauben

In den letzten 8000 Jahren ist der Meeresspiegel um etwa 40 Meter gestiegen.

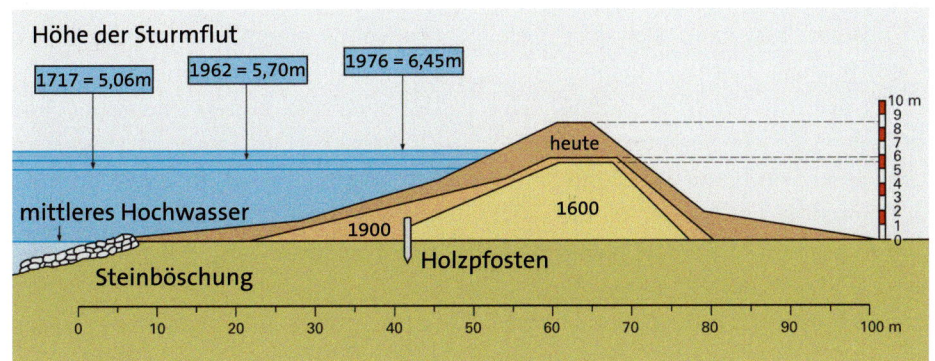

4 **Hochwasserstände und die Entwicklung der Deiche**

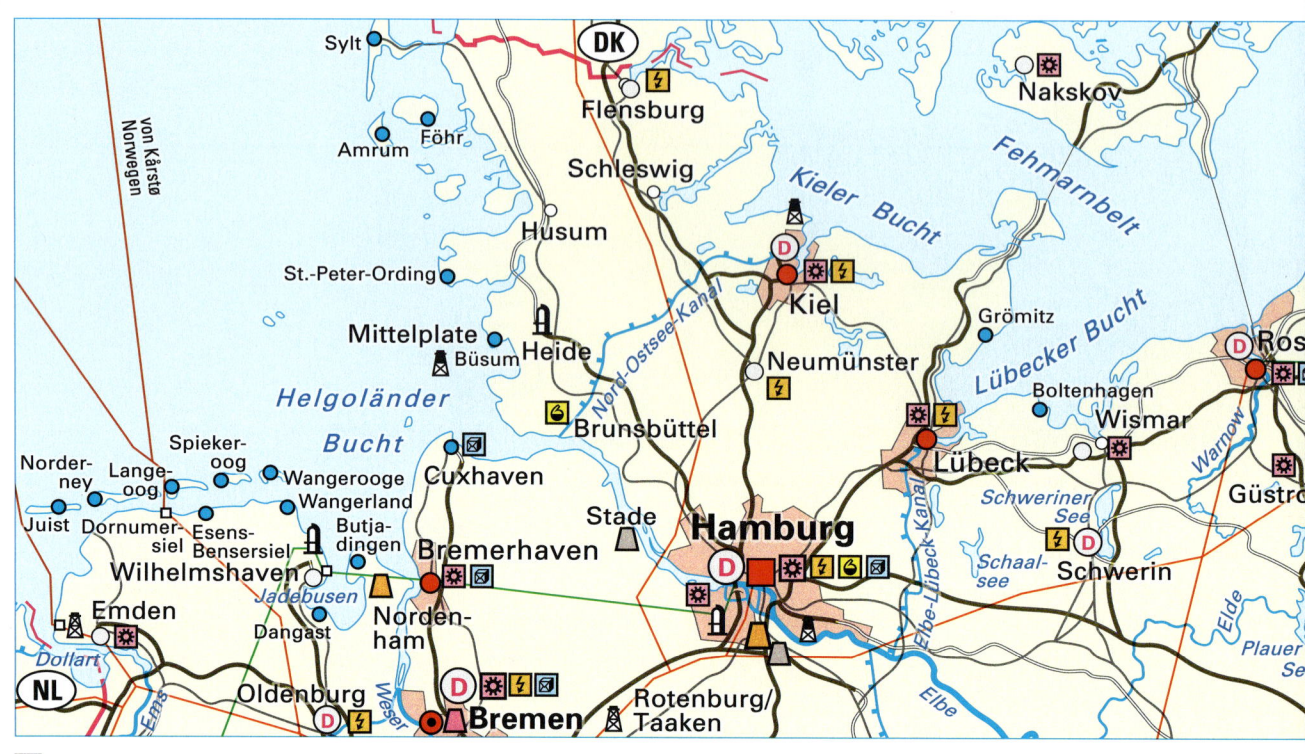

1

Wirtschaftsraum Küste

- - - ▶

Seite 72/73
Grundbedürfnisse

So wie du hat auch jeder andere Mensch bestimmte Ansprüche, Wünsche und Bedürfnisse, die er erfüllt haben möchte. Besonders wichtig sind vor allem die Grundbedürfnisse: wohnen, arbeiten, sich erholen, sich bilden und sich versorgen. Um diese Bedürfnisse nun zu erfüllen, müssen die Menschen tätig werden – und dies wird unter dem Begriff **Wirtschaft** zusammengefasst.

In unserer Zeit kann sich aber kein Mensch allein all seine Ansprüche erfüllen. Als Urlauber an der Küste möchtest du z. B. ein leckeres Fischbrötchen essen, kaufst dir eines und hältst auf einmal einen Teil der Wirtschaftsbeziehungen einer Region in der Hand: Der Fischer hat den Fisch gefangen und ihn als Rohstoff für die Fischfabrik bereitgestellt. Dort wurde er filetiert, zurechtgeschnitten und gewürzt.

Der Fisch wurde also verarbeitet. Nun gelangt er an den Imbissstand. Dort fügt der Besitzer andere Produkte, z. B. Backwerk und Gemüse hinzu, um das Ganze als leckeres Fischbrötchen an dich verkaufen zu können. Damit hat er Tätigkeiten ausgeführt, durch welche du dir deinen Wunsch erfüllen konntest, nämlich ein Fischbrötchen zu verzehren. Somit hat der Imbissstandbesitzer dir einen Dienst erwiesen, den du in Anspruch genommen hast.

Du benötigst andere Menschen, die dir helfen, einen schönen Urlaub zu verbringen. Sie sorgen dafür, dass du schön wohnst, gut essen gehen kannst, dich im Strandkorb entspannst oder auch in einem Museum Interessantes lernst. Somit entstehen Beziehungen zwischen den Menschen und ihren unterschiedlichen Tätigkeiten.

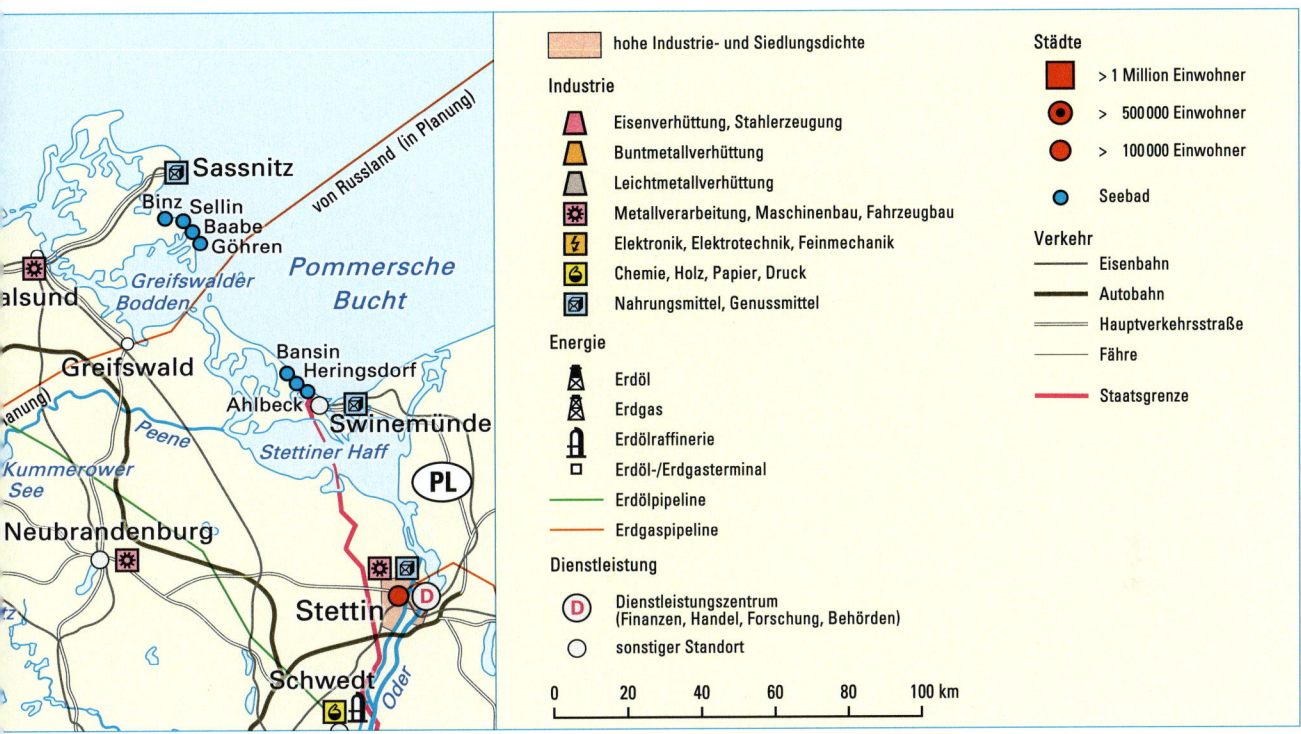

| | hohe Industrie- und Siedlungsdichte |
| Industrie | |

Industrie

🔺 Eisenverhüttung, Stahlerzeugung
🔺 Buntmetallverhüttung
🔺 Leichtmetallverhüttung
✳️ Metallverarbeitung, Maschinenbau, Fahrzeugbau
⚡ Elektronik, Elektrotechnik, Feinmechanik
Chemie, Holz, Papier, Druck
Nahrungsmittel, Genussmittel

Energie

Erdöl
Erdgas
Erdölraffinerie
Erdöl-/Erdgasterminal
Erdölpipeline
Erdgaspipeline

Dienstleistung

Ⓓ Dienstleistungszentrum (Finanzen, Handel, Forschung, Behörden)
◯ sonstiger Standort

Städte

🟥 > 1 Million Einwohner
◉ > 500 000 Einwohner
🔴 > 100 000 Einwohner
🔵 Seebad

Verkehr

Eisenbahn
Autobahn
Hauptverkehrsstraße
Fähre
Staatsgrenze

0   20   40   60   80   100 km

Die Gliederung der Wirtschaft

Um die vielen Tätigkeitsfelder zu ordnen, wird die Wirtschaft in drei Bereiche gegliedert, die sogenannten Wirtschaftssektoren.

Um etwas produzieren zu können, müssen Rohstoffe aus der Natur bereitgestellt werden. Diese Tätigkeiten umfasst der **primäre Sektor**. Alle Betriebe und Firmen, die diese Rohstoffe weiterverarbeiten, gehören zum **sekundären Sektor**. Dieser Bereich wird häufig auch als Industriesektor bezeichnet. Tätigkeiten, die jemand für andere verrichtet oder das Handeln mit Gütern werden im Dienstleistungssektor, dem **tertiären Sektor,** zusammengefasst. Beispiele dafür sind Bankangestellte, Polizisten, Lehrer, Friseure, Schauspieler u. v. m. Alle drei Sektoren werden in unterschiedliche Branchen bzw. Zweige gegliedert.

Gliederung der Wirtschaft in ...

...	Sekundärer Sektor	...
Gewinnung von Rohstoffen aus der Natur	...	Dienstleistungsbereich
...	Maschinenbau	Gastronomie
	...	...

2

1 ▶ Arbeite mit Tabelle 2 und Karte 1:
a) Vervollständige die Tabelle.
b) Ordne ausgewählte Symbole der Karte in die Tabelle ein.
2 ▶ Arbeite mit der Karte 1:
Nenne für ausgewählte Orte konkrete Branchen und ordne diese den Wirtschaftssektoren zu.

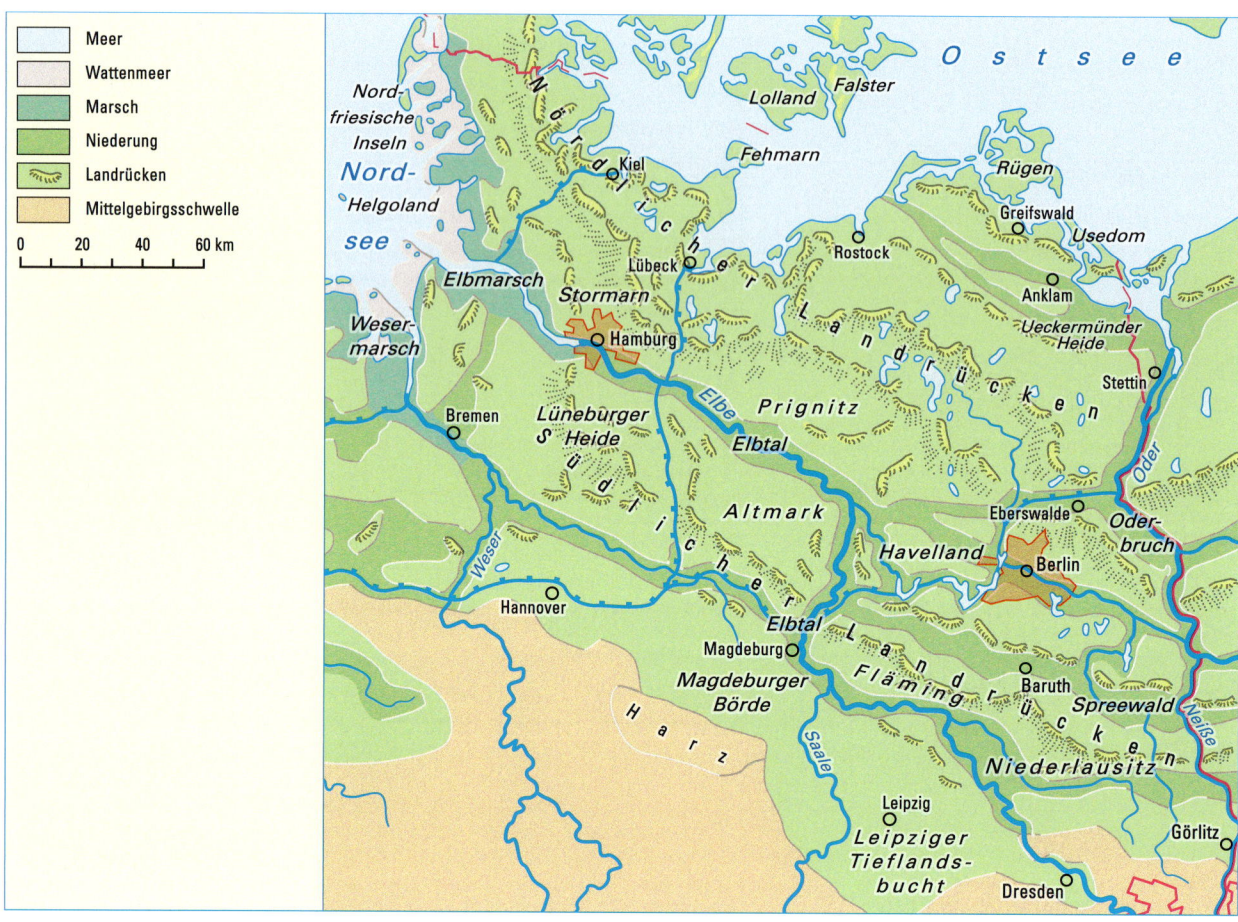

1 Landschaften des Tieflandes

Vielfältige Landschaften

Im **Tiefland** gibt es nicht nur flaches Land. Höher gelegene Gebiete wechseln sich immer wieder mit tiefer gelegenen Gebieten ab, hügelige mit sehr ebenen Landschaften.

In Nordseeküstennähe wird das Tiefland durch die Marsch geprägt. Der sehr feuchte und nährstoffarme Boden eignet sich überwiegend zur Grünlandnutzung. Deshalb gehört zum Beispiel Nordfriesland zu den bekanntesten Viehzuchtgebieten in Deutschland.

Langgestreckte sandige Landrücken, die hier von Nordwesten nach Südosten verlaufen, werden Geest genannt.

Dabei werden im Fläming als Teil des Südlichen Landrückens sogar Höhen von knapp über 200 m erreicht. Das Relief und die nährstoffarmen Böden sind hier für den Ackerbau ungeeignet. Ein bei Touristen sehr beliebtes Erholungsgebiet ist die Lüneburger Heide. Hier kann man jedes Jahr im Sommer, wenn das Heidekraut blüht, das „Erröten" der Heide bewundern. Damit das so bleibt, wurde ein Großteil der Fläche unter Naturschutz gestellt und weitere Teile wurden Naturparks.

Durch die meisten Niederungen des Tieflandes, zum Beispiel den Oderbruch,

2 Marsch

3 Heidschnucken in der Lüneburger Heide

fließen größere Flüsse. In einigen wurden auch Kanäle angelegt, um die Flüsse miteinander zu verbinden. Durch den hohen Grundwasserspiegel sind die Böden sehr feucht und eignen sich besonders zur Grünlandnutzung. Da die Böden der Flussniederungen fruchtbar sind, nutzt man diese auch für den Obst- und Gemüseanbau. Einzelne Gebiete in den Niederungen mussten dafür entwässert werden.

Auf den ebenen und zum Teil flachwelligen Gebieten zwischen den Niederungen und den höchsten Erhebungen der Landrücken kann Ackerbau betrieben werden. Eine mittlere bis gute Bodenqualität und das Relief ermöglichen diese Nutzung. Viele kleinere und größere Seen, die auch beliebte Ausflugsziele sind, fügen sich hier reizvoll in die Landschaft ein.

4 Im Oderbruch an der deutsch-polnischen Grenze bei Zollbrücke

1 Beschreibe das Foto 4.

2 Übernimm die Tabelle und ergänze mithilfe des Atlas, der Karte 1 und der Fotos:

	Marsch	Geest	Niederung
Beispiele			
Nutzung			

1 Hof Mohr

2 Rübenvollernter

Landwirtschaft im Tiefland

Kaum zu glauben
Landwirtschaft macht satt: Pro Tag werden in Deutschland mehr als 70 Millionen Liter Milch zu Trinkmilch, Butter, Sahne, Joghurt, Quark usw. verarbeitet. Fleisch von mehr als 40 Millionen Schweinen und 4 Millionen Rindern pro Jahr gelangt auf den Ladentisch. Jeder Bundesbürger verbraucht jährlich rund 225 Eier. So braucht man in Deutschland etwa 18 000 000 000 Eier im Jahr.

Lebensmittel im Supermarkt: Die Auswahl ist riesig. Fleisch, Wurst, Obst, Gemüse, Milch, Brot. Alles ist frisch. Doch woher kommen diese Produkte?

Mehr als „Kraut und Rüben"
Die Landwirtschaft befasst sich mit dem Anbau von Pflanzen und der Nutzung und Züchtung von Tieren. Das dient einerseits der Produktion von Nahrungsmitteln. Andererseits stellt die Landwirtschaft Rohstoffe für die Bekleidungsindustrie und Energiewirtschaft her. Zur Landwirtschaft zählen Ackerbau, Viehwirtschaft, Gemüse-, Obst-, Garten- und Weinbau.

Günstige natürliche Bedingungen
Das Tiefland wird in Deutschland vorwiegend landwirtschaftlich genutzt. Ein Blick auf die Karte zeigt, dass nicht überall alles angebaut wird. Das liegt daran, dass die Pflanzen und die Erträge vom Boden, dem Relief, der Temperatur und vom Niederschlag abhängig sind. Diese natürlichen Voraussetzungen

sind in Deutschland sehr verschieden. So sind gute Böden und ein ebenes Relief günstig für den Ackerbau. Viehwirtschaft betreibt man dagegen meist dort, wo die Böden für Ackerbau eher ungeeignet sind. Neben der Weidewirtschaft gibt es dabei auch die Tierhaltung in Ställen.
Die Landwirte produzieren nicht nur Nahrungsmittel, sondern auch Rohstoffe für die Industrie. In den letzten Jahren wurden z. B. zunehmend nachwachsende Rohstoffe wie Raps angebaut, um daraus Diesel zu gewinnen.

Vom Landwirt zum Energiewirt?!
Warm duschen ist im niedersächsischen Dorf Jühnde bei Göttingen ganz einfach: Man braucht dazu Kühe, Schweine oder Getreide und einen Bioenergiewirt. Denn Strom und Warmwasser kommen in Jühnde sozusagen vom Misthaufen. Jühnde ist das erste Dorf in Deutschland, das sich selbst mit Energie aus nachwachsenden Rohstoffen versorgt.

 **Lernen im Netz**
Landwirtschaft ist nicht gleich Landwirtschaft
104029-0314

 **Lernen im Netz**
Interaktive Karte Landwirtschaft
104029-0315

3 Obstbau

5 Biogasanlage in Jühnde

6 Anteil der Anbaufläche für nachwachsende Rohstoffe an der Ackerfläche in Deutschland

Jühnde in Zahlen	
Einwohner	775
Schweine	1 400
Kühe	900
Hektar Wald	850
Hektar Feld / Wiese	1 000

7

Sonderkulturen

Gemüse-, Obst- und Weinanbau gehören zu den Sonderkulturen. Solche Pflanzen stellen besondere Anforderungen an den Boden, benötigen viel Wärme und erfordern den Einsatz vieler Arbeitskräfte für Pflege und Ernte. Der Anbau erfolgt meist auf kleineren Flächen und ist aufgrund des hohen Aufwandes sehr teuer.

4

Energiepflanzen statt Futterpflanzen

Auf rund 300 Hektar bauen die Jühnder Landwirte jetzt Mais, Gerste und Roggen nicht mehr als Futtermittel oder Brotgetreide, sondern als Energiepflanzen für die Dorfzentralheizung an.

Die Energiepflanzen werden geerntet, wenn sie noch grün sind. Dann werden sie durch Vergären im Silo haltbar gemacht. Zusammen mit Gülle kommt diese Silage in die Biogasanlage. Milliarden von Bakterien zersetzen die Masse und bilden Methan, ein Biogas, das aus dem Brei „blubbert". Es dient als Brennstoff für ein Kraftwerk, das Wärme und zugleich auch Strom erzeugt. Und zwar mehr, als die 775 Einwohner insgesamt verbrauchen. Das Beste dabei ist: Es entsteht hierbei kein zusätzliches klimaschädliches Kohlendioxid.

Auch wenn es im Winter richtig kalt wird, müssen die Jühnder Bürger nicht frieren. Dann sorgt ein Heizkraftwerk, das Holzabfälle verbrennt, für zusätzliche Wärme.

Zunehmend werden nur noch Pflanzenabfälle in den Biogasanlagen verarbeitet, sodass immer noch genügend Nutzpflanzen für die Nahrungsmittelproduktion angebaut werden können.

1 Nenne Gründe, weshalb im Norddeutschen Tiefland günstige Bedingungen für die Landwirtschaft herrschen.

2 Benenne mithilfe des Atlas Sonderkulturen, die in Deutschland angebaut werden.

3 Erkläre, weshalb man bei Biogas von „erneuerbarer Energie" spricht.

1 Bodenprofil einer Schwarzerde

2 Ackerbau in der Börde

Fruchtbare Börden

Löss
Damit wird kalkhaltiges Lockermaterial bezeichnet, welches durch den Wind herangeweht und abgelagert wurde.

Fruchtbare Böden ...
Die fruchtbarsten Ackerbaugebiete Norddeutschlands sind die flachwelligen **Börden**. Doch was macht diese so fruchtbar?

Die hier vorherrschenden dunklen **Böden** entwickelten sich auf mächtigen Lössschichten. Aufgrund der Eigenschaften von **Löss** sind die Böden sehr fruchtbar und gut für die Landwirtschaft geeignet. Zudem sind die Böden tiefgründig locker und dadurch gut durchlüftet und leicht durchwurzelbar.

... für anspruchsvolle Pflanzen
Weizen, unser wichtigstes Brotgetreide, und die Zuckerrübe stellen besonders hohe Ansprüche an den Boden. Daher werden sie vornehmlich in den Börden angebaut.

Neben den Böden sind auch die anderen Wachstumsbedingungen wie hohe Temperaturen und ausreichend Niederschlag für diese Pflanzen sehr wichtig. Solche für den Ackerbau günstigen Gebiete werden daher als Gunsträume bezeichnet.

3 Die Zuckerrübe: vom Feld zum Verbraucher

⚡ **Material**
Kleine Pflanzenkunde
104029-0316

⚡ **Material**
Infoblatt Börden
104029-0317

Aber wie die Fruchtbarkeit erhalten?

Der Anbau mit der immer gleichen Pflanzenart laugt den Boden aus und verringert die Erträge. Um dies zu verhindern, nutzen die Landwirte zwei Methoden:

Zum einen düngen sie die Böden. Dies geschieht entweder durch das Aufbringen von Mineraldünger oder durch den Anbau von Futterpflanzen, wie zum Beispiel Klee. Dieser kann Nährstoffe aus der Luft binden und in seinen Wurzeln speichern. Nach der Kleeernte verrotten die Wurzeln und geben die Nährstoffe an den Boden ab.

Zum anderen bauen sie auf einem Feld in den aufeinander folgenden Jahren unterschiedliche Pflanzen an. Da jede Pflanze beim Wachsen dem Boden nur bestimmte Nährstoffe entzieht, kann man so die Bodenfruchtbarkeit länger stabil halten. Der Landwirt spricht von Fruchtwechsel. Die Abfolge der Anbaufrüchte ergibt dann eine Fruchtfolge.

🟦 **Löss**
🟥 **Zuckerrübenanbau**

4 **Zuckerrübenanbau in Deutschland**

1 Ermittle mithilfe des Atlas die Namen einiger Börden. Beschreibe ihre Lage (Karte).

2 Börden sind landwirtschaftliche Gunsträume. Begründe.

3 Die Zuckerrübe ist vielseitig verwendbar. Erkläre diese Aussage mithilfe des Produktionsschemas 3.

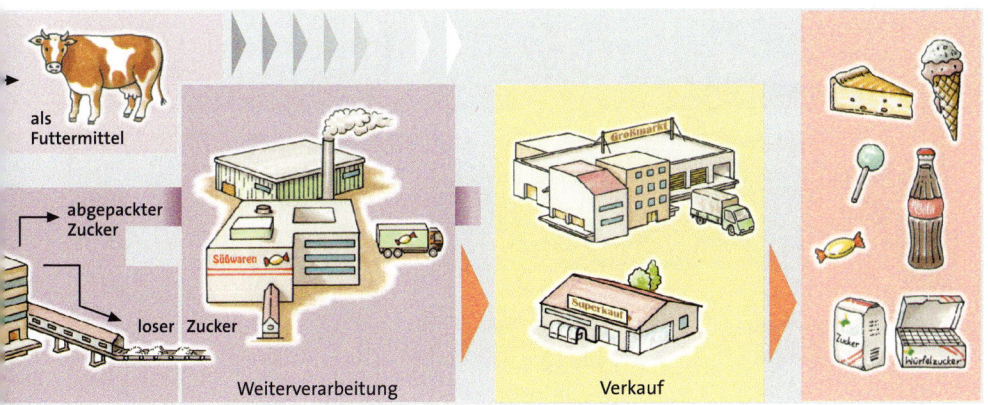

als Futtermittel

abgepackter Zucker

loser Zucker

Weiterverarbeitung

Verkauf

Mineraldünger

Von der chemischen Industrie hergestellter künstlicher Pflanzendünger, der verschiedene mineralische Nährstoffe enthält.

1

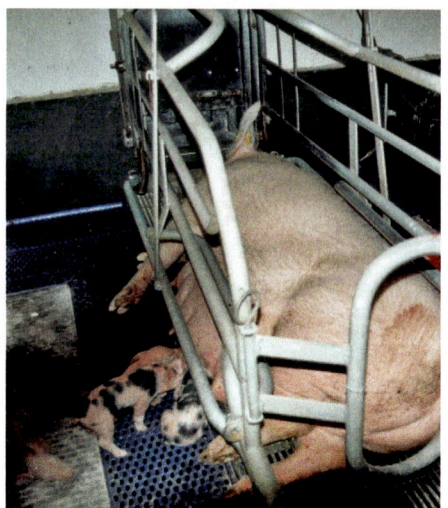

4 **Hof Bohnekamp mit Silos für das Getreidefutter**

5 **Im Abferkelstall**

Fleischverbrauch im Vergleich (kg/Einw. 2008)

Deutschland	88
Spanien	111
Großbritannien	86
Russland	61
Ägypten	22
Nigeria	9
USA	123
Mexiko	63
Peru	20
China	53
Indonesien	11
Australien	123

2

Konventionelle Landwirtschaft

Norddeutschland ist durch viele landwirtschaftliche Betriebe geprägt. Sie versorgen uns mit allen notwendigen Nahrungsmitteln. Die meisten haben in den letzten Jahrzehnten eine Wandlung durchgemacht. Was ist geschehen?

Umstellung auf Intensivlandwirtschaft
Die Bauern bestellen ihr Land heute mit Maschinen. Die Mechanisierung ermöglicht es, immer größere Flächen mit immer weniger Arbeitskräften in immer kürzerer Zeit zu bewirtschaften.

Viele Betriebe der **Konventionellen Landwirtschaft** haben sich auf wenige oder nur ein Produkt spezialisiert. So brauchen sie nur wenige teure Maschinen oder nur einen großen, oft automatisierten Stall für nur eine Tierart. Diese Maßnahmen kosten zwar sehr viel Geld, doch produzieren die Betriebe so mehr. Das nennt man Intensivierung.

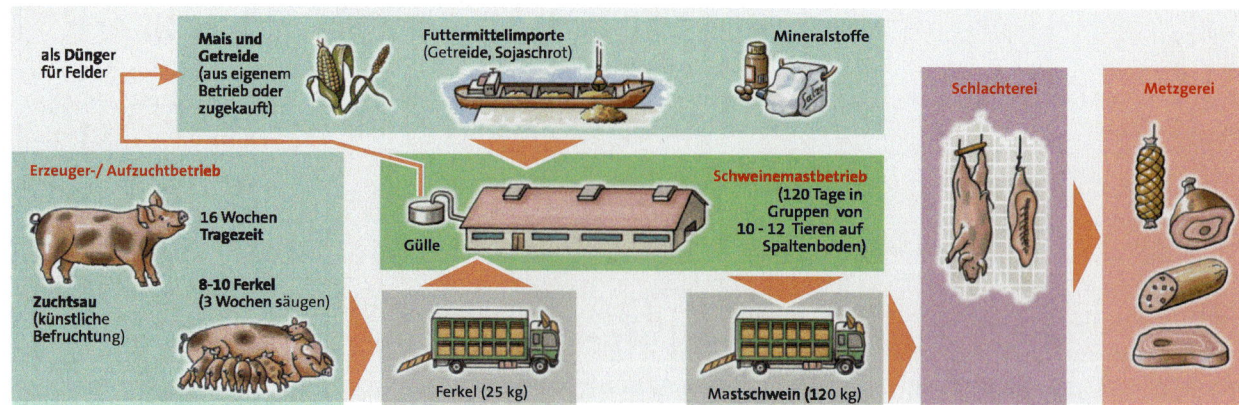

3 **Vom Erzeuger bis zum Verbraucher: die Stationen eines Mastschweins**

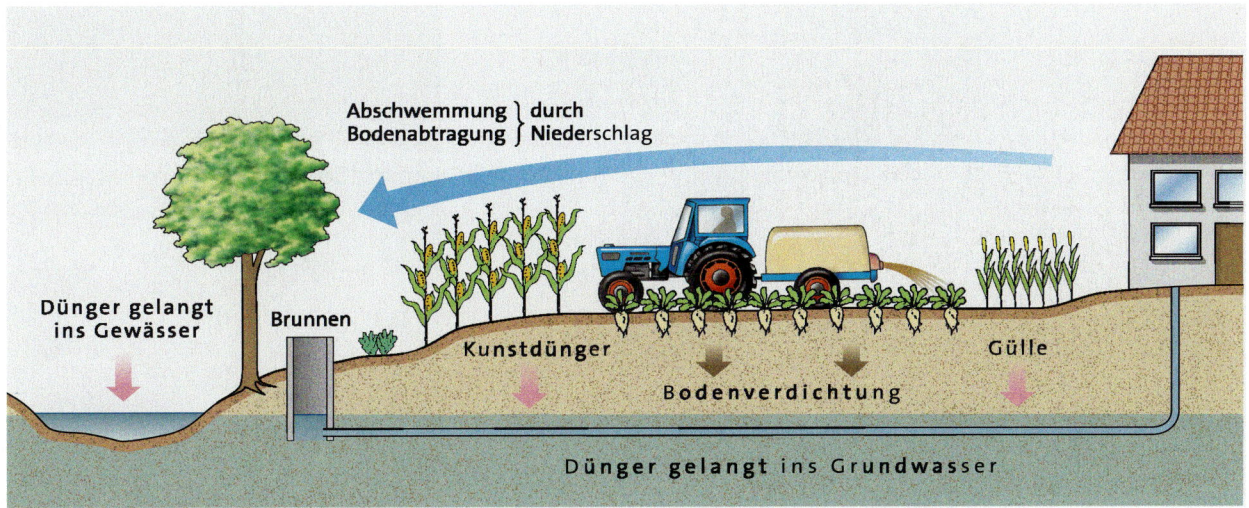

Abschwemmung } durch
Bodenabtragung } Niederschlag

Dünger gelangt
ins Gewässer

Brunnen

Kunstdünger

Bodenverdichtung

Gülle

Dünger gelangt ins Grundwasser

6 **Umweltbelastungen durch intensive Landwirtschaft**

Massentierhaltung erfordert eine aufwändige Mechanisierung. Der Hof spezialisiert sich. Es werden Geld und Zeit z. B. nur für die Ferkelaufzucht, die Schweinemast und den Futtermittelanbau verwendet. Manche Betriebe konzentrierten sich sogar allein auf Aufzucht oder Mast.

Hightech-Produktion
Ein Beispiel für einen modernen Veredelungsbetrieb ist der Hof Bohnekamp. „Schweineproduktion ist heute Hightech", sagt Herr Bohnekamp stolz und macht das am Abferkelstall seines Hofes deutlich. „Temperatur und Luftfeuchtigkeit werden per Computer gesteuert. Die Aufzucht der Ferkel und die Mast der Schweine sind in meinen Ställen hochtechnisiert. Die großen Mengen an Flüssigmist (die Gülle) werden in großen Tanks aufgefangen, bevor sie auf die Felder ausgebracht werden. Dank dieser ganzen Technik kann ich heute auf meinem Hof mehr als 3 000 Tiere halten, die in nur 120 Tagen ihr Schlachtgewicht von 120 Kilogramm erreichen."

Probleme der intensiven Landwirtschaft
In großen Betrieben mit intensiver Massentierhaltung fallen täglich riesige Mengen Gülle an. Düngt man Felder oder Wiesen mit zu viel Gülle, droht eine Wasserverschmutzung. Brunnen der öffentlichen Trinkwasserversorgung mussten in manchen Regionen deshalb sogar geschlossen werden.

Intensive Landwirtschaft
hoher Aufwand von Maschinen, Kapital, Dünger, Medikamenten, Schädlingsgiften usw. (z.B. Massentierhaltung, Fischfarmen, Gewächshäuser)

- - →

Seite 80/81
Einen Betrieb erkunden

1 Grafik 6 zeigt mögliche Umweltgefährdungen durch die intensive Landwirtschaft. Benenne diese.
2 Suche im Atlas Gebiete in Norddeutschland, in denen viele Schweine und Geflügel „produziert" werden.
3 Die Intensivierung in der Landwirtschaft hat dazu geführt, dass die Anzahl der Bauernhöfe in Deutschland abnimmt. Erkläre den Zusammenhang.
4 Beurteile die Folgen intensiver Landwirtschaft für den Naturraum.

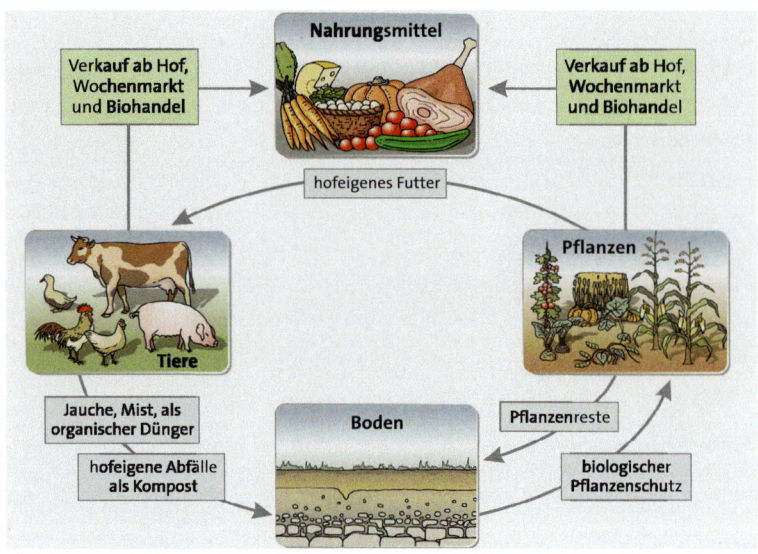

1 Der ökologische Kreislauf

4 Schweinemast artgerecht

2 Das Bio-Siegel dürfen nur landwirtschaftliche Produkte tragen, die umweltschonend produziert wurden.

Ökologische Landwirtschaft

Wenn du frei laufende Schweine auf einer Weide siehst, bist du wahrscheinlich auf einem Ökobauernhof.

Sprechen wir von **Ökologischer Landwirtschaft** oder Ökolandbau, werden Nahrungsmittel und andere landwirtschaftliche Erzeugnisse auf der Grundlage möglichst naturschonender Produktionsmethoden hergestellt. Die Ökologische Landwirtschaft verzichtet z. B. auf den Einsatz bestimmter Pflanzenschutzmittel, Wachstumsförderer, Mineraldünger und Gentechnik. Den Erzeugnissen sollen vor dem Verkauf als Bio-Lebensmittel auch keine Geschmacksverstärker, künstliche Aromen oder Farb- und Konservierungsstoffe beigefügt werden.

Der Landwirt Tietz bewirtschaftet im Fläming einen Hof mit artgerechter Tierhaltung. Ein Zeitungsreporter befragte ihn dazu.

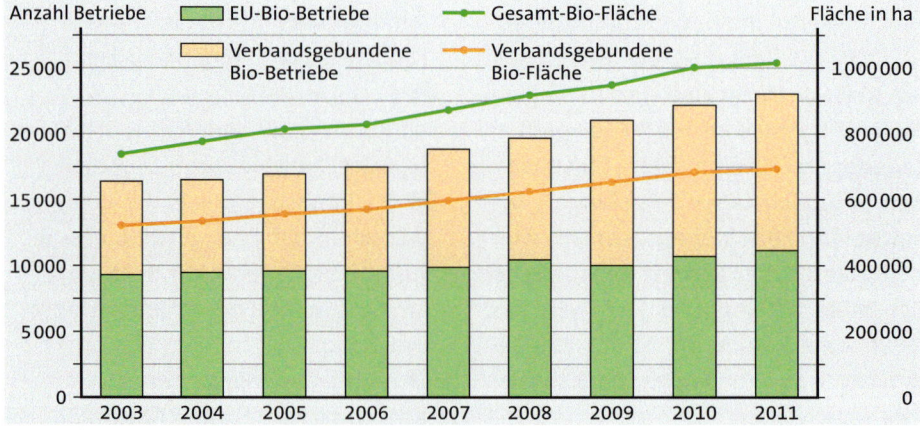

3 Entwicklung der Bio-Anbaufläche und der Bio-Betriebe in Deutschland

 **Material**
Landwirtschaft im Vergleich
104029-0318

 **Material**
Infoblatt Ökologischer Landbau
104029-0319

Interview mit Landwirt Tietz

Reporter: Was ist artgerechte Tierhaltung?

Herr Tietz: Alle Tiere haben bestimmte Grundbedürfnisse. Deshalb gibt es bei uns Rückzugsbereiche, Bewegungszonen, viel Licht, ein gesundes Lager und das richtige Futter. Unsere Tiere haben viel Platz in den Ställen und auch draußen.

Reporter: Wir sehen hier viele Schweine auf den Weiden.

Herr Tietz: Die Ställe sind offen gebaut. So können die Schweine sich viel an der frischen Luft bewegen, wenn sie wollen. Und Schweine bewegen sich viel! Dort hinten suhlen sie sich gern im Schlamm. Sie haben für ihren Mistgang sogar einen eigenen Platz. So halten sie sich selbst die Liegestellen sauber. Ist Ihnen aufgefallen, dass es hier kaum riecht?

Reporter: Woher stammen das Futter und das viele Stroh für die Tiere?

Herr Tietz: Wir wirtschaften in einem geschlossenen Kreislauf, d.h., alles was wir brauchen, erzeugen wir selbst. Das Futter wächst auf unseren eigenen Ackerflächen. Mais, Gerste, Roggen und Weizen sind die Hauptfuttermittel. Dazu kommen Erbsen und Bohnen als Eiweißlieferanten. Unsere Abfälle aus den Ställen bleiben hier: Wir düngen mit Mist aus unseren Ställen. Gülle fällt überhaupt nicht an, weil die Ställe alle dick mit frischem Stroh ausgelegt sind. Das hält den Boden trocken und die Tiere haben immer einen gesunden, warmen Schlafplatz.

Reporter: Wie kommt das Fleisch zum Kunden?

Herr Tietz: Wir haben einen kleinen Hofladen. Viele Kunden kommen direkt zu uns. Zweimal in der Woche fahren wir zusätzlich in die Stadt auf den Wochenmarkt. Gerade haben wir begonnen, unser Fleisch im Internet anzubieten. So können die Kunden bequem bestellen und wir schicken es ihnen ganz frisch zu. Außerdem haben wir noch einen Liefervertrag mit einem Supermarkt.

Reporter: Welche Vorteile hat die ökologische Landwirtschaft für Sie?

Herr Tietz: Wir haben früher konventionell gewirtschaftet. Wir mussten möglichst billig produzieren, um konkurrenzfähig zu bleiben. Aber so konnten wir kein hochwertiges Fleisch produzieren und die Tiere waren oft krank. Wir haben kaum Gewinn gemacht. Unsere Tiere wachsen nun sehr gesund auf, wir müssen nicht mehr so viel Geld für den Tierarzt und die teuren Medikamente ausgeben. Unsere Pflanzen schützen wir mit biologischen Mitteln und natürlichen Maßnahmen. Der Ökologische Landbau erfordert zwar deutlich mehr Arbeit, die Tiere wachsen langsamer und das macht das Fleisch auch teurer. Aber es gibt immer mehr Kunden, die bereit sind, für gute Produkte etwas mehr zu bezahlen. So haben wir ein gesichertes Einkommen und sind einfach zufriedener mit unserer Arbeit. Und schauen Sie sich unsere Tiere an: Es geht ihnen einfach gut!

Extensive Landwirtschaft
geringer Aufwand von Maschinen und Kapital, kaum Düngung und Schädlingsgifte, braucht große Flächen (z.B. Almwirtschaft)

Seite 44/45
Sachtexte auswerten

Seite 80/81
Einen Betrieb erkunden

5

1 Artgerechte Tierhaltung:
a) Benenne Vor- und Nachteile einer artgerechten Tierhaltung.
b) Beschreibe Auswirkungen auf die Belastung der Umwelt.

2 Erkläre, welche Folgen ein artgerechtes Wirtschaften für die Verbraucherpreise hat.

3 Fleisch: Hauptsache billig? Führt zu diesem Thema ein Streitgespräch.

3 TERRA **TRAINING**

Wichtige Begriffe

Binnenmeer
Boden
Börde
Deich
Ebbe
Flachküste
Flut
Gezeiten
Konventionelle
   Landwirtschaft
Küste
Löss
Massentierhaltung
Nationalpark
Ökologische
   Landwirtschaft
primärer Sektor
Randmeer
sekundärer Sektor
Steilküste
tertiärer Sektor
Tiefland
Wattenmeer
Wirtschaft

1

2

Meeresteile	Inseln, Halbinseln	Flüsse, Kanäle	Städte
...	...	...	...

3

Orientieren

1 In der Karte 1 sind acht Fehler versteckt. Finde sie heraus.

2 Ordne die Begriffe der Abbildung 2 richtig in die Tabelle 3 ein.

3 Landwirtschaft in Deutschland
Arbeite mit dem Atlas:
a) Nenne drei Börden und zwei Pflanzen, die dort hauptsächlich angebaut werden.
b) Nenne vier Städte, in deren Umgebung Grünland genutzt wird.

c) Wo werden Sonderkulturen angebaut? Nenne vier Beispiele und die Sonderkultur, die dort jeweils angebaut wird.

Wissen und verstehen

4 Nordsee und Ostsee
Die Nordsee wird als Randmeer, die Ostsee als Binnenmeer bezeichnet.
a) Erkläre beide Begriffe.
b) Lege eine Tabelle an und vergleiche Ostsee und Nordsee nach weiteren Gesichtspunkten miteinander, z.B. angrenzende Länder (Anrainer-

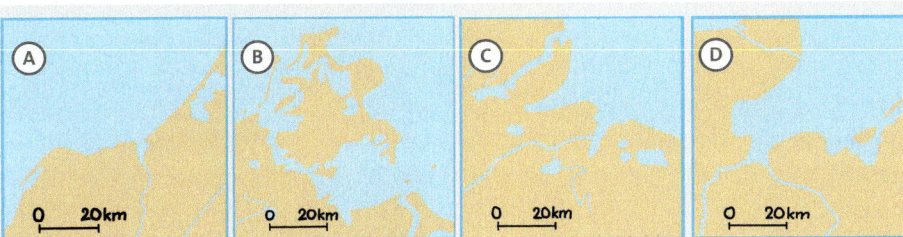

Teste dich selbst
mit den Aufgaben 2 und 7.

4 Küstenformen

staaten), Größe, Salzgehalt des
Wassers.
c) Die Nordsee tauscht ihr Wasser im
Laufe von 3 Jahren mit dem Atlantik aus, die Ostsee benötigt dafür
mehr als 30 Jahre. Begründe!

5 Küstenformen

a) Ordne den Abbildungen 4 die
entsprechenden Küstenformen zu:
Buchten-, Bodden-, Ausgleichs-
und Fördenküste.
b) Beschreibe mögliche Verände-
rungsprozesse.

6 Nationalparks

Die Zeichnungen 5 zeigen, wie man
sich im Nationalpark nicht verhalten
sollte. Bilde dazu einfache Sätze: „Ich
verhalte mich richtig, wenn ich …"

7 Richtig oder falsch?

Verbessere die falschen Aussagen
und schreibe sie richtig auf.
a) In der Ökologischen Landwirtschaft leben viele Tiere auf engstem Raum.
b) Obst und Gemüse gehören zu den
Sonderkulturen.
c) Der Anbauwechsel von Feldfrüch-
ten wird Fruchtfolge genannt.
d) Roggen, Gerste und Weizen sind
Gemüsesorten.

5

Beurteilen und bewerten

8 In einem Prospekt für Besucher
von Nationalparks ist zu lesen:
„Respektieren Sie die Natur wie auch
Ihre Mitmenschen, gönnen Sie bei-
den ihre Ruhe."
Bewerte diese Aufforderung an die
Nationalparkbesucher.

4 Leben in der Stadt, Leben im Dorf

Unterschiedlicher kann das Leben kaum sein: Die einen wohnen in der Stadt, genießen das große Angebot, das dort besteht, und nehmen Hektik und Lärm dafür in Kauf. Die anderen wollen lieber eine grüne Umgebung und sind in ein Dorf umgezogen. Dafür haben sie dann auch längere Wege. Und was findest du an deinem Wohnort toll, was nicht?

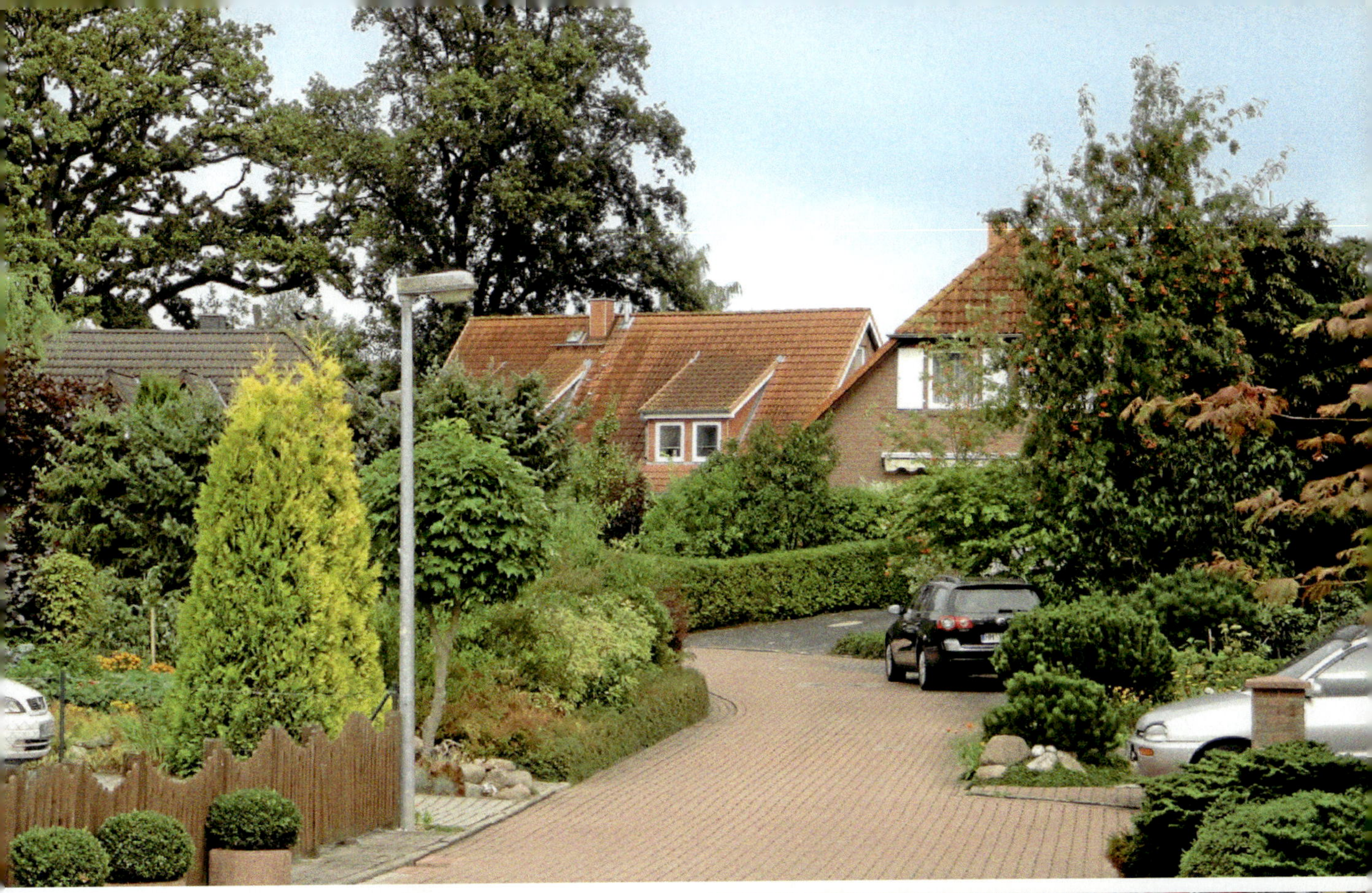

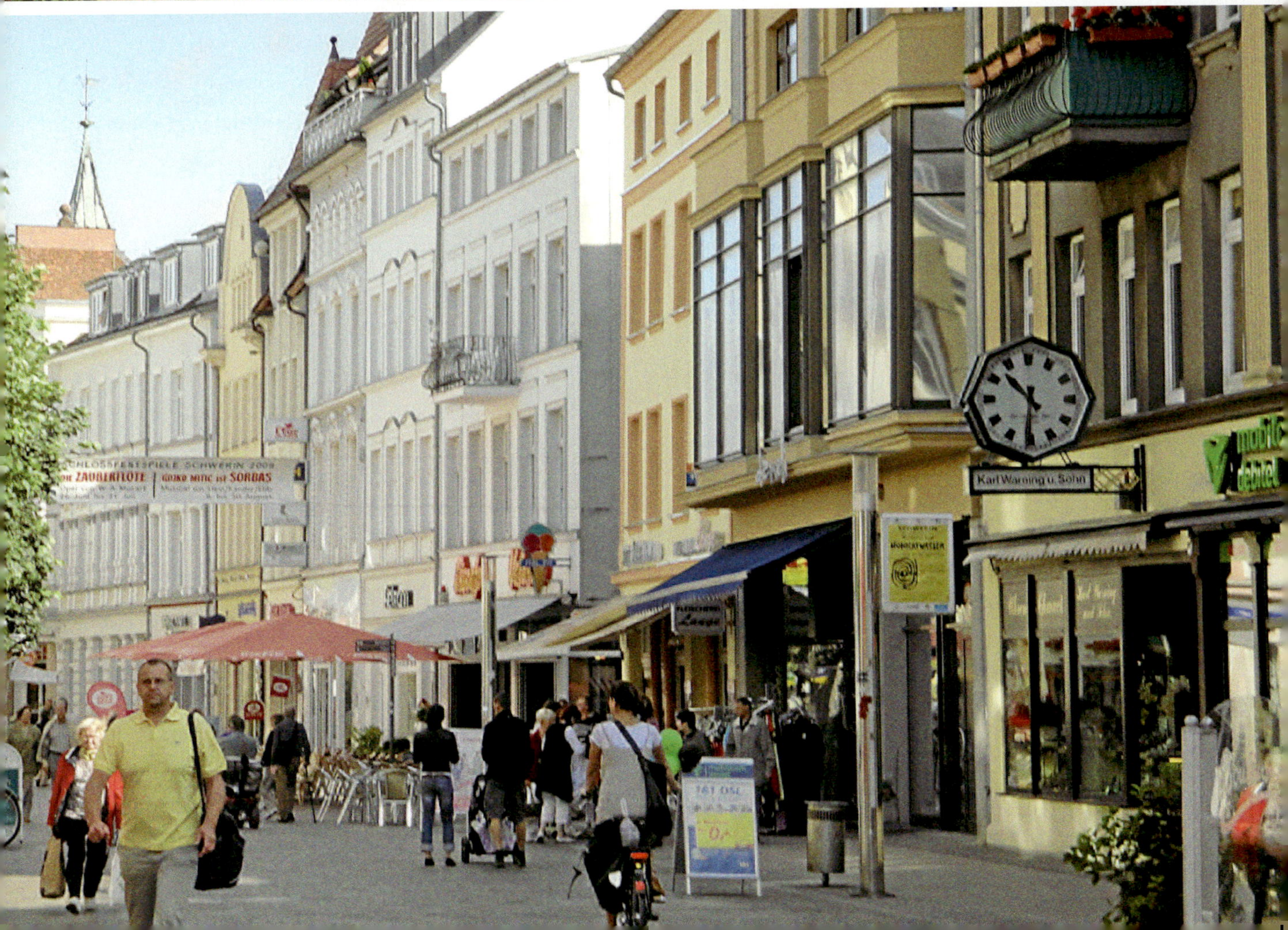
SCHWERIN 2009
SORBAS
Karl Warning u. Sohn

Zu Hause in der Stadt

Um die Arbeits- und Lebensverhältnisse in einer **Stadt** oder in einem **Dorf** zu beurteilen oder zu vergleichen, untersucht man am besten die Grundbedürfnisse der Menschen. Dazu zählen wohnen, arbeiten, sich bilden, sich erholen und sich versorgen. Diese werden nach den jeweiligen Lebensumständen unterschiedlich erfüllt.

Für die Beurteilung oder den Vergleich informiert man sich, ob und in welcher Art und Weise die Grundbedürfnisse erfüllt sind. Wie sieht dies zum Beispiel für die Landeshauptstadt Schwerin aus?

◀ - -

Seite 56
Grundbedürfnisse

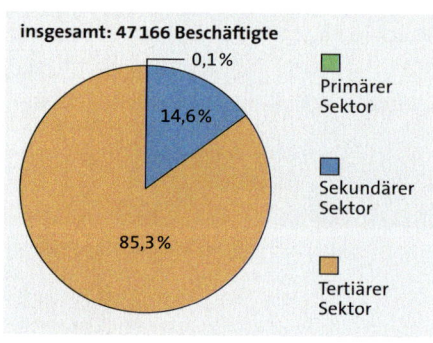

insgesamt: 47 166 Beschäftigte

0,1 %
14,6 %
85,3 %

- Primärer Sektor
- Sekundärer Sektor
- Tertiärer Sektor

4 **Anteile der Beschäftigten in Schwerin (2010)**

Wohnen

In Schwerin leben knapp 100 000 Menschen, die sehr unterschiedlich wohnen. In der Innenstadt stehen viele ältere Mehrfamilienhäuser. Ein großer Teil von diesen wurde in den letzten Jahren umfassend saniert.

Außerhalb des Zentrums gibt es Wohngebiete mit Mehrfamilienhäusern in Plattenbauweise neben Gebieten mit neu erbauten Einfamilienhäusern. In den letzten Jahren sind sehr viele Menschen aus der Stadt weggezogen, was zu zahlreichen leerstehenden Wohnungen geführt hat. Viele Häuser in den Plattensiedlungen wurden abgerissen, weitere werden noch folgen.

Arbeiten

Die meisten der knapp 50 000 Beschäftigten in Schwerin arbeiten im Dienstleistungsbereich, z. B. im öffentlichen Dienst, im Handel, bei Banken und Versicherungen oder in Betrieben, die Energie und Wasser bereitstellen. Die Betriebe des Sekundären Sektors sind meist in den großen Gewerbeparks am Rande der Stadt angesiedelt. Hier werden z. B. Windkraftanlagen oder Bauteile für den Airbus 380 hergestellt. Auch gibt es Betriebe, die Kunststoffbehälter bauen oder auf die

↖ **Surftipp**
Stadt Hamburg
104029-0401

5

6

7

Fertigung von Kabeln spezialisiert sind. Trotz vielfältiger Bemühungen reichen die Arbeitsplätze nicht für alle, fast ein Fünftel der Einwohner ist arbeitslos.

Sich bilden

In den 29 allgemeinbildenden Schulen der Landeshauptstadt lernen fast 9 000 Kinder. Etwa 1 000 Studenten haben sich im „Baltic College", einer privaten Hochschule zur Ausbildung von Hotel- und Tourismusfachleuten, bzw. der Hochschule der Bundesagentur für Arbeit eingeschrieben. Weil der Wissenschaftsstandort Schwerin ausgebaut wird, sollen zu diesen Einrichtungen weitere hinzukommen. Mit der Gründung einer Internationalen Schule will die Stadt zusätzlich ihre Weltoffenheit zeigen.

Sich erholen

Es gibt viele verschiedene Angebote, um seine Freizeit aktiv zu gestalten. Museen, Theater, Sporthallen und Kinos stellen nur einen Teil der Möglichkeiten dar. Die vielen Seen in der Nähe sind für Segler, Surfer oder Tauchsportler gut geeignet. Die ausgebauten Uferwege laden zum Spaziergang ein.

Und ein dichtes Radwegenetz verbindet die Seen.

Sich versorgen

Zum Einkaufen gibt es viele Einzelhandelsgeschäfte. Große Einkaufszentren ziehen täglich tausende Käufer an. Allein das Schlosspark-Center vereinigt über 100 Geschäfte, Cafés und Restaurants auf drei Etagen. Damit die Menschen die Handelseinrichtungen gut erreichen können, verbinden mehrspurige Straßen und ein dichtes Netz an Bussen und Straßenbahnen das Zentrum mit den Ortsteilen. Geldgeschäfte oder Postdienstleistungen können ebenso in vielen Zweigstellen getätigt werden.

1 Grundbedürfnisse untersuchen
a) Ordne den Fotos Grundbedürfnisse zu.
b) Beurteile, wie sich die Grundbedürfnisse in Schwerin erfüllen lassen.
2 Untersuche, wie sich die Grundbedürfnisse an deinem Schulstandort erfüllen lassen. Der Online-Link 104029-0401 kann dir helfen.

Wir in Pingelshagen

Ilona Breese, 36 Jahre
Beruf: Kindergärtnerin
Hobbies: Joggen, Garten
„Wir haben den Entschluss, aufs Land zu ziehen, nie bereut. Hier kann man im Freien sitzen, ohne dass Straßenlärm und Abgase stören. Die Kinder können gleich vor der Haustür spielen.
Klar gibt es hier keine Läden, aber das Einkaufszentrum ‚Margaretenhof‘ mit Plaza, Roller und Aldi am Stadtrand Schwerins ist nur wenige Autominuten entfernt."

Stefanie Breese, 11 Jahre
Schülerin der Klasse 5 a des Goethe-Gymnasiums Schwerin
Hobbies: Judo und Musik machen
„Für mich ist hier draußen echt nicht viel los. Außer dem Jugendclub und der Jugendfeuerwehr gibt es keine Freizeitbeschäftigung. Nicht mal durch Geschäfte bummeln kann man, da es keine gibt. Außerdem wohnen viele meiner Freundinnen in der Stadt. Ich wäre lieber in der Stadt geblieben."

Richard Breese, 41 Jahre
Beruf: Verwaltungsbeamter
Hobbies: Modellbau, Garten
„Im Haus habe ich endlich Platz für meine Hobbies. Mittlerweile haben wir auch guten Kontakt zu unseren Nachbarn, sodass wir uns hier sehr wohl fühlen. Klar müssen wir jeden Tag mit dem Auto zeitig los, da Stefanies Schule 7.30 Uhr beginnt. Sie könnte auch 6.57 Uhr mit dem Schulbus fahren. Aber so ist es für alle bequemer, da die Schule direkt an meinem Arbeitsweg nach Schwerin liegt."

Philipp Breese, 18 Jahre
Lehrling in der Schweriner Maschinen und Anlagen GmbH
Hobbies: Fußball, Disko
„Da es hier überhaupt nichts gibt, musste ich mir eine Lehrstelle in Schwerin suchen. Da hatte ich noch Glück. Andere haben Lehrstellen erst in Lübeck oder Hamburg gefunden. Wenn ich meine Fahrerlaubnis gemacht habe, kaufe ich mir ein Auto. Der letzte Bus fährt nämlich um 22.00 Uhr, und früh ist es immer total schwierig, zur Frühschicht zu kommen."

7 **Neue Wohnhäuser**

9 **Autowerkstatt**

8 **Dorfteich**

10 **Altes Bauernhaus**

Familie Breese ist vor neun Jahren von Schwerin nach Pingelshagen gezogen. Herr und Frau Breese wollten ein eigenes Haus und für die Kinder Philipp und Stefanie einen Garten zum Spielen. Pingelshagen wählten sie, weil es hier schön ruhig ist, günstiges Bauland gab und das Dorf durch den Stadtbus sehr gut an Schwerin angebunden ist. Die Breeses sind kein Einzelfall. Vor allem Familien mit Kindern verhalten sich oft ähnlich und ziehen von der Stadt in die Dörfer des Umlandes.

1 ▶ Grundbedürfnisse untersuchen
a) Ordne den Fotos Grundbedürfnisse zu.
b) Beurteile, wie sich die Grundbedürfnisse in Pingelshagen erfüllen lassen.
c) Bewerte, wie sich die Grundbedürfnisse in Schwerin und Pingelshagen jeweils erfüllen lassen. Übertrage dafür die Tabelle in dein Heft.

Bewertungsskala:
++ sehr gut, + gut,
– schlecht, – – sehr schlecht

	Schwerin	Pingelshagen
wohnen		
arbeiten		
sich bilden		
sich erholen		
sich versorgen		

2 ▶ Viele Eltern denken, ihre Kinder hätten es auf dem Lande besser. Was denkt ihr?

Ist es nicht faszinie-
rend, die Welt aus
der Vogelperspektive
zu betrachten? Ob
GoogleEarth, Bing
Maps oder Online-An-
gebote – Luftbilder sind
heute für jeden Raum
der Erde mit wenigen
Mausklicks zu bekom-
men. Sie geben einen
guten Überblick und
lassen Strukturen und
deren Anordnungen
besser sichtbar werden.
Wie du ein Luftbild aus-
wertest, lernst du hier.

1 Pingelshagen 1991

Ein Luftbild aus-
werten

„Was, das soll Pingelshagen sein?" Un-
gläubig schaut Stefanie Breese auf
das Luftbild von 1991. Sie beginnt auf
dem Foto nach Bekanntem zu suchen:
Sofort erkennt sie an den Häuserzei-
len die Straßenzüge. Zu dieser Zeit bestand das Dorf nur aus wenigen Häusern. Auch den großen Wald findet
sie wieder. Viel größer waren damals
die Ackerflächen, an deren Stelle heute Einfamilienhäuser stehen. Das Haus
einer Mitschülerin hat sie schnell gefunden. „Wo ist unser Haus?", fragt sie
sich. Doch selbst nach langem Suchen
kann sie es nicht finden. Plötzlich weiß
sie auch, warum ...

1. Schritt: Sich orientieren
– Stelle die Bildart fest: Ist es ein Schrägluftbild oder ein Senkrechtluftbild?
– Stelle wenn möglich Titel und Aufnahmezeitpunkt des Bildes fest.
– Ermittle mithilfe einer geeigneten
Karte, wo und in welcher Blickrich-
tung das Luftbild aufgenommen
worden ist.

2. Schritt: Den Bildinhalt beschreiben
– Beschreibe zuerst besonders auffällige Einzelobjekte des Bildes. Stelle dann die überwiegende Form der
Flächennutzung und Bebauung dar.
– Gliedere das Bild und unterscheide dabei z. B. Siedlungsflächen von
Ackerland und Wald. Stelle linienför-
mige und punktförmige Bildelemen-
te fest. Fertige hierzu am besten eine Skizze an: Lege Transparentpapier
auf das Bild und übertrage wichtige
Linien und Flächen.

Seite 14/15
Schrägluftbild /
Senkrechtluftbild

2 **Pingelshagen 2006**

3. Schritt: Den Bildinhalt deuten

Ermittle Ursachen für die im zweiten Schritt beschriebene Verteilung.

– Werte Einzelheiten des Bildes aus. Unterscheide zum Beispiel: alt und neu bebaute Gebiete, gering bebaute gegenüber stark bebauten Flächen.

– Stelle Beziehungen zwischen einzelnen Bildelementen her und suche nach Zusammenhängen, z.B. zwischen Straßen und Bebauung, Feldern und entsprechenden landwirtschaftlichen Einrichtungen.

Nutze zur Deutung des Bildes auch andere Informationsquellen.

4. Schritt: Ergebnisse darstellen

Halte das Ergebnis deiner Bildauswertung in Form eines Berichtes mit oder ohne Skizze fest.

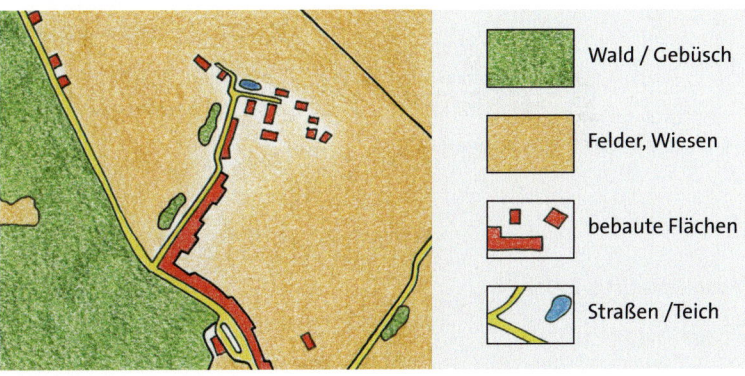

	Wald / Gebüsch
	Felder, Wiesen
	bebaute Flächen
	Straßen /Teich

3 **Skizze zum Luftbild 1991**

1 Pingelshagen früher und heute

a) Werte das Luftbild 2 von 2006 aus.

b) Beschreibe Veränderungen in der Bebauung gegenüber der Aufnahme von 1991.

c) Erläutere, warum Stefanie ihr Wohnhaus auf dem Foto nicht finden konnte.

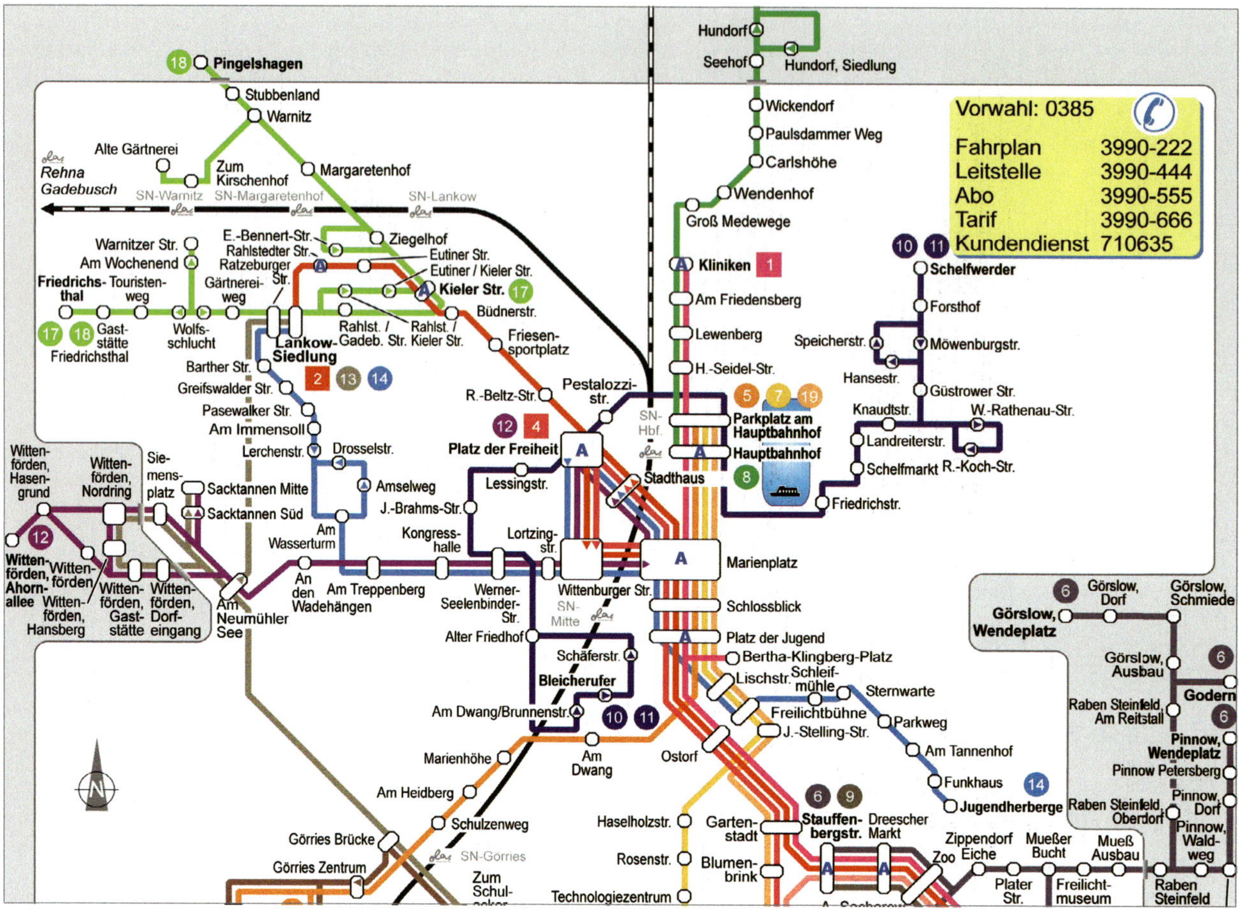

Hundorf
Seehof — Hundorf, Siedlung

18 Pingelshagen
Stubbenland
Warnitz
Wickendorf
Paulsdammer Weg
Carlshöhe

Alte Gärtnerei
Rehna
Gadebusch
Zum Kirschenhof
Margaretenhof
Wendenhof
SN-Warnitz   SN-Margaretenhof   SN-Lankow

Groß Medewege

Vorwahl: 0385

Fahrplan	3990-222
Leitstelle	3990-444
Abo	3990-555
Tarif	3990-666
Kundendienst	710635

Warnitzer Str.
E.-Bennert-Str.
Rahlstedter Str.
Ratzeburger Str.
Ziegelhof
Eutiner Str.
Eutiner / Kieler Str.
Kieler Str. 17
10 11 **Schelfwerder**
Am Wochenend
Friedrichs- Touristen- weg
Gärtnerei- weg
Budnerstr.
A **Kliniken** 1
Forsthof
thal
Wolfs- schlucht
Lankow- Siedlung
Rahlst. / Gadeb. Str.
Rahlst. / Kieler Str.
Friesen- sportplatz
Am Friedensberg
Lewenberg
Speicherstr.
Möwenburgstr.
17 18 Gast- stätte Friedrichsthal
Barther Str.
2 13 14
H.-Seidel-Str.
Hansestr.
Güstrower Str.
Greifswalder Str.
R.-Beltz-Str.
Pestalozzi- str.
5 7 19
Knaudtstr.
W.-Rathenau-Str.
Pasewalker Str.
12 4
SN- Hbf.
Parkplatz am Hauptbahnhof
Landreiterstr.
Am Immensoll
Platz der Freiheit
A
Hauptbahnhof
Schelfmarkt R.-Koch-Str.
Witten- förden, Hasen- grund
Witten- förden, Nordring
Sie- mens- platz
Lerchenstr.
Drosselstr.
Amselweg
Lessingstr.
Stadthaus
A
8
Friedrichstr.
Sacktannen Mitte
Sacktannen Süd
Am Wasserturm
J.-Brahms-Str.
Kongress- halle
Lortzing- str.
A
Marienplatz
6 Görslow, Dorf
Görslow, Schmiede
12
Witten- förden, Ahorn- allee
Witten- förden, Witten- förden, Gast- stätte
Witten- förden, Dorf- eingang
Am Neumühler See
An den Wadehängen
Am Treppenberg
Werner- Seelenbinder- Str.
Wittenburger Str.
SN- Mitte
Schlossblick
Görslow, Wendeplatz
Görslow, Ausbau
6
Witten- förden, Hansberg
Alter Friedhof
A
Platz der Jugend
Raben Steinfeld, Am Reitstall
Godern
Bleicherufer
Schäferstr.
Bertha-Klingberg-Platz
Lischstr. Schleif- mühle
Sternwarte
6
Am Dwang/Brunnenstr.
10 11
Freilichtbühne
J.-Stelling-Str.
Parkweg
Pinnow, **Wendeplatz**
Marienhöhe
Am Dwang
Ostorf
Am Tannenhof
Pinnow Petersberg
Am Heidberg
Funkhaus
14
Pinnow, Dorf
Görries Brücke
Schulzenweg
Haselholzstr.
Garten- stadt
6 9
Stauffen- bergstr.
Dreescher Markt
Jugendherberge
Raben Steinfeld, Oberdorf
Pinnow, Wald- weg
Görries Zentrum
SN-Görries
Rosenstr.
Blumen- brink
Zippendorf Zoo
Mueßer Eiche
Mueß Bucht
Mueß Ausbau
Raben Steinfeld
Zum Schul-
Technologiezentrum
Plater Str.
Freilicht- museum

1 **Liniennetzplan von Schwerin**

Magnet Stadt

Pendlerstatistik 2009	
Pingelshagen	
Arbeitsplätze	20
Einpendler	12
Auspendler	244
Schwerin	
Arbeitsplätze	47 171
Einpendler	25 237
Auspendler	9 756
Hamburg	
Arbeitsplätze	809 315
Einpendler	311 640
Auspendler	93 124

2

Philipp Breese muss wochentags zu seinem Lehrbetrieb in einem neuen Gewerbegebiet im Süden Schwerins. So wie er fahren viele Menschen aus den Dörfern des Umlandes zur Arbeit oder zur Schule. Das ist auch in Hamburg und Umgebung so. Man nennt solche Menschen, die täglich zur Arbeit oder zur Schule in einen anderen Ort fahren, **Pendler**.
Da Philipp kein Auto hat, muss er die öffentlichen Verkehrsmittel nutzen. Und obwohl eine Buslinie direkt nach Schwerin fährt, braucht er mit Bus und Straßenbahn für eine Strecke 45 Minuten.

Mit dem Auto würde er sogar noch länger brauchen, da im täglichen Berufsverkehr oft Stau herrscht.

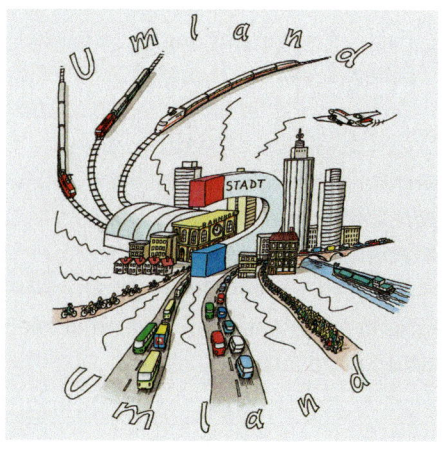

3

4

5

6

Zentrale Orte

Für das Umland ist die Stadt ein **Zentraler Ort**. Hier befinden sich viele Einrichtungen, die nicht nur eine Bedeutung für die Bewohner der Stadt, sondern auch für die Menschen in den Dörfern des **Umlandes** haben. Man spricht daher von einem Bedeutungsüberschuss der Stadt. In den Zentralen Orten wie Hamburg kann man z. B. einkaufen und arbeiten oder lernen, ohne dort zu wohnen. Aber auch viele kulturelle, medizinische und sportliche Einrichtungen gibt es nur dort.

Der Bedeutungsüberschuss wird auch im **Verkehr** deutlich: Städte sind Verkehrsknotenpunkte. Es gibt Bahnhöfe, an denen überregionale Züge halten (ICE) und Regionalbahnen. Bundesstraßen kreuzen sich in den Zentren der Städte, Autobahnen verlaufen in der Nähe.
Nicht jede Stadt hat eine gleich große Bedeutung. Daher sind die Städte in Grundzentren, Mittelzentren und Oberzentren eingeteilt. Je nach Art übernimmt dann ein Zentrum bestimmte Aufgaben für die Orte des Umlandes oder einer ganzen Region.

1 Begründe, warum viele Menschen in die Stadt pendeln müssen.

2 Arbeite mit der Pendlerstatistik 2:
a) Vergleiche die Zahl der Auspendler und Einpendler von Pingelshagen und Schwerin.
b) Ermittle den ungefähren Anteil der Pendler, die in Schwerin arbeiten (Einpendler), an der Gesamtzahl der Beschäftigten.
c) Ermittle den Anteil der Einpendler nach Hamburg an der Gesamtzahl der Beschäftigten.
d) Begründe, warum es in Hamburg auch Auspendler gibt.

3 Arbeite mit dem Liniennetzplan 1:
a) Philipp muss wochentags bis zur Haltestelle Ludwigsluster Chaussee fahren. Notiere die Verbindung, die er nehmen muss.
b) Wie kommt man am schnellsten von Pingelshagen zum Hauptbahnhof?

4 Weise mithilfe des Textes und der Fotos 4–6 nach, dass Schwerin ein „Magnet" ist.

5 Zeige an Beispielen auf, dass auch Hamburg ein Zentraler Ort ist.

4 TERRA **METHODE**

Eine Betriebserkundung muss gut vorbereitet und organisiert sein. Mit den hier vorgeschlagenen Arbeitsschritten lassen sich auch andere Betriebe, wie zum Beispiel Energie- und Wasserversorger, Abfallentsorger, ein Hotel, die Stadtverwaltung u. v. m. erkunden. Nur die Fragestellungen und die Ergebnisse sind unterschiedlich.

1 Zum HVV gehören S-Bahnen...

2 ... U-Bahnen ...

Einen Betrieb erkunden

Wie kommst du morgens zur Schule? Wirst du von Deinen Eltern gefahren, fährst du mit dem Fahrrad oder wirst du mitgenommen? Viele von euch kommen sicherlich mit dem Zug, Bus, der Straßen- oder S-Bahn. Dann seid ihr Kunden eines Verkehrsbetriebes. Dieser gehört zum **Öffentlichen Personennahverkehr (ÖPNV)** und ist ein Dienstleistungsbetrieb.

Die meisten Städte und Gemeinden sind zu einem **Verkehrsverbund** zusammengeschlossen, so zum Beispiel der „Hamburger Verkehrsverbund" (HVV).

Bei der Erkundung eines Verkehrsbetriebes werdet ihr feststellen, dass neben dem Busfahrer noch weitere Menschen Dienste leisten müssen, damit ihr in eurer Stadt oder auf dem Land auch ohne Auto mobil sein könnt.

Eine Betriebserkundung durchführen

1. Schritt: Vorbereitung

– Welchen Dienstleister wollen wir erkunden? Z. B.: einen Verkehrsbetrieb.
– Wie kommen wir wann dahin? Benötigen wir ein Gruppenticket?
– Wann soll die Erkundung erfolgen?
– Was wollen wir wissen und erfragen? Z. B. Größe des Versorgungsgebiets, Anzahl und Herkunft der Kunden, Anzahl der Unternehmen, der Routen und der einzelnen Linien,
Größe der Wohnbevölkerung im Versorgungsgebiet,
Wird Umweltschutz bedacht?
Lage und Größe der Verwaltung, Werkstatt und Depots,
Anzahl (Frauenanteil), Tätigkeit und Arbeitszeiten der Angestellten
– Wie können wir das erkunden? Z. B. durch Befragung, Interview, Zählung, Skizzen, Fotografieren
– Was brauchen wir dazu? Z. B. Fragebogen, Kassettenrekorder, Fotoapparat, Pläne, Grundrisse usw.
– Wie wollen wir arbeiten? Z. B. in Einzelarbeit, in der Gruppe, Wer übernimmt welche Aufgaben?

 **Surftipp**
Hamburger Verkehrsverbund
104029-0402

 **Material**
Betriebserkundung Bauernhof
104029-0403

 **Material**
Betriebserkundung Hotel
104029-0404

3 ... Fährverbindungen ...

5 ... Busverbindungen ...

7 ... und viele mehr

2. Schritt: Durchführung

- Bearbeitet die von euch gestellten Arbeitsaufträge gewissenhaft.
- Protokolliert das Gespräch bzw. eure Ergebnisse.
- Seid immer freundlich und folgt den Anweisungen bei der Betriebsführung.
- Achtet auf Gefahrenstellen.
- Prüft am Ende, ob ihr alle Aufträge erledigt habt.

3. Schritt: Auswertung und Präsentation der Ergebnisse

- Die einzelnen Arbeitsgruppen stellen ihre Ergebnisse vor.
- Seid ihr mit euren Ergebnissen zufrieden? Was könnte man besser machen?
- Veröffentlicht eure Ergebnisse in der Schule, z. B. auf einer Wandzeitung, in der Schülerzeitung oder auf der Homepage der Schule.

Der Hamburger Verkehrsverbund
- Anzahl der Linien: 689
- Anzahl der Haltestellen: 10 575
- Streckenlänge: 12 654 km
- Anzahl der Fahrzeuge: 3763
- Fahrgäste: 1033 Millionen
- 73% nutzen Zeitkarten
- Fläche im Verbundgebiet: 8 616 km^2
- Einwohner im Verbundgebiet: 3 387 000
- Verkehrseinnahmen: 617 Millionen Euro

4 Sophies Notizen von der Betriebserkundung

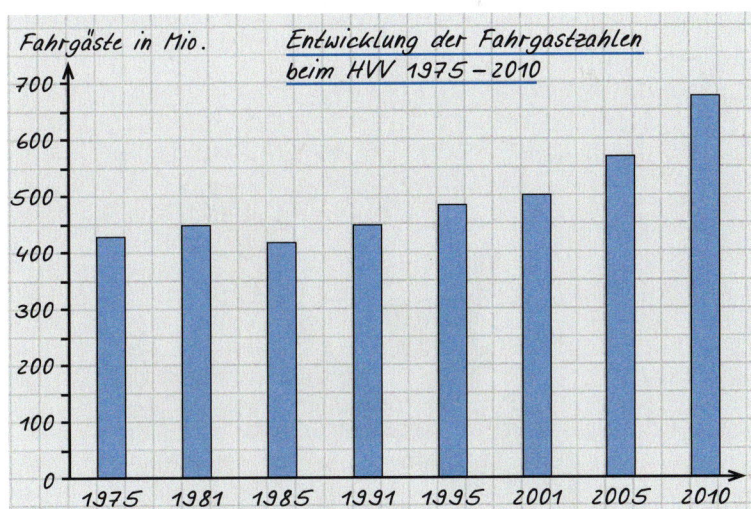

6 Ergebnisse der Betriebserkundung beim HVV

1 Führt nach den angegebenen Schritten eine Betriebserkundung durch.

4 TERRA **METHODE**

Gebäudenutzung in der Innenstadt kartieren

Bei einer Kartierung werden vor Ort erhobene Informationen ausgewertet und in einer Karte dargestellt.
Die Gebäudenutzung ist ein Beispiel dafür. Zuerst ermittelt man vor Ort die Nutzungen, z.B. eine Arztpraxis oder ein Geschäft. Dann werden die Ergebnisse in einen Kartengrundriss eingetragen. So entsteht eine thematische Karte der Gebäudenutzung.

Die Zentren unserer Städte sind dicht bebaut. Dort konzentrieren sich Fachgeschäfte und Warenhäuser, Banken und Behörden, Versicherungen und Praxen von Ärzten und Rechtsanwälten, also der Bereich der Dienstleistungen. In einigen Straßen folgt Schaufenster auf Schaufenster. Häufig sind diese Geschäftsstraßen zu Fußgängerzonen umgebaut worden. Deswegen eignet sich die Innenstadt besonders gut für eine Kartierung der Gebäudenutzung. Eine Klasse möchte in Erfahrung bringen, welche Einrichtungen in den wichtigen Geschäftsstraßen vorkommen und diese dann in eine Karte einzeichnen. Dafür müssen sie eine Kartierung durchführen.

Die Nutzung von Gebäuden kartieren

1. Schritt: Thema und Raum der Kartierung festlegen

– Formuliert zuerst eine Fragestellung, z.B.: Wie wird das Erdgeschoss genutzt?
– Legt die Straßen fest, die für eure Fragestellung kartiert werden müssen: z.B. Hauptstraße oder Fußgängerzone.
– Besorgt euch eine geeignete Kartengrundlage.

2. Schritt: Daten vor Ort sammeln

– Fertigt euch eine Skizze der Straße an.
– Überlegt euch euer Vorgehen: Wollt ihr z.B. erst die eine, dann die andere Straßenseite kartieren?
– Geht die Straße entlang und tragt für jedes Haus die Hausnummer auf der Skizze ein. Schreibt dazu, wie das Erdgeschoss genutzt wird.

3. Schritt: Daten auswerten, zusammenfassen und ordnen

– Wertet eure Ergebnisse aus, indem ihr einzelne Nutzungen zu Gruppen zusammenfasst, z.B. die Mode- und Schuhgeschäfte zu „Geschäfte für Bekleidung".
– Legt für jede Gruppe eine Farbe fest. Dann habt ihr die Grundlage für die Legende einer thematischen Karte.

4. Schritt: Daten in die Karte eintragen

– Übertragt die Hausnummern der Geschäfte in eure Karte.
– Malt alle Gebäudenutzungen in der richtigen Farbe aus.

5. Schritt: Ergebnis formulieren

– Beantwortet abschließend die im 1. Schritt formulierte Frage.

1 Nutzung der Erdgeschosse in der Obernstraße

1 Kartiere die Nutzung von Gebäuden in einer Geschäftsstraße deines Schulortes.

1

Viele Kulturen – eine Stadt

2 **Klingelbrett**

Victors Familie kommt aus Russland, die von Elem aus der Türkei, Behdads Vorfahren stammen aus dem Iran, die von Dalida aus Kroatien, Petros ist in Griechenland geboren, Irina und Sandro in Deutschland. Einige von uns leben schon immer in Deutschland, bei manchen stammen die Familie bzw. die Vorfahren aus anderen Ländern und wieder andere sind erst vor kurzem aus ihrem Heimatland zugezogen.

Nun leben wir gemeinsam in einem Dorf oder einer Stadt, gehen zusammen in eine Schule oder einen Verein. Wir sprechen miteinander, lernen und spielen zusammen.

Die zahlreichen unterschiedlichen Kulturen haben auch ihre Spuren in unseren Städten hinterlassen: ausländische Waren werden angeboten, Vereine gründen sich und wir lesen Worte in fremden Sprachen an Geschäften, Restaurants oder auf Schildern von Institutionen. Auch finden wir Gebäude wie Schulen, Moscheen oder Synagogen. Häufig leben bestimmte Volksgruppen zusammen – finden sie hier vielleicht ein Stück Heimat in der Fremde?

Was wissen wir eigentlich voneinander? Wie lebt man in dem Land, aus dem unsere Mitschüler kommen? Welche Sitten und Gebräuche, Religionen, Sprachen, Spiele und Speisen gibt es dort? Wer kennt die Gründe, warum die Familien ihr Heimatland verlassen haben? War es schwer, sich hier einzugewöhnen? Sicher habt ihr noch weitaus mehr Fragen. Die Antworten zu erfahren, könnte uns helfen, einander besser zu verstehen. Natürlich werdet ihr Unterschiede feststellen, wenn ihr euch näher kennen lernt. Aber es gibt auch sehr viele Gemeinsamkeiten und lernen können wir bestimmt Vieles voneinander.

Drei Aktionen zum Nachmachen:
A. Wir essen gemeinsam
Sammelt in eurer Klasse landestypische Gerichte und Mahlzeiten aus den Ländern, aus denen die Mitschüler und Mitschülerinnen oder ihre Familien stammen. Bildet Gruppen und besorgt euch ein Rezept und alle Zutaten. Sicher könnt ihr mit Zustimmung eurer Eltern die Küche benutzen und gemeinsam kochen – und essen!

B. Interviewrunde
Sammelt die Fragen, die ihr aneinander habt. Ihr könnt auch Gruppen bilden, sodass alle Schülerinnen und Schüler einer Kultur die einer anderen befragen. Oder z. B. alle, deren Familien schon immer in Deutschland leben und diejenigen, deren Familie irgendwann einmal aus einem anderen Land kam. Erstellt einen Fragebogen und befragt euch gegenseitig. Oder: Ladet ausländische Mitschüler anderer Klassen zu einer Interviewrunde in euren Unterricht ein. Befragt sie mithilfe eines Fragebogens, um sie besser kennen zu lernen.

C. Ein Stadtrundgang – einmal anders
Schülerinnen und Schüler mit unterschiedlichen Kulturen übernehmen die Führung und zeigen
a) wo sie spielen,
b) wo sie einkaufen,
c) wo sie sich mit Landsleuten treffen.

3

Ausländer in Deutschland nach Geburtsland (31.12.2010)	
Ausländer insgesamt	6 754 000
Türkei	1 629 000
ehemaliges Jugoslawien	916 000
Italien	518 000
Polen	419 000
Griechenland	277 000
Kroatien	220 000
Russland	191 000
Österreich	175 000
Bosnien-Herzegowina	152 000
Niederlande	136 000
Rumänien	127 000
Ukraine	124 000
Portugal	113 000
Frankreich	109 000
Spanien	105 000
USA	98 000
Großbritannien	96 000
Vietnam	84 000
China	81 000
Irak	81 000
Bulgarien	75 000

4

1 Beschreibe die Collage 1.
2 Legt gemeinsam eine Tabelle an:
a) Aus welchen Ländern kommen die Familien der Schülerinnen und Schüler in eurer Klasse?
b) Vergleicht das Ergebnis von a mit Tabelle 4.
3 Erstellt eine Collage zu Spuren verschiedener Kulturen in eurem Umfeld.

4 TERRA **TRAINING**

Wichtige Begriffe
Dorf
Öffentlicher Personen-
    nahverkehr (ÖPNV)
Pendler
Stadt
Umland
Verkehr
Verkehrsverbund
Zentraler Ort

1

2

Sich orientieren

1 Außenseiter gesucht
Eine Stadt passt jeweils nicht zu den vier anderen. Begründe deine Entscheidung.
a) Schwerin – Lübeck – Rendsburg – Norderstedt – Lüneburg
b) Hamburg – Magdeburg – Dresden – Hannover – Bremerhaven
c) Brunsbüttel – Glückstadt – Neumünster – Geesthacht – Lauenburg

Wissen und Verstehen

2 Finde die Begriffe.
a) Ein Ort mit Einrichtungen, die für das Umland Bedeutung haben.
b) Menschen, die zur Arbeit oder zur Schule an einen anderen Ort als ihren Wohnort fahren müssen.

3 Richtig oder falsch?
Verbessere die falschen Aussagen.
a) An Wochenenden ist der Pendlerverkehr am größten.
b) In den Städten kann man sich vor allem erholen.
c) Auf dem Land leben überwiegend Landwirte.
d) Die jüngsten Wohngebiete liegen im Stadtzentrum.
e) Ein Hauptbahnhof ist ein Merkmal für einen Zentralen Ort.

4 Stadt und Umland
In der Grafik 4a ist der Verkehr zwischen Stadt und Umland zu einer bestimmten Tageszeit dargestellt.
a) Um welche Tageszeit handelt es sich?
b) Beschreibe, was die Grafik genau aussagt.
c) Zu welcher Tageszeit und an welchem Tag könnte es zu dem Verkehr wie in Grafik 4b kommen? Begründe deine Aussage.
d) Wie könnte eine Grafik für einen Mittwoch Vormittag um 10 Uhr aussehen? Zeichne sie.

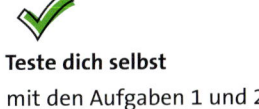

Teste dich selbst
mit den Aufgaben 1 und 2

3 **Hohenheida**

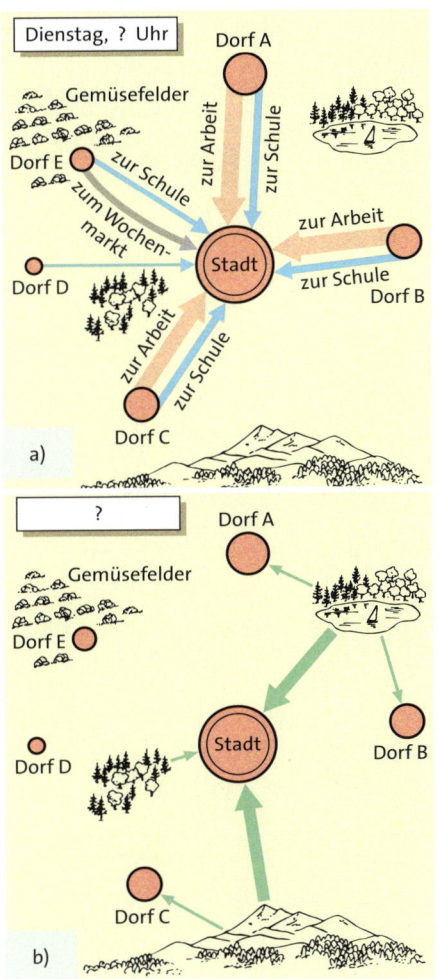

a) Dienstag, ? Uhr — Dorf A, Gemüsefelder, Dorf E, Dorf D, Stadt, Dorf B, Dorf C
(zur Arbeit, zur Schule, zum Wochenmarkt)

b) ? — Dorf A, Gemüsefelder, Dorf E, Dorf D, Stadt, Dorf B, Dorf C

4

Fachmethoden anwenden

5 Beschreibe die Fotos 1 und 2: Nenne Merkmale einer Stadt und eines ländlichen Raumes.

6 **Ein Dorf im Luftbild**
Werte das Luftbild 3 von Hohenheida nahe Leipzig aus.

Beurteilen und Bewerten

7 **Stadt oder Land?**
Leben auf dem Land oder in der Stadt?
a) Stelle aus deiner Sicht die Vorteile und die Nachteile in einer Tabelle gegenüber.
b) Beziehe Stellung, wo du lieber leben möchtest. Verdeutliche mündlich deinen Standpunkt in maximal einer Minute.

8 **Beurteile diese Aussage.**
„Ohne Auto kann man auf dem Land nicht leben."

Wo viele Menschen leben und arbeiten

Warum wachsen manche Orte schneller als andere? Wie kommt es, dass in manchen Gebieten sehr viele Menschen leben und sich immer mehr Industrie und Dienstleistung ansiedeln? Warum ist in diesen Räumen das Verkehrsaufkommen so groß, dass jeden Tag Verkehrsstaus gemeldet werden? Welche Gründe gibt es für Unternehmen, hier Fabriken zu errichten? Diese Fragen und die Frage nach den Veränderungen in diesen Räumen werden uns auf den folgenden Seiten begleiten.

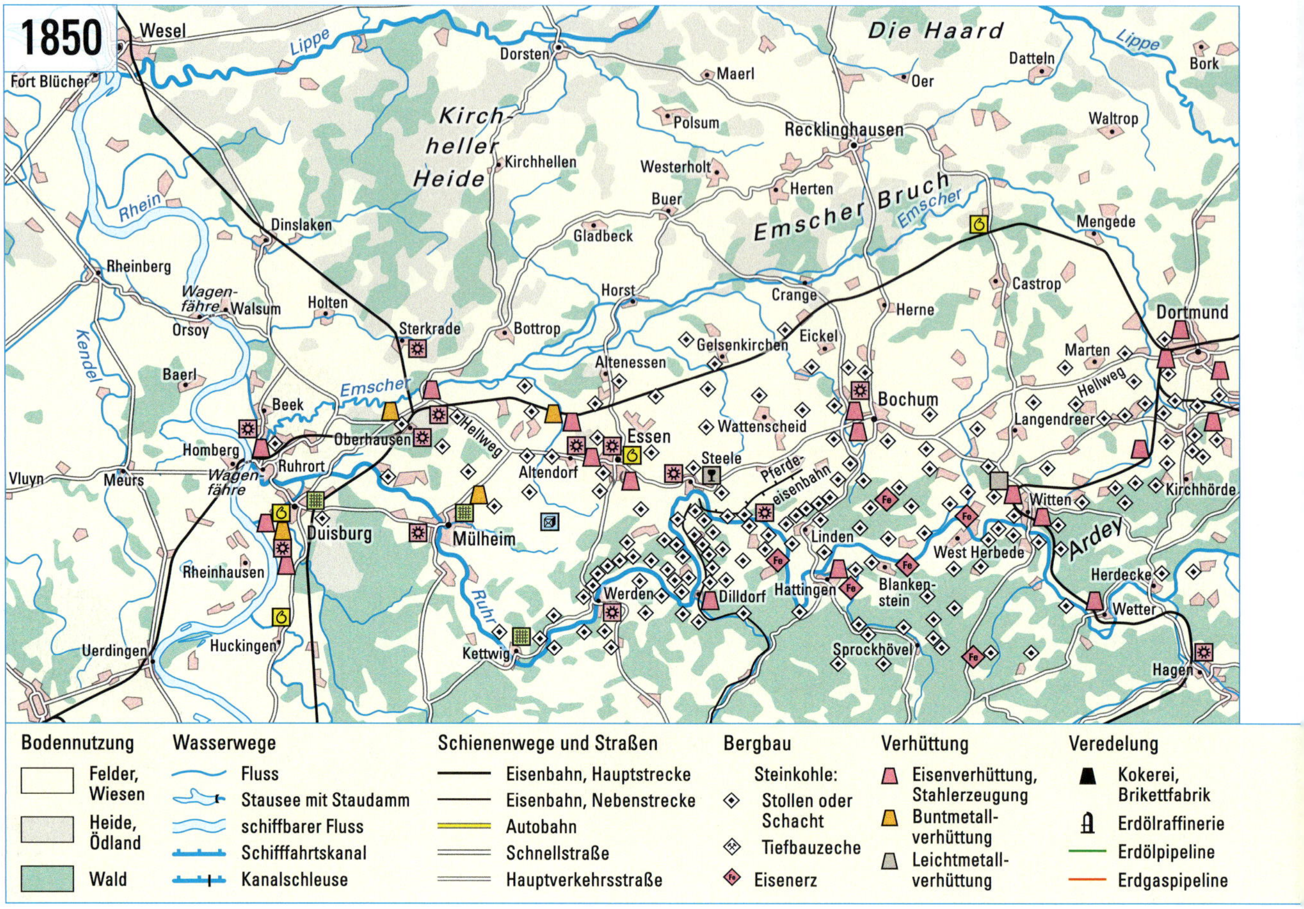

Die Karte (1850)

1850

Wesel · Fort Blücher · Lippe · Dorsten · Maerl · Oer · Datteln · Bork · Lippe · Die Haard · Kirch-heller Heide · Kirchhellen · Polsum · Recklinghausen · Waltrop · Rhein · Dinslaken · Westerholt · Herten · Emscher Bruch · Emscher · Mengede · Rheinberg · Buer · Gladbeck · Horst · Crange · Herne · Castrop · Dortmund · Wagenfähre · Walsum · Holten · Sterkrade · Bottrop · Altenessen · Gelsenkirchen · Eickel · Bochum · Marten · Hellweg · Langendreer · Orsoy · Baerl · Beek · Oberhausen · Emscher · Hellweg · Essen · Wattenscheid · Steele · Pferde-eisenbahn · Ardey · Witten · Kirchhörde · Homberg · Ruhrort · Altendorf · Linden · West Herbede · Herdecke · Vluyn · Meurs · Wagenfähre · Duisburg · Mülheim · Werden · Dilldorf · Hattingen · Blanken-stein · Wetter · Rheinhausen · Ruhr · Kettwig · Sprockhövel · Hagen · Uerdingen · Huckingen · Kendel

Legende

Bodennutzung
- Felder, Wiesen
- Heide, Ödland
- Wald

Wasserwege
- Fluss
- Stausee mit Staudamm
- schiffbarer Fluss
- Schifffahrtskanal
- Kanalschleuse

Schienenwege und Straßen
- Eisenbahn, Hauptstrecke
- Eisenbahn, Nebenstrecke
- Autobahn
- Schnellstraße
- Hauptverkehrsstraße

Bergbau
- Steinkohle:
- Stollen oder Schacht
- Tiefbauzeche
- Eisenerz

Verhüttung
- Eisenverhüttung, Stahlerzeugung
- Buntmetallverhüttung
- Leichtmetallverhüttung

Veredelung
- Kokerei, Brikettfabrik
- Erdölraffinerie
- Erdölpipeline
- Erdgaspipeline

1

2

Ein Ballungsgebiet entsteht

Bereits im Mittelalter entstanden entlang des Hellwegs, einer alten Handelsstraße vom belgischen Brügge bis nach Novgorod in Russland, viele Ansiedlungen. Heute kennen wir sie unter den Namen Duisburg, Essen, Bochum oder Dortmund. Bis zum Ende des 18. Jahrhunderts waren es kleine Städte mit etwa 10 000 Einwohnern. Äcker, Wiesen, Sümpfe und Wälder prägten die Landschaft.

Mit dem Abbau der Steinkohle im 19. Jahrhundert begann die wirtschaftliche Entwicklung des Ruhrgebiets.

Dabei bildete die Kohle den entscheidenden **Standortfaktor** für die Ansiedlung von Unternehmen. Zusammen mit dem Steinkohlenbergbau entstanden Eisen-, Stahl- und Walzwerke sowie andere Industriebetriebe. Ein weiterer wichtiger Standortfaktor war die Nähe zu Ruhr und Rhein als natürliche Wasserwege. Auf diesen Flüssen konnten Rohstoffe wie Eisenerz ins Ruhrgebiet und Kohle, Stahl und Stahlprodukte von dort in andere Gebiete transportiert werden.

Außerdem entstanden zu dieser Zeit viele Straßen, Eisenbahnlinien und Kanäle. Gleichzeitig wurden neue Städte gegründet. Durch die Landwirtschaft auf den fruchtbaren Börden der

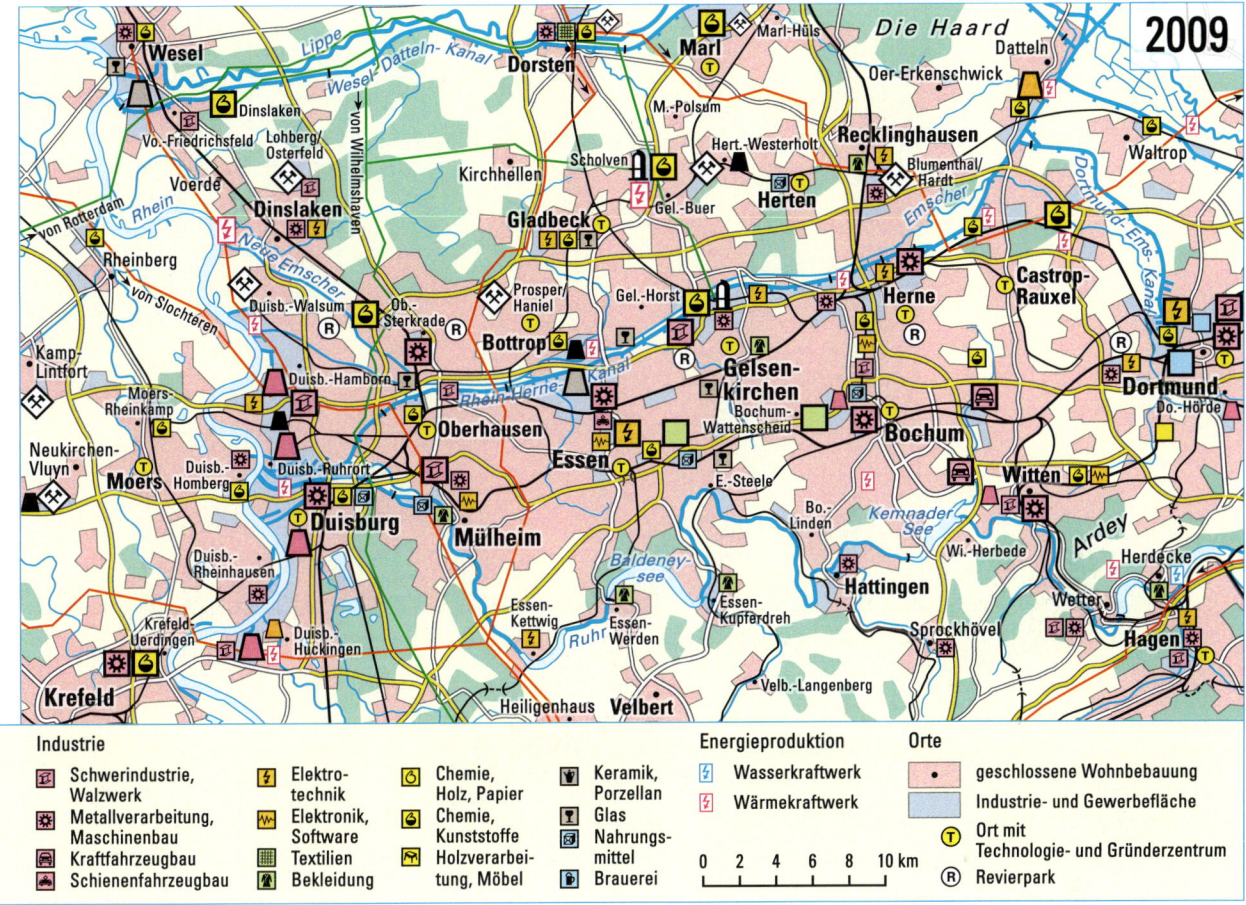

2009

Industrie

🗎	Schwerindustrie, Walzwerk
❋	Metallverarbeitung, Maschinenbau
🗎	Kraftfahrzeugbau
🗎	Schienenfahrzeugbau

⚡	Elektro-technik
⌁	Elektronik, Software
▦	Textilien
🏭	Bekleidung

🗎	Chemie, Holz, Papier
🗎	Chemie, Kunststoffe
🗎	Holzverarbei-tung, Möbel

▼	Keramik, Porzellan
▼	Glas
🗎	Nahrungs-mittel
🗎	Brauerei

Energieproduktion

🗎	Wasserkraftwerk
🗎	Wärmekraftwerk

0 2 4 6 8 10 km

Orte

	geschlossene Wohnbebauung
	Industrie- und Gewerbeflächer
Ⓣ	Ort mit Technologie- und Gründerzentrum
Ⓡ	Revierpark

Umgebung konnte die steigende Zahl der Menschen im Ruhrgebiet gut versorgt werden.

Der zunehmende Bedarf an Arbeitskräften wurde zunächst durch Zuwanderung aus der Umgebung gedeckt. Später kamen die Arbeiter sogar aus dem Osten Deutschlands und aus Polen. In den 50er- und 60er-Jahren des letzten Jahrhunderts wurden viele Arbeitskräfte aus südeuropäischen Ländern sowie der Türkei angeworben.

So entstand das Ruhrgebiet, das größte **Ballungsgebiet** in Deutschland. Hier leben und arbeiten viele Menschen auf engstem Raum zusammen. Die Städte von einst sind zusammengewachsen und Stadtgrenzen gibt es kaum noch.

Ein dichtes Netz von Autobahnen, Straßen, Eisenbahnlinien und Schifffahrtswegen verbindet die Orte miteinander. Vielfältige Bildungs- und Kulturangebote stehen den Menschen zur Verfügung. Aber auch ausgedehnte Grüngürtel unterbrechen immer wieder die dichte Bebauung.

Das Ruhrgebiet in Zahlen (2010)

4 435 km² Gesamtfläche

5,1 Mio. Einwohner

44 Jahre Durchschnitts-alter

2,2 Mio. Beschäftigte

265 000 Arbeitslose

1 Welche Standortfaktoren begünstigten die Entstehung des Ruhrgebietes?

2 Arbeite mit den Karten 1:

a) Beschreibe die Verteilung des Bergbaus und der Industrie 1850.

b) Erkläre die Veränderungen in Industrie, Siedlungsgröße und Verkehrseinrichtungen bis heute.

1 Ehemaliges Hüttenwerk – Alte Mitte Oberhausen (1950)

Ruhrgebiet im Wandel

Strukturwandel

Veränderungen bestehender Strukturen werden so bezeichnet. Auf Wirtschaftsstrukturen angewandt bedeutet dies, dass bestimmte Wirtschaftszweige sich verkleinern oder wegfallen und dafür neue mit Zukunftstechnologien entstehen.

An der Stadt Oberhausen lässt sich die Entwicklung eines Ballungsgebietes besonders gut erklären. Die Veränderungen, die damit verbunden sind, werden als **Strukturwandel** bezeichnet.

Erster Strukturwandel

1846 wurde beim Bau der Köln-Mindener-Eisenbahn auf freiem Feld der Bahnhof Oberhausen gebaut. Steinkohlenbergwerke, die sogenannten Zechen, wurden errichtet. August Thyssen ließ ein großes Hütten- und Stahlwerk bauen, weil in dieser Gegend auch Eisenerz gefunden wurde.

Schnell wuchsen Arbeitersiedlungen um Werk und Zechen herum. 1874 erhielt die Ansiedlung die Stadtrechte. Über 100 Jahre bestimmte die Schwerindustrie das Bild von Oberhausen.

Zweiter Strukturwandel

Ende der 1950er-Jahre kam die erste Krise. Billiges Erdöl und billige Importkohle verdrängten die teure einheimische Kohle als Energieversorger. Auch die Stahlindustrie hatte weniger Bedarf an Kohle, weil durch neue Techniken die zur Produktion benötigte Koksmenge gesenkt werden konnte. Kohle und Stahl gaben noch im Jahre 1961 etwa 47 000 Menschen in Oberhausen Arbeit. Aber 1968 wurde die erste, 1992 die letzte Zeche Oberhausens geschlossen. Auch die Stahlproduktion geriet in den 1970er-Jahren in eine Krise, da immer mehr Plastikprodukte die weltweite Nachfrage zurückgehen ließen. Außerdem wurde die internationale Konkurrenz z. B. durch Stahl aus Brasilien und Indien immer stärker. 1979 wurde das Thyssen-Werk stillgelegt. Oberhausens Mitte bestand nur noch aus verlassenen Industriegebäuden.

 **Lernen im Netz**

Familie im Wandel

104029-0501

 **Surftipp**

Homepage CentrO

104029-0502

2 CentrO – Neue Mitte Oberhausen (2008)

CentrO

– Größe des Geländes: 83 ha

– Parkplätze: 10 500

Einkaufszentrum (A)

– Geschäfte: 200

– Verkaufsfläche: 70 000 m²

– Kinos: 9

– Gastronomiebetriebe: 47

– Arbeitsplätze: ca. 5 600

Businesspark (B)

– Büro- und Gewerbeflä- chen, Hotel, Tankstellen, Fitness-Center, Theater

Arena (C)

– Mehrzweckhalle für bis zu 13 000 Zuschauer

Freizeitpark (D)

– Größe: 8 ha

– Fahrgeschäfte, Grün, Erholungsflächen

– Sealife Oberhausen, 50 Großaquarien

Gasometer (E)

– als Aussichtsplattform und Ausstellungsraum

Autobahnanschlüsse:

– 12 im Umkreis von 2,5 km

Besucher:

– täglich ca. 70 000,

– sonntags bis zu 40 000 trotz geschlossener Läden,

– im Jahr 23 Millionen

4

Dritter Strukturwandel

Um die Krise in Oberhausen zu bewälti- gen, werden neue Industrien mit neuen Technologien und Dienstleistungsbe- triebe auf den Brachflächen angesie- delt. Eine moderne Stadtplanung sorgt für Grünflächen zwischen den Wohn- gebieten, schafft Freizeiteinrichtungen und Parkanlagen. Wo früher das große Hüttenwerk die „alte Mitte" der Stadt darstellte, eröffnete 1996 Europas größtes Freizeit- und Einkaufszentrum, das CentrO, die „Neue Mitte Oberhau- sen". Täglich suchen etwa 70 000 Besu- cher das CentrO auf.

Erreichbarkeit des CentrOs nach Fahrtzeit	
30 Minuten	5 Mio. Menschen
60 Minuten	13 Mio. Menschen
120 Minuten	30 Mio. Menschen
Fahrtzeit zum Flughafen Düsseldorf	
30 Minuten	

3

1 Vergleiche die Luftbilder von 1950 und 2008. Gehe dabei auf die Ver- teilung der Gebäude, Verkehrswege, Freiflächen und das Erscheinungsbild ein.

2 Nenne Gründe, die jeweils zu ei- nem Strukturwandel in Oberhausen und dem Ruhrgebiet geführt haben.

3 Erläutere, warum die Standortfak- toren für die Errichtung des CentrO besonders günstig waren.

4 „Das CentrO ist unser Ruin!" Beur- teile diese Aussage der Händler und Gewerbetreibenden der Innenstadt von Oberhausen.

Vieles auf der Welt wird gezählt, abgemessen und verglichen. So sammeln sich viele Zahlen an.
Zahlen kann man in einer Tabelle besonders übersichtlich zusammenstellen.
Wie du einer Tabelle Informationen entlocken kannst, lernst du hier.

Eine Tabelle lesen

Tagtäglich begegnen uns Zahlen. Sind es gleich mehrere zu einem Thema, werden sie oft in einer Tabelle dargestellt. Aber wie liest man solche Tabellen? Was ist ein Tabellenkopf? Wozu brauche ich eine Quellenangabe und was sagen uns diese vielen Zahlen?
In den Tabellen findet man verschiedene Zahlenarten. Geben die Zahlen Mengen, Größen oder Häufigkeiten an, nennt man sie absolute Zahlen. Anschaulicher sind relative Zahlen, die einen Wert zu einer anderen Größe in Beziehung setzen. Dazu gehört z. B. die Prozentzahl, welche einen Zusammenhang zwischen einer Teilmenge und einer Gesamtmenge verdeutlicht.
Beziehungszahlen haben die Aufgabe, eine Beziehung zwischen unterschiedlichen Größen herzustellen.

Beschäftigte im Ruhrgebiet			Überschrift/Titel
Wirtschaftsbereich	Jahr		Tabellenkopf
	1964	2010	
Bergbau	314 578	17 938	Vorspalte
Eisen-/Stahlindustrie	263 833	k. A.	
Dienstleistungen	895 900	1 105 527	
Sonstige	861 089	406 097	
Gesamt	2 335 400	1 529 562	Summenzeile
Quelle: RVR (Regionalverband Ruhr)			Fußnote, Anmerkung, Quellenangabe

1 Aufbau einer Tabelle

Tabellen lesen

Zum Lesen der Tabelle brauchst du auch ein Blatt Papier, um die Ergebnisse zu notieren, und häufig einen Taschenrechner.

1. Schritt: Orientieren

Überlege, welcher Tabelleninhalt dargestellt ist und ob es eine zeitliche Abgrenzung gibt. Welche Zahlenarten werden verwendet? Aus welchem Jahr bzw. aus welcher Quelle stammen die Werte? Quellenangaben findest du oft auch am Ende des Buches.

2. Schritt: Lesen und Inhalte klären

Bestimme die Bestandteile der Tabelle. Jede Tabelle hat eine Vorspalte und einen Tabellenkopf. Den Inhalten, die in der Vorspalte aufgelistet sind, werden andere Punkte des Tabellenkopfs gegenüber gestellt.

3. Schritt: Zahlen vergleichen

Beschreibe Entwicklungen und Anteile. Achte auf besonders auffällige Werte. Welche Zahlen lassen sich vergleichen oder zusammenfassen? Wichtig sind oft die höchsten und die tiefsten Werte.

4. Schritt: Aussagen formulieren

Notiere dir die wichtigsten Aussagen der Tabelle. Achte auf die Zusammenhänge zwischen den einzelnen Zeilen und Spalten der Tabelle.

Erwerbstätige in Hamburg (in 1 000 Personen)

Wirtschaftsbereiche	1995	2000	2010
Land- und Forstwirtschaft, Fischerei	5,9	5,4	5,4
Verarbeitendes Gewerbe*)	141,5	125,9	117,3
Baugewerbe	53,2	47,3	34,9
Handel, Gastgewerbe und Verkehr	325,4	314,5	331,5
Finanzierung, Vermietung, Unternehmensdienstleister	195,1	249,7	309,3
Öffentliche und Private Dienstleister	281,3	291,6	332,2
Selbstständige	86,9	98,5	115,3
Insgesamt	1 012,5	1 042,2	1 136,1

*) Zum Verarbeitenden Gewerbe gehören zum Beispiel der Maschinen- und Fahrzeugbau, die Chemische Industrie, aber auch kleinere produzierende Handwerksbetriebe.
Quelle: Statistisches Amt für Hamburg und Schleswig-Holstein

2

Auswertungsbeispiele

Beispiel 1: Die Gesamtzahl der Beschäftigten im Ruhrgebiet war 1964 höher als 2010.

Beispiel 2: Die Anzahl der Beschäftigten im Bergbau ist sehr stark zurückgegangen. Insgesamt gab es 2010 in diesem Wirtschaftsbereich 296 640 Arbeitsplätze weniger.

Beispiel 3: Im Dienstleistungsbereich ist die Anzahl der Beschäftigten von 1964 bis 2010 gestiegen, trotz der insgesamt geringeren Anzahl an Beschäftigten.

3

Null ist nicht nichts!

–	nichts
k. A.	keine Angabe
.	unbekannter Wert
s	geschätzte Zahl
0	auf Null abgerundet

4

1 Arbeite mit der Tabelle 2:
a) Was wird in der Tabelle dargestellt?
b) Wie haben sich die Erwerbstätigen-Zahlen im Verarbeitenden Gewerbe von 1995 bis 2010 verändert?
c) In welchem Jahr war die Anzahl der Beschäftigten im Baugewerbe am höchsten?
d) In welchem Wirtschaftsbereich ist die Zahl der Beschäftigten am stärksten angestiegen?

2 Erkläre die Veränderungen der Erwerbstätigenzahlen Hamburgs von 1995 und 2010.

3 Vergleiche die Beschäftigtenzahl des Ruhrgebietes mit der in Hamburg.

Warum gerade München?

Einkaufsmöglichkeiten:
– große Kaufhäuser
– riesige Einkaufsmärkte am Stadtrand
– Computer-Spezialgeschäfte
– große Messen, zum Beispiel für Hand-
  werker oder Computer-Fachleute

Landeshauptstadt und
Verwaltungszentrum:
– Bayerische Volksvertretung
  (Parlament) im Maximilianeum
– Regierung des Freistaates Bayern
  mit Ministerpräsident und Staats-
  ministerien

Arbeitsplätze:
– Zentralen großer Firmen
  wie Siemens oder BMW
– Sitz großer Versicherungs-
  gesellschaften und Banken
– Ministerien und Behörden

Verkehr:
– zweitgrößter deutscher
  Flughafen
– größter Eisenbahnknoten-
  punkt Süddeutschlands
– gut ausgebautes Verkehrsnetz des ÖPNV (U-Bahn,
  S-Bahn, Straßenbahn, Bus)

Hochschulstandort:
– Ludwig-Maximilians-Universität
– Technische Universität
– Akademie der Schönen Künste
– zahlreiche Fachhochschulen und
  Fachschulen
– viele Forschungsinstitute

Freizeitangebote:
– Bummeln in der Fußgängerzone
– Fußball (1. und 2. Bundesliga)
– große Kinos
– Museen wie das „Deutsche Museum"
  und das „Museum Mensch und Natur"
– bedeutende Theater

1 Die Standortfaktoren von München heute

Flächenbedarf Steht für den Neubau des Werkes genügend Fläche zur Verfügung?

Staatliche Hilfe Erhält das Unternehmen finanzielle Unterstützung für die Errichtung des Werkes?

Arbeitskräfte Bietet die Region im Automobilbau qualifizierte Arbeitskräfte?

Zulieferer Gibt es in der Region gute Bedingungen für die Ansiedlung von Zulieferbetrieben?

Markt Erreicht man in der und um die Region Käufer für die Autos?

Umwelt Müssen Auflagen zum Umweltschutz eingehalten werden?

Verkehrsnetz Ist das Verkehrsnetz für den Zulieferbetrieb und Abtransport der Autos geeignet?

Kommunikation Entspricht das Kommunikationsnetz den Anforderungen des Betriebes?

2 Standortanforderungen der Automobilindustrie

Entwicklung zum Ballungsgebiet

Die wirtschaftliche Entwicklung Münchens nahm in der Mitte des 19. Jahrhunderts ihren Anfang. 1854 begann mit der deutschen Industrieausstellung der Aufstieg der Landeshauptstadt München zur Messe- und Handelsstadt. Damit wurde die Stadt nicht nur ein politisches und kulturelles, sondern auch das wirtschaftliche Zentrum Bayerns. Ebenso hat die günstige Lage in Mitteleuropa zu dieser Entwicklung beigetragen.

Das wurde auch von der Firma Siemens erkannt, die ihren Sitz nach 1945 von Berlin nach München verlegte. In den folgenden Jahrzehnten erlebte die Stadt einen industriellen Aufschwung vor allem in den Industriezweigen des Maschinen- und Fahrzeugbaus, der Elektrotechnik sowie der Luft- und Raumfahrttechnik. München konnte so den Nachteil der fehlenden Rohstoffe als Standortfaktor ausgleichen.

Ein Standort für BMW

Die Bayrischen Motorenwerke, kurz BMW genannt, wurden 1916 als Flugzeugfabrik gegründet. München war dafür ein guter Standort, da es hier schon Flugzeughersteller gab. Anfang 1930 begann dann BMW, auch Automobile zu produzieren. Die dafür benötigten gut ausgebildeten Arbeitskräfte waren ebenso vorhanden wie viele Zulieferbetriebe für die Autoproduktion. Seit 1945 wächst das Unternehmen ständig weiter. Heute arbeiten im Stammwerk 11 000 Menschen aus 50 Ländern. Doch die Anforderungen an einen Standort verändern sich. In Leipzig sind zum Beispiel die Grundstückspreise niedriger und die Ansiedlung von Firmen wird durch das Land finanziell unterstützt. So hat BMW inzwischen Teile seiner Produktion nach Leipzig verlagert.

Arbeitslose im Vergleich (2011)	
Berlin	15,5 %
Köln	10,6 %
Hamburg	9,0 %
Stuttgart	6,1 %
München	5,8 %

3

1 Erkläre, warum sich BMW in München angesiedelt hat.

2 Vergleiche die Standortfaktoren Münchens mit denen im Ruhrgebiet.

5

TERRA **METHODE**

Diagramme auswerten

Häufig werden Zahlen mithilfe von
Diagrammen grafisch dargestellt. Damit ist es möglich, viele Informationen
anschaulich zu präsentieren.

Das Kurvendiagramm

Mit Kurvendiagrammen lassen sich
zeitliche Entwicklungen darstellen. Je
steiler die Kurve ansteigt oder fällt,
desto schneller ist der Anstieg oder
Rückgang einer Entwicklung.
Die Inhalte der Tabelle 2 lassen sich gut
in einem Kurvendiagramm darstellen,
da in gleichmäßigen Abständen Werte angegeben sind. Bei diesem Beispiel
stehen auf der Grundlinie die Jahres-
angaben, immer im gleichen Abstand
voneinander. Senkrecht dazu ist eine
Einteilung für die Zahl der Erwerbstätigen gezeichnet, unterteilt in Schritten
von jeweils 100 000 Erwerbstätigen.
Die Zahlen sind für die einzelnen Wirtschaftsbereiche angegeben.

**Anzahl der Erwerbstätigen in Hamburg
nach Wirtschaftsbereichen**

Jahr	primärer Sektor	sekundärer Sektor	tertiärer Sektor
1995	5 900	204 700	801 800
1998	5 600	186 200	818 300
2001	5 300	179 800	870 900
2004	5 200	165 000	873 400
2007	5 300	163 200	919 400
2010	5 400	157 700	973 100

Quelle: © Statistisches Amt für Hamburg und Schleswig-Holstein: Bruttoinlandsprodukt und Erwerbstätige 1995 bis 2010 in Hamburg und in Schleswig-
Holstein

2

Das Säulendiagramm

Säulendiagramme eignen sich besonders zur Veranschaulichung von Rang-
folgen: Was ist der größte, was ist der
kleinste Wert? Sollten einmal mehrere
Werte direkt verglichen werden, so
können die Säulen auch dicht nebeneinander stehen.

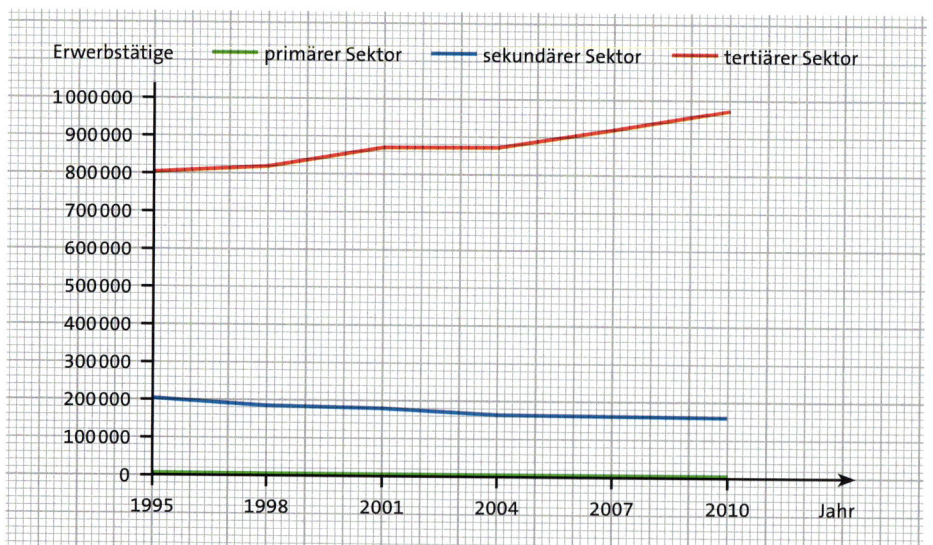

1 Entwicklung der Erwerbstätigen in Hamburg nach Wirtschaftsbereichen, 1995–2010

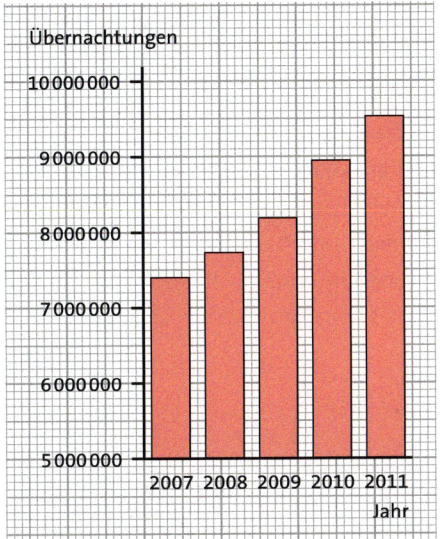

3 Übernachtungen von Touristen in Hamburg (2007 – 2011)

Das Kreisdiagramm

Das Kreisdiagramm ist in mehrere Sektoren eingeteilt. Jeder Kreissektor stellt einen Teilwert dar und der Kreis somit die Summe der Teilwerte (das Ganze). Kreisdiagramme eignen sich besonders für die Darstellung von Verteilungen und Anteilen.

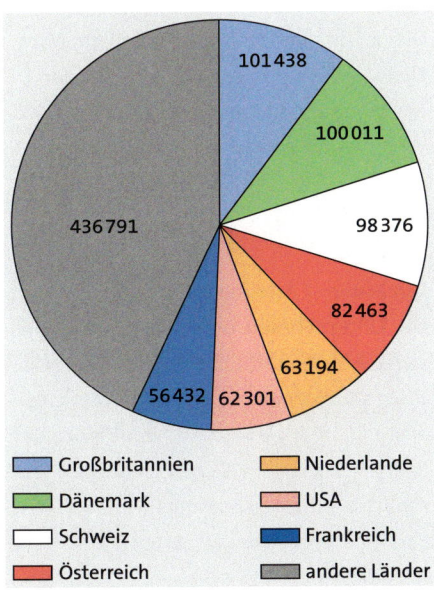

- 🟦 Großbritannien
- 🟩 Dänemark
- ⬜ Schweiz
- 🟥 Österreich
- 🟧 Niederlande
- 🟧 USA
- 🟦 Frankreich
- ⬛ andere Länder

4 Herkunft ausländischer Touristen in Hamburg (Zahl der Touristen, 2011)

Diagramme auswerten

1. Schritt: Sich orientieren

Nenne das Thema und benenne den Ort und den Zeitraum, für den das Diagramm Angaben macht.

2. Schritt: Beschreiben

Nenne die wichtigsten Aussagen der Darstellung, vor allem höchste und niedrigste Werte oder eine bestimmte Entwicklung, die abzulesen ist.

3. Schritt: Erklären

Versuche nun typische Zusammenhänge, die aus dem Diagramm ersichtlich werden, zu beschreiben und diese, auch mithilfe anderer Informationsquellen, zu erläutern. Was kann am Ende trotz aller Bemühungen nur vermutet werden?

Beispiel: Kreisdiagramm auswerten

Im Diagramm 4 ist die Herkunft der Touristen, die Hamburg im Jahr 2011 besuchten, dargestellt. Mit 101 438 Urlaubern kamen die meisten Touristen aus Großbritannien. Das sind bald doppelt so viele Touristen wie aus Frankreich. …

Ein Grund für die vielen britischen Touristen könnte die räumliche Nähe zu Großbritannien sein. Durch eine gute Verkehrsanbindung …

5

1 Werte das Kurvendiagramm 1 aus:
a) Beschreibe die Entwicklung der Erwerbstätigen in den einzelnen Wirtschaftsbereichen.
b) Vergleiche die Anzahl der Beschäftigten im tertiären Sektor für 1995 und 2010.

2 Führe die Auswertung des Kreisdiagrammes 4 fort (Kasten 5).

Biotechnologie

Die Erforschung und Nutzung biologischer Vorgänge vor allem von Kleinstlebewesen für wirtschaftliche Zwecke. Anwendungsgebiete sind z. B.:

– Gentechnologie (Isolierung, Veränderung und Übertragung von Erbmaterial),

– Medizin (Entwicklung von Impfstoffen),

– Nahrungsmittelindustrie (Herstellung von Geschmacksverstärkern).

München – eine Bio-Tech-Region

In München vollzog sich in den letzten Jahren ein erneuter Strukturwandel. Zählte noch bis zum Anfang des 21. Jahrhunderts die Elektrotechnik mit ihren Chipfabriken zur Wachstumsindustrie, so bringt heute die Biotechnologie (kurz Bio-Tech) die höchsten wirtschaftlichen Gewinne und viele neue Arbeitsplätze. Von dieser Entwicklung profitiert zum Beispiel die Pharmaindustrie durch die Herstellung von neuen Arzneimitteln oder die Landwirtschaft durch den Anbau ertragssteigernder Maispflanzen.

Wissenschaftliche Einrichtungen

Zwei Universitäten, zwei Fachhochschulen, Universitätskliniken und Institute unterstützen durch eigene Forschung die Entwicklung von Produkten der Biotechnologie. Ein Forschungszentrum für Umwelt und Gesundheit entwickelt Ideen, welche durch die Firmen schnell in die Praxis umgesetzt werden können.

2

Firmengründungshilfe

Seit 1997 gibt es eine zentrale Anlaufstelle für die Ansiedlung von Biotechnologiefirmen, die BioM AG. In den letzten Jahren wurden von ihr 150 Pläne für Firmengründungen begutachtet. Darüber hinaus stellt sie wichtige Kontakte zwischen interessierten Firmen her, spricht mit Banken und hat gute Verbindungen zur Staatsregierung und den Verantwortlichen in der Stadt, welche die Firmen nutzen.

3

Gründerfirmen

Die ersten Bio-Tech-Unternehmen Münchens zählen heute zu den führenden in der Welt mit hohen Gewinnen und sind Vorbild für weitere Firmengründungen.

4

Qualifizierte Arbeitskräfte

Die Unternehmen brauchen hochqualifizierte Arbeitskräfte, wie technische Assistenten, Labormitarbeiter, Computerspezialisten oder Ingenieure. Eine Initiative der BioM AG wirbt in Deutschland und Europa für gute Ausbildungs- und Arbeitsbedingungen, um so junge Menschen anzulocken.

1 Regionen der Biotechnologie in Deutschland

5

Bereitstellung von Finanzen

Von den mehr als 35 geldgebenden Banken und Gesellschaften investieren etwa die Hälfte in Firmen der Biotechnologie. Das Land und die Stadt stellen Fördermittel zur Verfügung. Arzneimittelfirmen haben ein großes Interesse an der Ansiedlung von Unternehmen und investieren auch in diese Firmen.

Dienstleistungen und Verkehr

Zwei Gründerzentren unterstützen die Neuansiedlung durch Vermittlung von ausreichend vorhandenen Büro- und Laborflächen. Sie helfen bei der Beschaffung notwendiger Genehmigungen und sorgen dafür, dass alles unbürokratisch abläuft. Ein internationaler Flughafen und gute Zug- und Autobahnanbindungen machen München zu einem Verkehrsknoten.

Kulturelle Vielfalt

Der kulturelle Reichtum Münchens unterstützt die Ansiedlung von Bio-Tech-Unternehmen. München hat als Landeshauptstadt zahlreiche Museen und Theater. Eine internationale Schule fördert die kulturelle Vielfalt. Will man sich von einem anstrengenden Tag erholen, kann man die vielen Freizeiteinrichtungen nutzen. Außerdem ist man auch schnell in den Alpen oder an einem der vielen Seen rings um die Stadt.

9 Herstellung von Impfstoffen

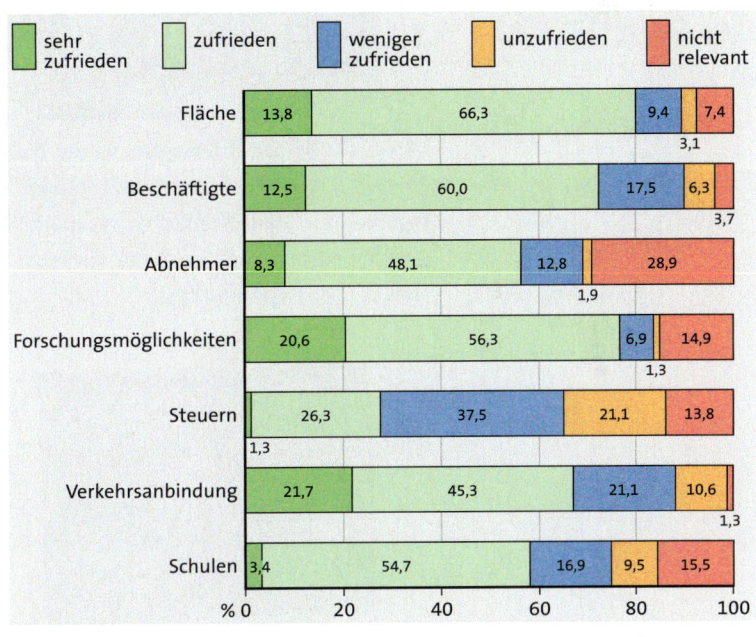

Legende: sehr zufrieden | zufrieden | weniger zufrieden | unzufrieden | nicht relevant

Standortfaktor	sehr zufrieden	zufrieden	weniger zufrieden	unzufrieden	nicht relevant
Fläche	13,8	66,3	9,4	3,1	7,4
Beschäftigte	12,5	60,0	17,5	6,3	3,7
Abnehmer	8,3	48,1	12,8	1,9	28,9
Forschungsmöglichkeiten	20,6	56,3	6,9	1,3	14,9
Steuern	1,3	26,3	37,5	21,1	13,8
Verkehrsanbindung	21,7	45,3	21,1	10,6	1,3
Schulen	3,4	54,7	16,9	9,5	15,5

10 Bewertung der Standortfaktoren der Bio-Tech-Region München

1 Erkläre den Begriff Biotechnologie.

2 Stelle in einer Übersicht die Standortfaktoren für die Ansiedlung von Biotechnologieunternehmen zusammen.

3 Werte das Diagramm 10 über die Zufriedenheit mit den Standortfaktoren aus.

Berlin, Berlin

Berlin ist mit 3,4 Millionen Einwohnern die größte Stadt Deutschlands. Die Bedeutung einer Stadt ergibt sich aber nicht allein aus ihrer Einwohnerzahl oder der Flächengröße. Das Ausmaß der Bedeutung einer Stadt kann man ebenso an der wirtschaftlichen und kulturellen Bedeutung für die Region und das Land ermitteln.

1

Berlin ist seit der Wiedervereinigung die Bundeshauptstadt Deutschlands und ein sogenannter Stadtstaat. Über die politische Bedeutung Berlins erfährst du mehr auf der nächsten Doppelseite.

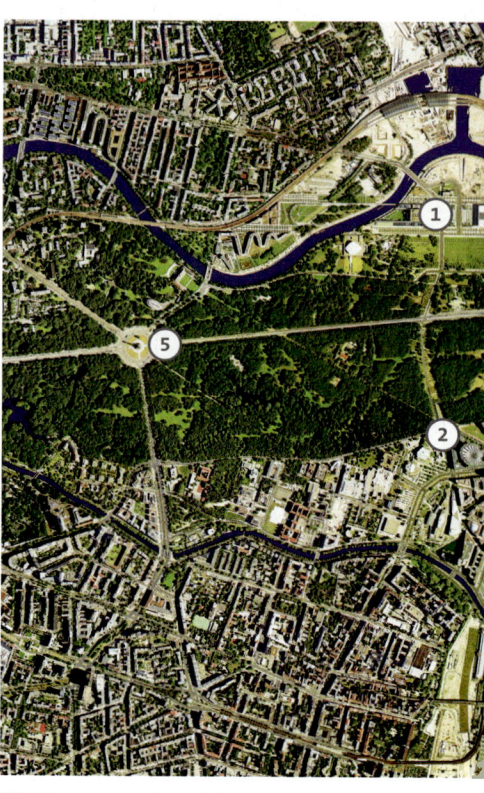

4 **Verortung der Bilder:**
1 Bundeskanzleramt, 2 Potsdamer Platz, 5 Siegessäule im Tiergarten,

2

Der Potsdamer Platz ist mehr als eine Verkehrsdrehscheibe im Zentrum Berlins. Hier findet alljährlich die Eröffnung der weltweit bekannten Berliner Filmfestspiele statt. Außerdem werden aus dem Sony Center öfters Liveübertragungen gesendet, wie zum Beispiel bei der Fußball-WM oder verschiedene Talkrunden. Warum besonders Berlin die Medienwirtschaft anzieht, erfährst du auf der übernächsten Doppelseite.

3

Seit 1998 nutzt die Allianz AG den Büropark Treptowers. Er umfasst drei ehemalige Fabrikhallen und einen Neubau, der das höchste Bürogebäude der Stadt ist. Nicht nur hier haben die Dienstleistungen die Führung übernommen: Von den 1,5 Millionen Arbeitnehmern arbeiten knapp 1,3 Millionen im tertiären Sektor und 80 % aller Betriebe sind Dienstleistungsunternehmen.

5

6 Stadtteil Kreuzberg, 7 Brandenburger Tor, 8 Museumsinsel

Rund 18 % der Stadt sind bewaldet. Aber nicht nur wegen der größten Stadtwaldfläche Deutschlands gilt Berlin als besonders grüne Stadt. Die über 2 500 öffentlichen Grünanlagen bieten vielfältige Freizeit- und Erholungsmöglichkeiten. Der Tiergarten ist der älteste, größte und bedeutendste Park Berlins.

 6

Der Stadtteil Kreuzberg ist ein Beispiel für die multikulturelle Bevölkerung Berlins. In Berlin leben ca. 500 000 Ausländer aus 185 Staaten. In der Stadt und besonders in Kreuzberg leben ca. 120 000 Türken. Damit ist Berlin die größte türkische Gemeinde Europas außerhalb der Türkei.

7

Berlin ist ein beliebtes Ziel des internationalen Städtetourismus. Im Jahr 2009 besuchten 8,3 Millionen Gäste die Stadt. Der größte Teil kommt aus Deutschland (5,4 Millionen). Die größte ausländische Gruppe sind die Briten (290 000).

8

Berlin verfügt über eine Vielzahl von Museen. Bereits 1841 wurde ein Teil der Museumsinsel durch königlichen Erlass zur Heimat vieler Museen. Seit 1999 ist die Museumsinsel ein Weltkulturerbe.

9

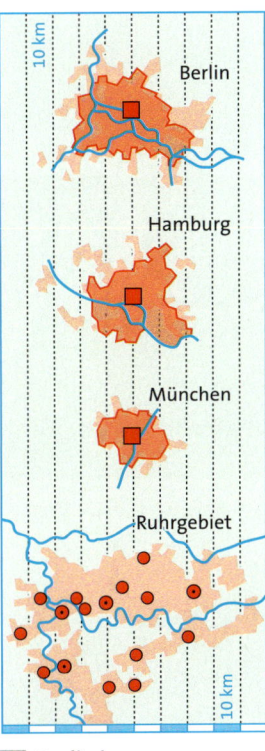

10 **Berlin im Größenvergleich**

1 ▸ Nenne anhand der Karte 1 die Verkehrsmittel, mit denen Berlin zu erreichen ist.

2 ▸ Welche Besonderheiten Berlins werden auf dieser Seite dargestellt?

3 ▸ Nenne drei weitere Besonderheiten Berlins, die du hier abbilden würdest.

1 Reichstag in Berlin

2 Landesvertretung von Hamburg in Berlin

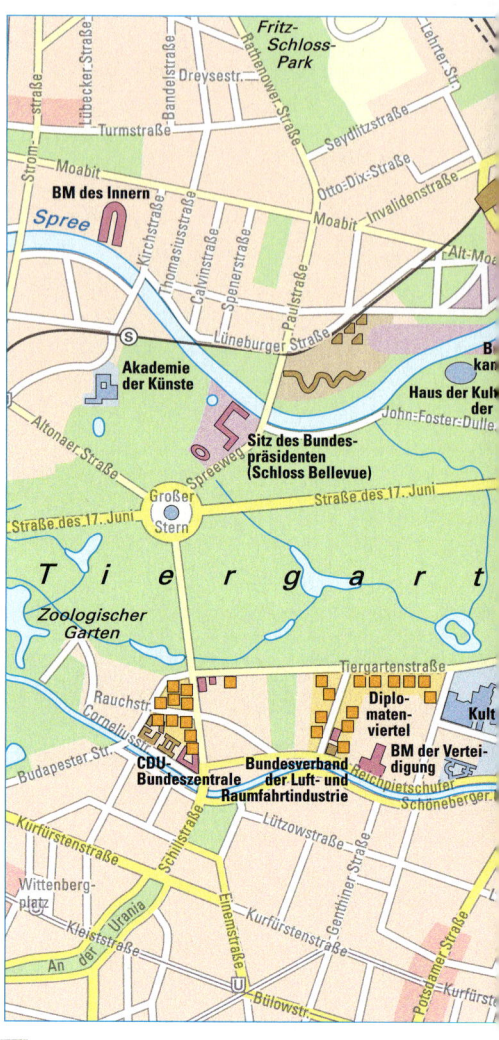

3

Bundeshauptstadt Berlin

◄ - -

Seite 90
Standortfaktoren

Heute ist Berlin Sitz des Deutschen Bundestages (Reichstagsgebäude), der Bundesregierung (Kanzleramt), des Bundespräsidenten (Schloss Bellevue) und der meisten Ministerien.

Das war jedoch nicht immer so. Denn erst nach der Wiedervereinigung 1990 verlagerte man die **Hauptstadt** von Bonn nach Berlin. Am 01. 09. 1999 nahmen die Regierung und das Parlament ihre Arbeit in Berlin auf.

Die Nähe zum **Regierungsviertel** ist ein Standortfaktor, den heute viele Institutionen nutzen. Zahlreiche Arbeitsplätze sind durch Ansiedlung oder Erweiterung von Botschaften, Parteizentralen, Wirtschaftsverbänden und insbesonders von Dienstleistungs- und Verwaltungseinrichtungen großer Firmen entstanden. Vor allem Dienstleister, die weltweit orientiert sind, zieht es nach Berlin. So ist z. B. für die Daimler AG die Nähe zur Bundesregierung und den Botschaften

Material
Verteilung der Ministerien in der BRD
104029-0504

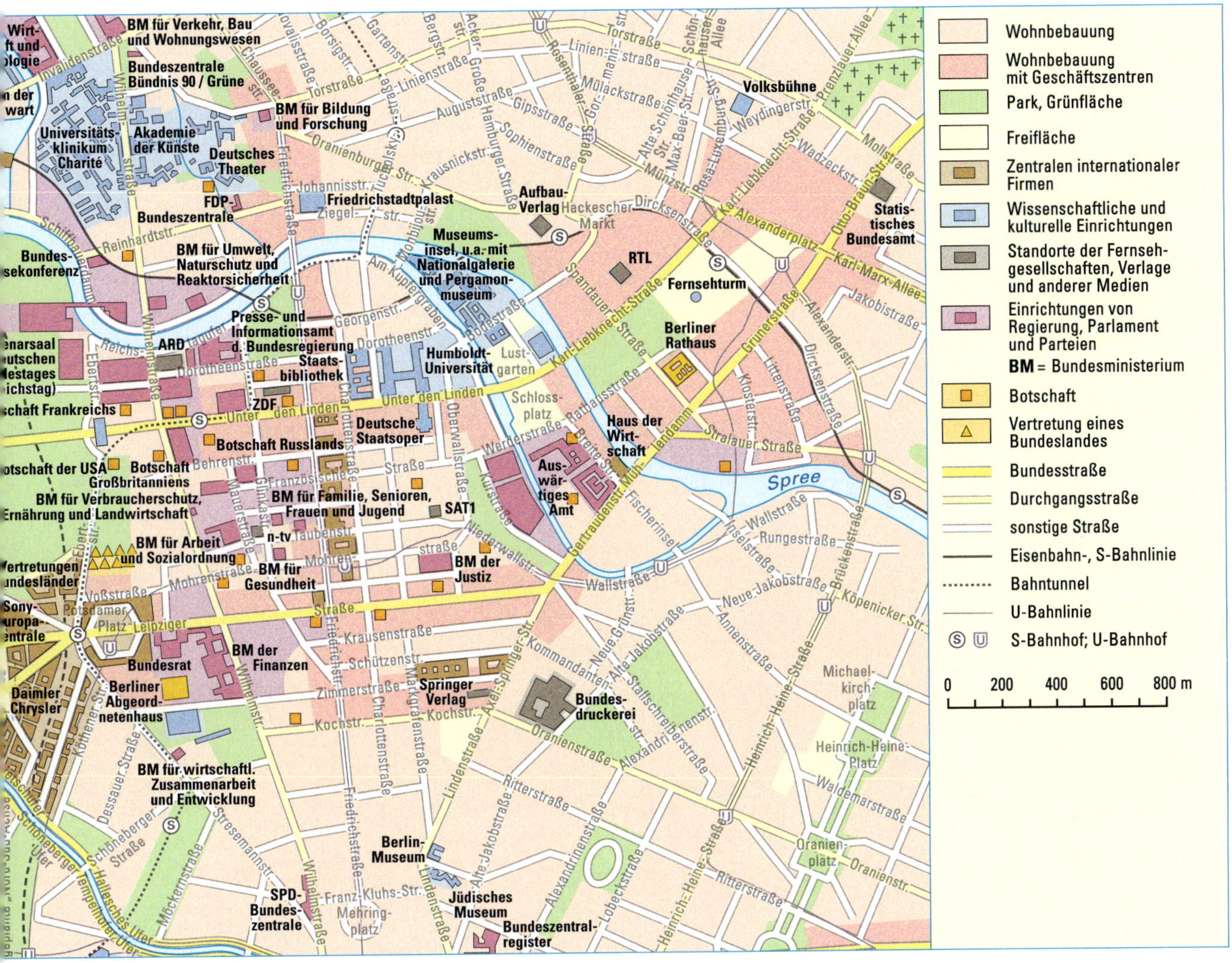

Wohnbebauung
Wohnbebauung mit Geschäftszentren
Park, Grünfläche
Freifläche
Zentralen internationaler Firmen
Wissenschaftliche und kulturelle Einrichtungen
Standorte der Fernsehgesellschaften, Verlage und anderer Medien
Einrichtungen von Regierung, Parlament und Parteien
BM = Bundesministerium
Botschaft
Vertretung eines Bundeslandes
Bundesstraße
Durchgangsstraße
sonstige Straße
Eisenbahn-, S-Bahnlinie
Bahntunnel
U-Bahnlinie
S-Bahnhof; U-Bahnhof
0 200 400 600 800 m
BM für Verkehr, Bau und Wohnungswesen
Bundeszentrale Bündnis 90 / Grüne
BM für Bildung und Forschung
Universitäts-klinikum Charité
Akademie der Künste
Deutsches Theater
FDP-Bundeszentrale
Friedrichstadtpalast
Aufbau-Verlag
Museumsinsel, u.a. mit Nationalgalerie und Pergamonmuseum
RTL
Fernsehturm
Volksbühne
Statistisches Bundesamt
Berliner Rathaus
BM für Umwelt, Naturschutz und Reaktorsicherheit
Presse- und Informationsamt d. Bundesregierung
ARD
Staatsbibliothek
Humboldt-Universität
ZDF
Deutsche Staatsoper
Botschaft Russlands
Haus der Wirtschaft
Auswärtiges Amt
Botschaft Großbritanniens
BM für Verbraucherschutz, Ernährung und Landwirtschaft
BM für Familie, Senioren, Frauen und Jugend
SAT1
n-tv
BM für Arbeit und Sozialordnung
BM der Justiz
BM für Gesundheit
BM der Finanzen
Bundesrat
Berliner Abgeordnetenhaus
Springer Verlag
Bundesdruckerei
BM für wirtschaftl. Zusammenarbeit und Entwicklung
Berlin-Museum
SPD-Bundeszentrale
Jüdisches Museum
Bundeszentralregister
Spree
Alexanderplatz
Unter den Linden
Leipziger Straße
Potsdamer Platz

ausschlaggebend gewesen, die Vertriebsabteilung mit 1100 Mitarbeitern von Stuttgart nach Berlin zu verlagern. Die Experten sind sich einig: Der Umzug von Regierung und Parlament ist der Motor für die wirtschaftliche Entwicklung Berlins.

Hauptstadtfunktion	Gebäude
Parlament / Regierung	Bundesrat, ...
Botschaften / Vertretungen	Botschaft der USA, ...
Wirtschaft	Daimler, ...
Medien / Verlage	ARD, ...
Kultur / Wissenschaft	Pergamonmuseum, ...

4

1 Übertrage die Tabelle 4 in dein Heft und ergänze darin für jede Hauptstadtfunktion mindestens drei Gebäude.

2 Regierungsviertel unterscheiden sich von sonstigen Stadtvierteln. Erkläre.

3 Arbeite mit dem Online-Link 104029-0504. Nenne drei Ministerien und deren Lage, die nicht in Berlin sind.

4 „Warum hier und nicht woanders?" Begründe, warum die Nähe zum Regierungsviertel ein Standortfaktor ist.

In Deutschland lebt die Hälfte der Menschen in Verdichtungsräumen. Ein Grund, warum sie dort leben, ist, dass sie dort Arbeit gefunden haben. Die Karten 1 und 2 zeigen die wichtigsten Wirtschaftsräume in Deutschland und in der Europäischen Union. Du findest einiges wieder, was du in diesem Kapitel kennen gelernt hast, aber du wirst einiges Neues entdecken. So bekommst du einen Überblick über die Wirtschaftsregionen in der EU.

Wirtschaftsstandorte in der EU

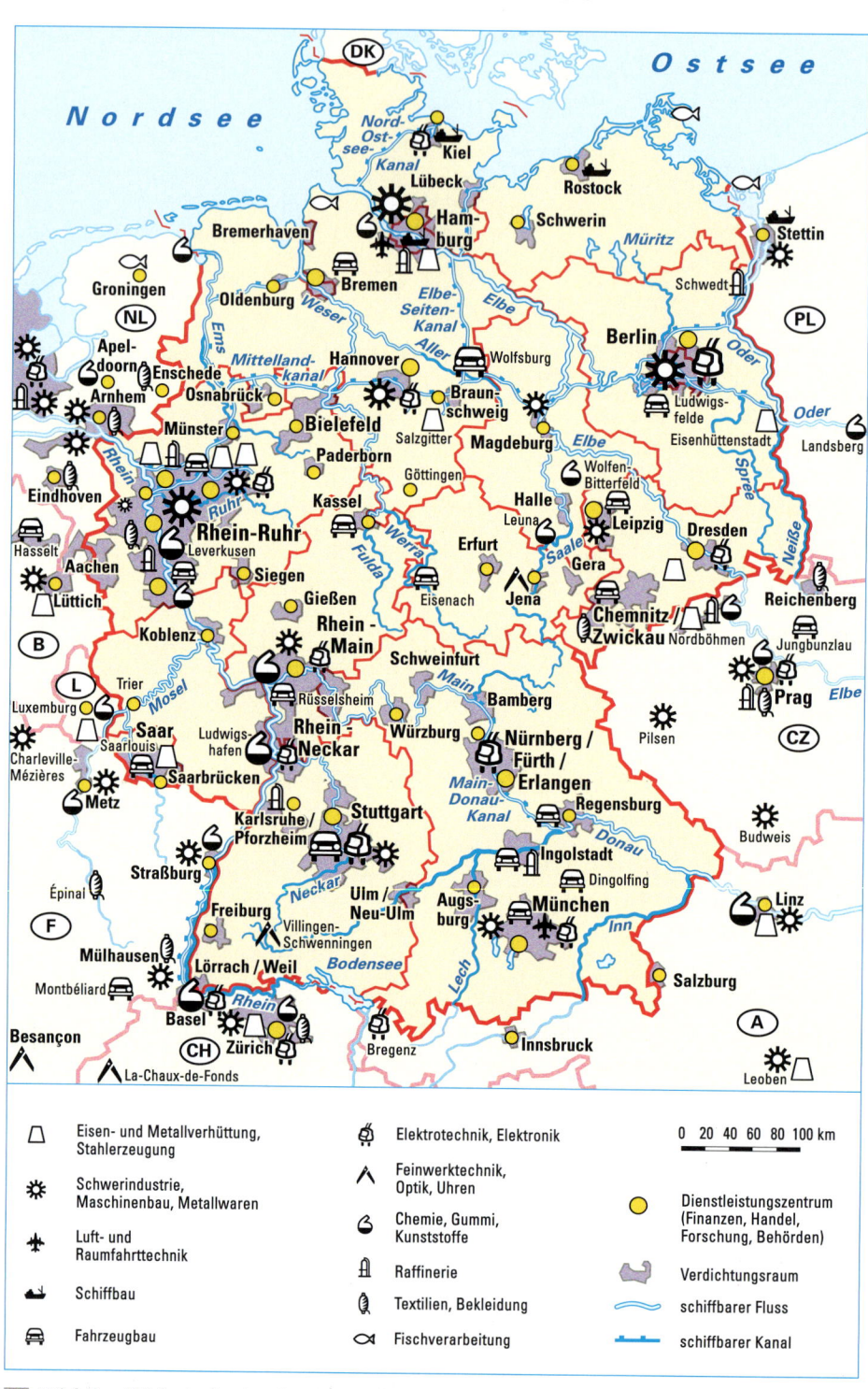

1 Wichtige Wirtschaftsstandorte in Deutschland und angrenzenden Regionen

Von je 1000 Erwerbs-tätigen arbeiten im Forschungsbereich 2006	
Stuttgart	211
Braunschweig	181
Tübingen	178
Karlsruhe	172
Unterfranken	150
Oberbayern	129
Antwerpen (Belgien)	120
Lombardei (Italien)	119
West Midlands (Großbritannien)	118
EU-Durchschnitt	76

3

2 Wichtige Wirtschaftsstandorte in der Europäischen Union

1 Arbeite mit Karte 1 und dem Atlas:

a) Beschreibe die Lage der Ballungsgebiete (auch: Verdichtungsraum) in Deutschland. Orientiere dich dabei an Flüssen, Grenzen usw.

b) Nenne die wichtigsten Städte in den Verdichtungsräumen Rhein-Ruhr, Rhein-Main, Rhein-Neckar.

c) In welchen Bundesländern liegen die Verdichtungsräume?

d) Welche Verdichtungsräume erstrecken sich über die Grenzen von mindestens zwei Bundesländern?

e) Welche grenzüberschreitenden Verdichtungsräume gibt es?

2 Arbeite mit Karte 2 und dem Atlas:

a) Nenne die sechs großen Verdichtungsräume innerhalb der EU und beschreibe ihre Lage.

b) Stelle Gemeinsamkeiten und Unterschiede heraus.

3 In welchem EU-Staat erfolgt kein Kohlenbergbau mehr?

4 Foto Seite 88/89: Nenne vier Merkmale eines Verdichtungsraumes.

5 Arbeite mit Tabelle 3 und Atlas:

a) Suche die Forschungsregionen aus der Tabelle 3 auf den Karten.

b) Überlege, warum sie gerade an diesen Standorten liegen.

5 TERRA **TRAINING**

Wichtige Begriffe
Ballungsgebiet
Hauptstadt
Regierungsviertel
Standortfaktor
Strukturwandel

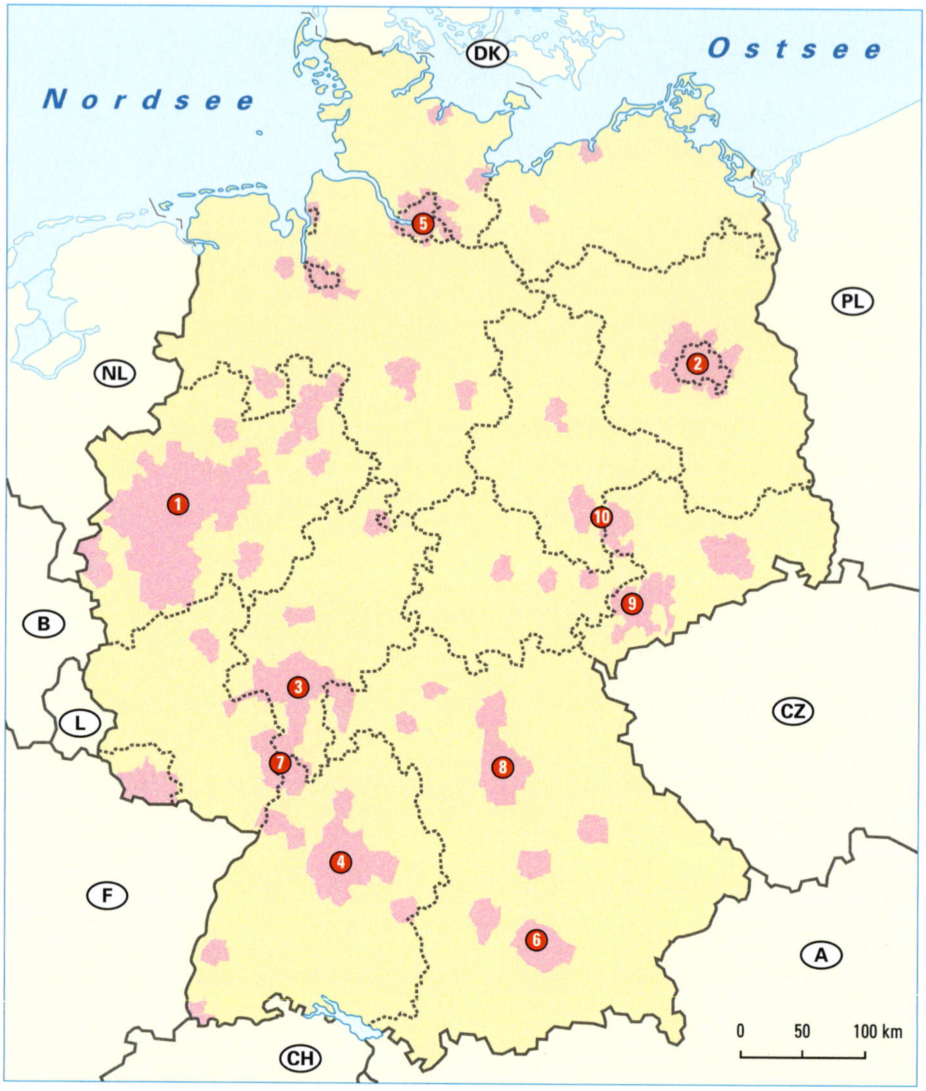

O s t s e e

N o r d s e e

DK

PL

NL

⑤

②

①

⑩

B

⑨

L

③

CZ

⑦

⑧

F

④

A

⑥

0   50   100 km

CH

1 Ballungsgebiete in Deutschland

Sich orientieren

1 **Arbeite mit Karte 1 und dem Atlas.**

a) Ordne den Zahlen 1 bis 10 die größten Ballungsgebiete in der richtigen Reihenfolge zu: Hamburg, München, Chemnitz-Zwickau, Nürnberg-Fürth, Halle-Leipzig, Rhein-Neckar, Berlin, Rhein-Main, Rhein-Ruhr, Stuttgart

b) In welchen der genannten Gebiete waren Rohstoffe wichtige Standortfaktoren?

c) Welche Ballungsgebiete sind gleichzeitig Landeshauptstädte?

Wissen und verstehen

2 **Bilderrätsel**

Erkläre den gesuchten Begriff.

SCHIRM

Ä=A

E=O

2=F

3 **Standortfaktoren unter der Lupe**

a) Nenne die Standortfaktoren, die wichtig sind für:
- eine kleine Bäckerei,
- eine große Bäckerei,
- eine Universität,
- ein Stahlwerk?

b) Welcher Standortfaktor (gelbes Fragezeichen) fehlt für die Ansiedlung eines Biotechnologieunternehmens? Begründe deine Entscheidung.

Fachmethoden anwenden

4 **Diagramme auswerten**

Werte das Diagramm 2 aus.

a) Ermittle die Anzahl der Beschäftigten in Bergbau und Industrie.

b) Überlege dir, wie ein vergleichbares Diagramm aus dem Jahr 1950 aussehen könnte. Erläutere die Unterschiede.

c) Erkläre den Begriff „Dienstleistungen" und nenne ein Beispiel für einen typischen Dienstleistungsbetrieb.

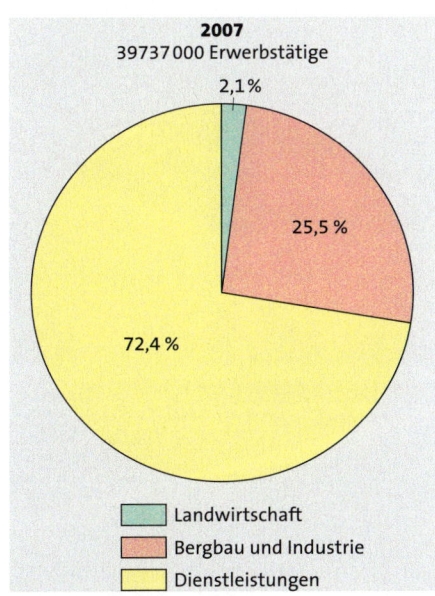

2 **Anteil der Beschäftigten in den Wirtschaftssektoren Deutschlands**

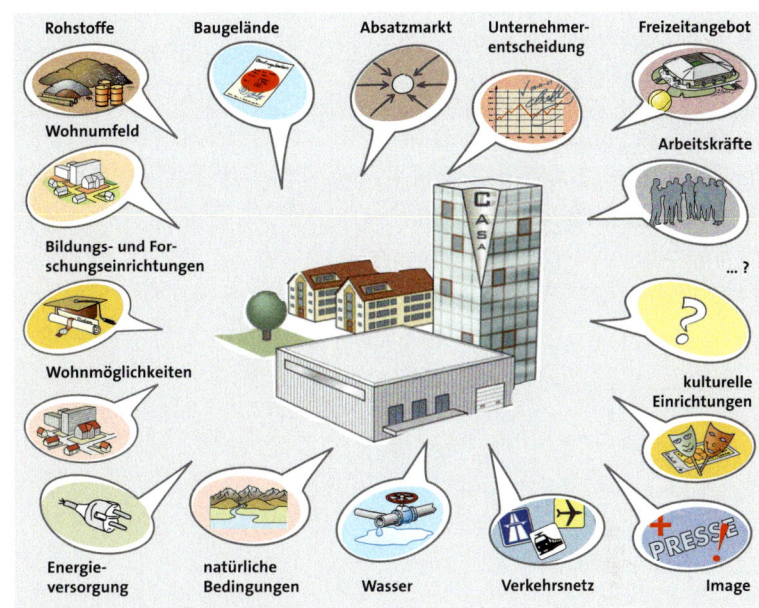

3 **Schema der Standortfaktoren**

5 **Eine Tabelle lesen**

a) Ordne die Ballungsräume (Tabelle 4) nach der Größe.

b) In welchen Ballungsgebieten leben die meisten/die wenigsten Menschen auf einem Quadratkilometer Fläche?

Beurteilen und bewerten

6 **Standort gesucht**

Ein Unternehmen in Rotterdam produziert Haustierfutter mit Hirse und Erdnüssen aus Afrika, Fleisch aus Südamerika und Fischen aus dem Atlantik. Dieses Unternehmen will in Deutschland eine Filiale eröffnen. Magdeburg, Nürnberg und Rostock bieten alle ein gut geeignetes Gelände an.

a) Mit welchen Standortvorteilen könnten die drei Städte für sich werben?

b) Begründe, für welche Stadt sich das Unternehmen deiner Meinung nach entscheiden sollte.

Ballungsgebiet	Fläche in km²	EW in Mio
Halle/ Leipzig	433	0,7
München	310	1,2
Ruhrgebiet	4 434	5,4

4 **Ballungsgebiete in Deutschland**

Teste dich selbst

mit den Aufgaben 1 c, 2, 4 a und 5 a.

Mittelgebirge und Alpen

6

Deutschland weist sehr ab-
wechslungsreiche Naturräume
auf. Einen großen Teil nimmt das
Mittelgebirgsland ein.
Im Süden schließen sich das Alpenvorland und das beeindruckende
Hochgebirge der Alpen an. Entdecke
diese großartigen Naturräume!

1 In den Alpen

1 Mittelgebirgslandschaft bei Bischofsmais (Bayerischer Wald)

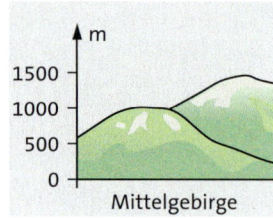

2 Höhe von Mittel-
gebirgen

Mittelgebirge entstehen ...

Bei einem Flug von Hamburg nach München kann man bewaldete Bergrücken erkennen, zum Beispiel Teile des Harzes und der Fränkischen Alb. Diese Bergrücken sind gerundet und erreichen eine Maximalhöhe von 1500 Metern. Man bezeichnet sie als **Mittelgebirge**.

Die Entstehung

In einem Abschnitt der **Erdaltzeit** waren die deutschen Mittelgebirge höher als heute. Sie wurden durch erdäußere Kräfte (z. B. Verwitterung) abgetragen. Später sank das Gebiet ab, sodass es vom Meer überflutet werden konnte.

In den darauffolgenden Jahrmillionen – der **Erdmittelzeit** – lagerten sich weiter mächtige Schichten (z. B. Verwitterungsschutt) ab, die den alten Gebirgskörper verfestigten.

Am Beginn der **Erdneuzeit** wurde ein Teil Europas durch unvorstellbar starke Kräfte im Erdinneren (**endogene Kräfte**) gehoben und gefaltet. Gleichzeitig zerbrach durch den hohen Druck der alte Gebirgskörper – ein **Bruchschollengebirge** entstand.

Die Bruchschollen wurden durch die endogene Kräfte unterschiedlich bewegt, sodass verschiedene Oberflächenformen entstanden:

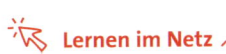
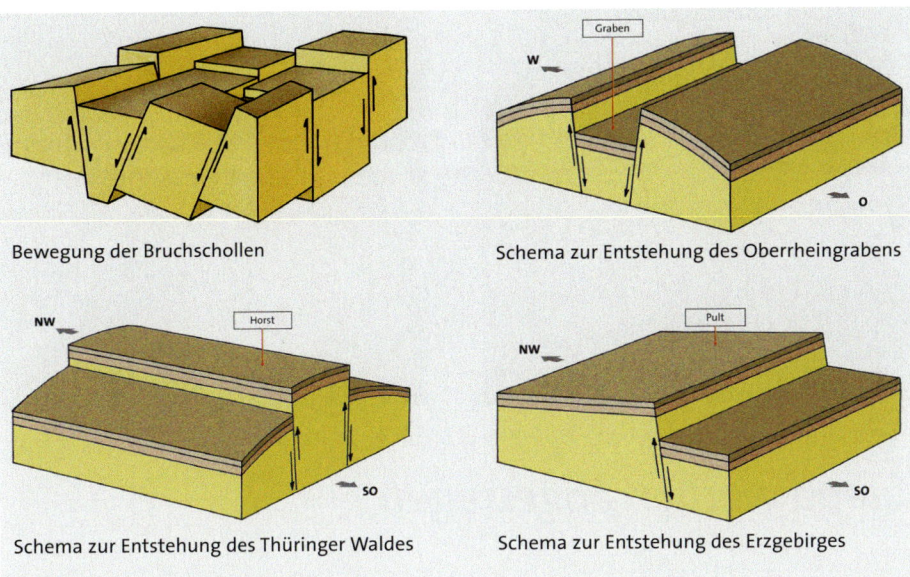

Bewegung der Bruchschollen

Schema zur Entstehung des Oberrheingrabens

Schema zur Entstehung des Thüringer Waldes

Schema zur Entstehung des Erzgebirges

3 Typen von Bruchschollengebirgen

Deutsche Mittelgebirge
- Schwarzwald,
  (Feldberg, 1493 m)
- Bayerischer Wald,
  (Großer Arber, 1456 m)
- Erzgebirge
  (Fichtelberg, 1215 m)
- Harz (Brocken, 1141 m)
- Thüringer Wald
  (Großer Beerberg,
  982 m)
- Rheinisches Schiefer-
  gebirge
  (Großer Feldberg,
  879 m)

4

Horst

Mehrere nebeneinanderliegende Bruchschollen können sich durch seitlichen Druck aufeinander zu bewegen. Die mittlere Scholle kann dabei weit über die anderen Schollen nach oben gehoben werden. Die dabei entstehende Gebirgsform nennt man Horst.
Der Harz ist ein typisches Beispiel dafür.

Grabenbruch

Gleichzeitig mit der Entstehung eines Horstes dehnen sich an anderer Stelle Bruchschollen. Dabei sinkt eine Scholle zwischen zwei anderen ab – ein **Grabenbruch** entsteht. Der Oberrheingraben ist ein eindrucksvolles Beispiel dafür.

Pultscholle

Bruchschollen können auch gehoben und dabei gleichzeitig aufeinander geschoben werden. Dabei entsteht eine Gebirgsform, die aussieht wie ein altes Schreibpult. Deshalb nennt man sie Pultscholle. Das Erzgebirge ist so eine Pultscholle.

5 Februar 2010: Eis-
schollen am Strand von
Ahlbeck

1 Beschreibe die Entstehung von Mittelgebirgen mit eigenen Worten.
2 Erkläre, was die Karikatur mit der Entstehung von Mittelgebirgen zu tun hat.
3 Sebastian erklärt: „Im Februar 2012 war es in Deutschland ungewöhnlich kalt. Sogar die Ostsee war teilweise zugefroren. Durch starke Wellenbewegungen wurde die Eisschicht in Schollen gebrochen. Diese wurden teilweise gehoben, aufeinander geschoben, aber auch abgesenkt. So stelle ich mir die Entstehung unserer Mittelgebirge vor." Bewerte seine Aussage.

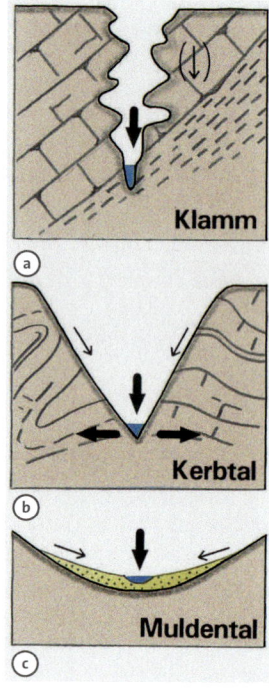

1 Beispiele für Talformen

3 Frostsprengung an einem großen Stein

4 Wurzelsprengung

... und werden abgetragen

Schon während ihrer Entstehung wurden die Mittelgebirge durch erdäußere Kräfte, die **exogenen Kräfte**, verändert. Zu den exogenen Kräften gehören Wasser, Wärme und Kälte, Wind sowie auch Lebewesen.

Abtragung durch fließendes Wasser

Vielleicht hast du schon einmal an einem frisch aufgeschichteten Sandberg beobachten können, wie sich Regenwasser in kleinen Rinnsalen sammelt und abfließt. Dabei bildet es meist tiefe Rinnen. Der Sand dieser Rinnen wird vom Regenwasser zum Fuß des Sandberges transportiert, manchmal auch weiter.

Auf seinem Weg vom Gebirge ins Meer trägt der Fluss oder Bach auch Material ab, indem er sich in seinen Untergrund einschneidet und Täler bildet. Je nach Härte des Gesteins und der Fließgeschwindigkeit des Wassers bilden sich verschiedene Talformen aus, wie z. B. die Klamm, das Kerbtal und das Muldental.

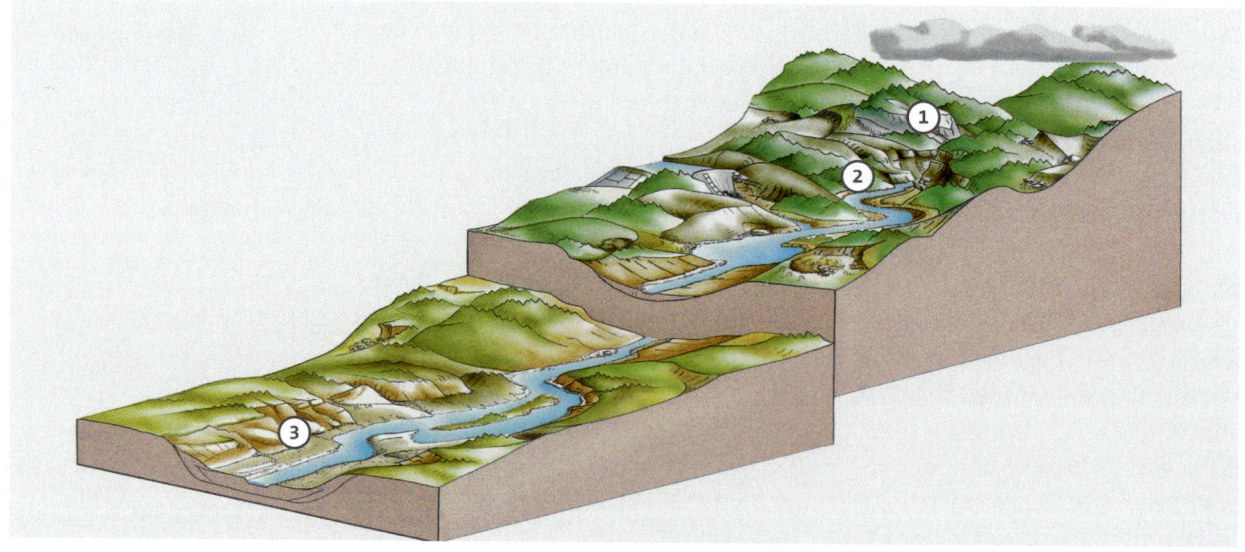

2 Blockbild eines Flusstals im Mittelgebirge

 **Material**
Versuch zur Abtragung durch fließendes Wasser
104029-0602

 **Lernen im Netz**
Entstehung der Mittelgebirge
104029-0603

5 Pilzfelsen im Zittauer Gebirge

Abtragung durch thermische Kräfte

Nicht nur fließendes Wasser verändert die Erdoberfläche, sondern auch die Folgen von Temperaturunterschieden. Bestimmt kennst du das folgende Experiment:

Eine völlig mit Wasser gefüllte Glasflasche wird in das Tiefkühlfach eines Kühlschrankes gelegt. Nach einigen Stunden ist das Wasser in der Flasche gefroren und die Flasche kaputt.

In Gesteinen kann es feine Risse geben, die sich mit Wasser füllen. Gefriert das Wasser, dehnt es sich aus. Der Riss wird breiter. Wiederholt sich dieser Vorgang mehrfach, kann das Gestein dadurch auseinander brechen.

Abtragung durch Wind

Durch Wind kann die Erdoberfläche auch verändert werden. Wenn er stark genug ist, feine Sandkörner aufzunehmen, wirkt Wind wie ein Sandstrahlgebläse. Der Wind und die darin enthaltenen Sandkörnchen treffen auf Gestein und sprengen dabei feinste Gesteinsteilchen ab, die der Wind wegtransportiert. Lässt die Windkraft nach, lagert sich der mitgeführte Sand ab.

Abtragung durch Pflanzen und durch Lebewesen

Auch Pflanzen können die Erdoberfläche verändern. Ist es dir nicht auch schon mal passiert, dass du beim Fahrradfahren plötzlich über eine starke Unebenheit gefahren bist? Schau dir beim nächsten Mal die Stelle genauer an. Vielleicht steht in der Nähe ein großer Baum. Wenn die Wurzeln immer größer werden, können sie die Steine oder den Belag des Fahrradweges nach oben drücken. Manchmal reißt sogar der Belag.

Wurzeln können in Gesteinsspalten eindringen und durch hohen Druck das Gestein sprengen, sie verändern dadurch auch die Erdoberfläche.

Endogene und exogene Kräfte wirken meist so langsam, dass wir die Gleichzeitigkeit der Vorgänge nicht wahrnehmen können. Bereits während der Entstehung unserer Mittelgebirge haben exogene Kräfte gewirkt und begonnen, die herausgehobenen Bruchschollen abzutragen. So lagern z. B. über der abgesenkten Scholle des Oberrheingrabens dicke Schichten der abgetragenen Oberfläche der benachbarten höher gelegenen Mittelgebirge.

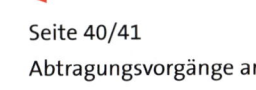
Seite 40/41
Abtragungsvorgänge an
der Küste

1 Exogene Kräfte haben nicht nur Auswirkungen auf Gebirge, sondern auch auf Gebäude, Straßen und Brücken. Gib Beispiele dafür an.

2 Finde Auswirkungen exogener Kräfte in deiner Schulumgebung und dokumentiere diese.

3 Ordne die verschiedenen Talformen aus der Grafik 1 dem Blockprofil 2 zu.

Wolkentröpfchen
kleiner als 0,1 mm

Regentropfen bei Nieselregen
kleiner als 0,5 mm

bei Landregen
0,5 bis 4 mm

bei Wolkenbruch
4 bis 8 mm

Schneeflocken
bis 40 mm

Hagelkörner
5 bis 50 mm

1 Größe von Wasser- und Eisteilchen in der Luft

Kondensation
Bildung von Wassertröpfchen

Abkühlung des Wasserdampfes

Erwärmung

Verdunstung des Wassers von Gewässern, Pflanzen und des Bodens

2 Entstehung einer Wolke

Wasser im Überfluss

Hast du dir schon einmal überlegt, wohin Wasser verschwindet, wenn es verdunstet? Es geht in den unsichtbaren Wasserdampf über und wird in der Luft gespeichert.

Wie viel Wasser die Luft speichern kann, hängt von der Temperatur ab. Je wärmer die Luft ist, umso mehr Wasser kann sie aufnehmen und umgekehrt. Steigt nun die warme, wasserdampfreiche Luft auf, beginnt sie sich abzukühlen. In einer bestimmten Höhe ist sie so kalt, dass der Wasserdampf wieder flüssig wird. Er kondensiert. An feinsten Staubteilchen bilden sich winzig kleine Wassertröpfchen. Milliarden dieser Tröpfchen bilden dann die Wolke. In großen Höhen bestehen diese aus Eiskristallen. Ob es aus einer Wolke regnet, nieselt oder schneit, hängt von der Größe der Wassertröpfchen oder Eisteilchen ab.

Warum in Millimeter?

Ein Millimeter Niederschlag bedeutet ein Liter pro Quadratmeter, das heißt: Würde man einen Liter Wasser in ein quadratisches Gefäß mit einem Meter Seitenlänge schütten, stände die Wassersäule einen Millimeter hoch.

3 Ausschnitt aus der Niederschlagskarte

Gebirge als „Regenfänger"

Aufgrund ihrer Höhen von bis zu 1 500 m über dem Meeresspiegel wirken die Mittelgebirge als „Regenfänger". Die meist aus nordwestlicher Richtung wehenden Winde bringen sehr viel Feuchtigkeit vom Atlantischen Ozean mit. Treffen sie auf die Gebirge, werden sie zum Aufstieg gezwungen. Die dem Wind zugewandte Seite bezeichnet man als Luv. Da es mit zunehmender Höhe kälter wird, bilden sich Wolken. Schließlich

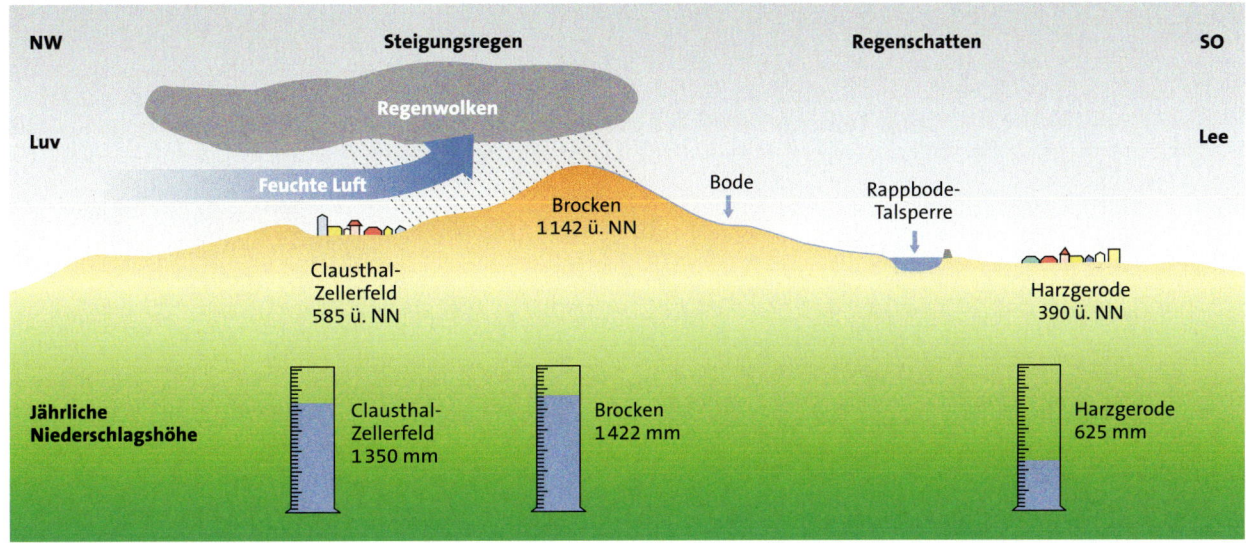

NW   Steigungsregen   Regenschatten   SO

Regenwolken

Luv   Lee

Feuchte Luft

Bode

Rappbode-
Talsperre

Brocken
1142 ü. NN

Clausthal-
Zellerfeld
585 ü. NN

Harzgerode
390 ü. NN

Jährliche
Niederschlagshöhe

Clausthal-
Zellerfeld
1350 mm

Brocken
1422 mm

Harzgerode
625 mm

4   Der Harz als „Regenfänger"

regnet oder schneit es. Diesen **Niederschlag** nennt man **Steigungsregen**. Auf der dem Wind abgewandten Seite, dem Lee, haben die Luftmassen ihre Feuchtigkeit verloren. Dadurch sind diese Gebiete deutlich trockener.

Wohin mit dem Wasser?

Da die Gebirge den gesamten Niederschlag nicht speichern können, sind sie Quellgebiet vieler Bäche und Flüsse. Wo das Wasser nicht abfließen kann, zum Beispiel in flachen Mulden, bilden sich Seen oder Moore.

Flüsse im Mittelgebirge sind normalerweise keine Gefahr für die Menschen. Kommt es aber zu rascher Schneeschmelze oder kräftigen Niederschlägen, verwandeln sie sich schnell in reißende Ströme und überschwemmen mit zerstörerischer Kraft Täler. Durch den Bau von Siedlungen, Betrieben und Verkehrsanlagen hat der Mensch die Flüsse auf weiten Strecken eingeengt. Damit erhöht sich die Gewalt um ein Vielfaches. Der Hochwasserschutz wird heute über den Bau von **Talsperren** gewähr

leistet, wie z. B. durch das Rappbode-Talsperrensystem im Ostharz.

Aufgaben einer Talsperre

Neben dem Hochwasserschutz dient das Rappbode-System vor allem dazu, Trinkwasser zu speichern.

In vielen Talsperren wird zudem aus fließendem Wasser elektrische Energie gewonnen. Außerdem sind die aufgestauten Seen heute beliebte Touristenzentren. Staumauern ersetzen auch Brücken und verbinden so Ortschaften auf beiden Seiten eines Tales.

5   Staumauer der
Rappbode-Talsperre

1 Erläutere die Wolkenbildung mithilfe der Grafik 2.

2 Erkläre Bewölkung und Niederschlag an der Luv- und Leeseite eines Gebirges.

3 Begründe die Verteilung der Niederschläge zwischen Vorländern und Gebirgen in Kartenausschnitt 3.

4 Erkläre das häufige Auftreten von Quellen in Gebirgen.

5 Erläutere Aufgaben einer Talsperre.

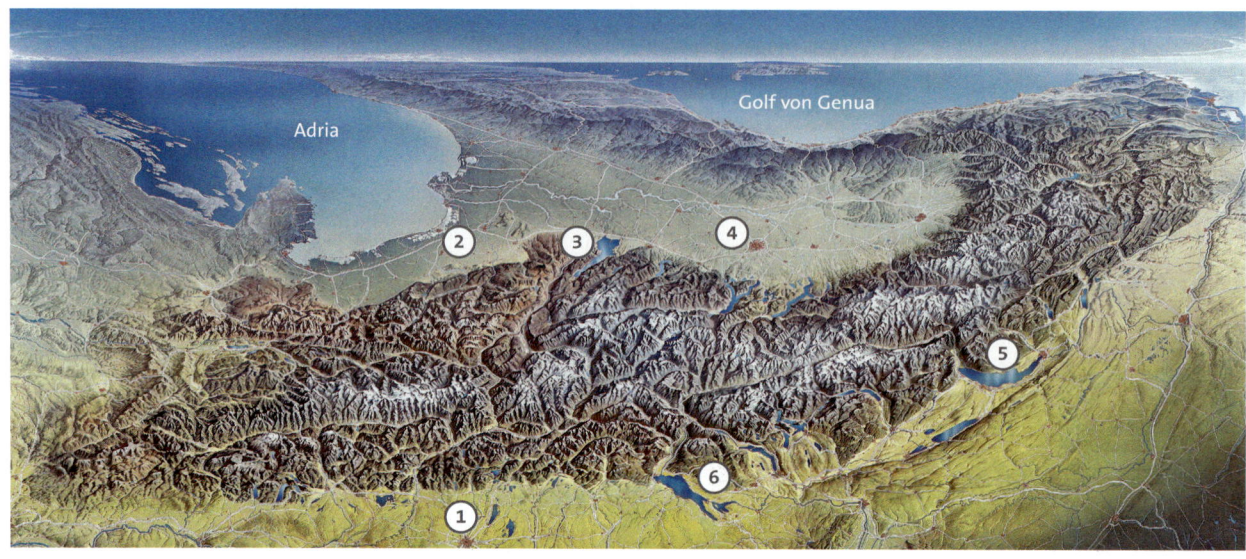

1 Panoramabild der Alpen (Blick von Norden nach Süden)

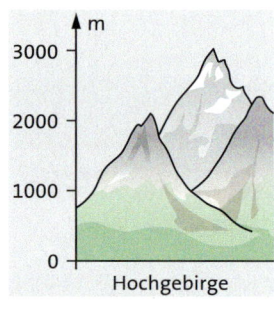

2

Die Alpen – ein Hochgebirge

4 Montblanc: höchster Berg der Alpen

Kaum zu glauben
Als höchster Berg der Erde gilt der Mount Everest, aber der Vulkan Mauna Kea (Hawaii) erhebt sich vom 6000 m tiefen Meeresboden bis auf 4205 m über den Meeresspiegel.

3 Mount Everest

Die Alpen sind Europas größtes und höchstes **Hochgebirge**. Sie erstrecken sich über eine Länge von 1250 Kilometern und sind bis zu 250 Kilometer breit. Ungefähr 14 Millionen Menschen leben in den Alpen und acht Staaten haben daran Anteil.

Merkmale
Spitze Gipfel erheben sich über malerische, tief eingeschnittene Täler und Bergseen. 82 Gipfel sind höher als 4000 m. Wild zerklüftete Felswände ragen empor, an deren steilen Hängen oft Wasserfälle hinabstürzen. Häufig werden sie von Gletschern und Schneefeldern gespeist.

Verkehr
Für den Verkehr in Europa sind die Alpen ein gewaltiges Hindernis. Sicher und auch schnell können sie nur mit dem Flugzeug überflogen werden. Autos und Züge können die Alpen nur auf wenigen, staugefährdeten Strecken mit vielen Tunneln durchqueren. Viele hochgelegene

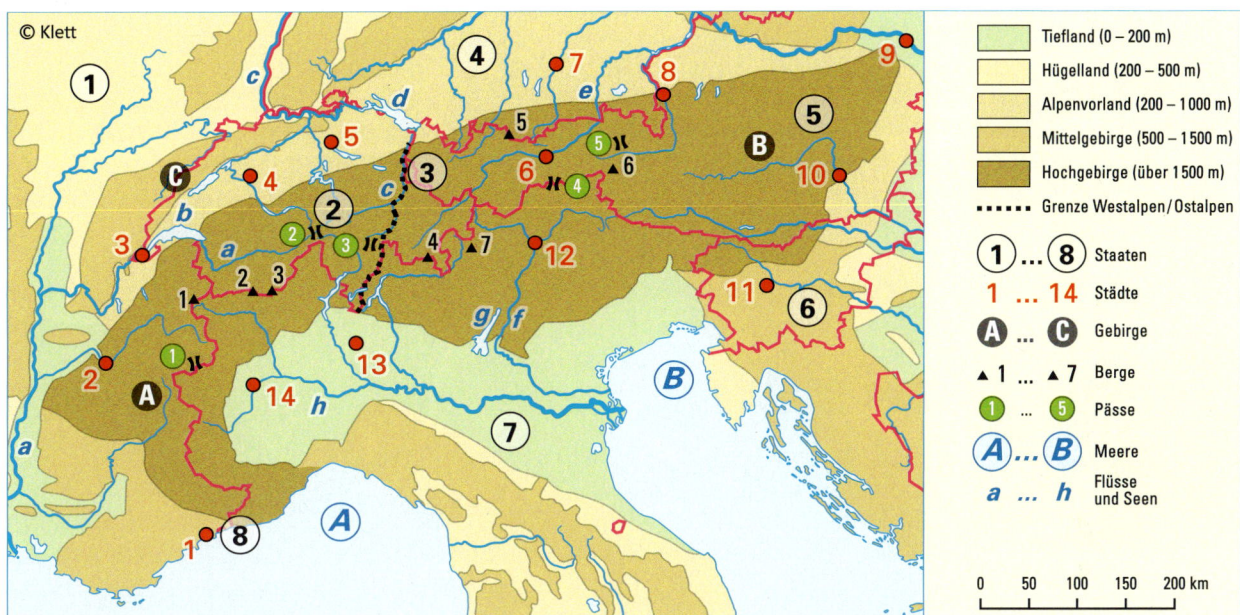

| Tiefland (0 – 200 m) |
| Hügelland (200 – 500 m) |
| Alpenvorland (200 – 1 000 m) |
| Mittelgebirge (500 – 1 500 m) |
| Hochgebirge (über 1 500 m) |
| ⋯⋯⋯ Grenze Westalpen/Ostalpen |
| ① ... ⑧ Staaten |
| 1 ... 14 Städte |
| Ⓐ ... Ⓒ Gebirge |
| ▲ 1 ... ▲ 7 Berge |
| ① ... ⑤ Pässe |
| Ⓐ...Ⓑ Meere |
| a ... h Flüsse und Seen |

0   50   100   150   200 km

5 **Lernkarte zu den Alpen**

Bergstraßen und Pässe sind wegen der Schneemassen oder Lawinengefahr mehrere Monate im Jahr gesperrt.

Faszination Alpen
Schon immer beeindruckten Berge die Menschen. Man vermutete dort den Sitz der Götter und hatte großen Respekt vor den herausragenden Berggipfeln.

Der Montblanc ist mit 4 807 m der höchste Berg der Alpen. Ab einer Höhe von etwa 2 500 m bis zum Gipfel sind seine Hänge von einer Eisschicht bedeckt.
Bereits am 8. August 1786 erreichten der Kristallsucher Jaques Balmat und der Arzt Michel-Gabriel Paccard als erste den Gipfel. Die Erstbesteigung wurde durch 20 Goldtaler belohnt.

 Kaum zu glauben
Die Gipfelhöhe des Montblanc schwankt, weil auf seinem Gipfel stets eine Eiskappe liegt, die mal wächst und mal schmilzt:
2001: 4 808,4 m
2004: 4 806,0 m
2007: 4 811,0 m
2009: 4 810,5 m

1 Vergleiche das Panoramabild 1 mit der Lernkarte 5:
a) Welche Gemeinsamkeiten und Unterschiede fallen dir auf?
b) Für welchen Zweck ist welche Darstellung geeigneter?
c) Benenne mithilfe des Atlas die Städte 1, 2 und 4 sowie die Seen 3, 5 und 6 im Panoramabild.
2 Arbeite mit Lernkarte 5 und Atlas:
a) Nenne die Namen der Staaten, die an den Alpen Anteil haben.

b) Ermittle Namen und Höhe der sieben in die Lernkarte eingetragenen Berge.
c) Welche Flüsse entspringen in den Alpen?
d) Über welche Pässe kannst du die Alpen überqueren?
3 Nenne die Merkmale eines Hochgebirges.
4 Vergleiche Mittel- und Hochgebirge. Lege eine Tabelle an.

1 Zugspitze

2 Tunnel auf der Strecke

3 Zugspitzbahn

4 Zugspitzmassiv bei Ehrwald (Blick von Westen nach Osten)

Höhenstufen in den Alpen

Kaum zu glauben
Nur während der Sommermonate können die Bergweiden (Matten) zur Milchviehhaltung genutzt werden: **Almwirtschaft**.

Mit der Zugspitzbahn vom Sommer …
Bahnhof Garmisch-Partenkirchen: Das Thermometer zeigt 20 °C. 705 m über Normalnull liegt der Ausgangspunkt unserer heutigen Fahrt auf den höchsten Berg Deutschlands. Wir steigen in die Zahnradbahn, die sich ratternd in Bewegung setzt. Vorbei an satten Weiden im Talgrund führt die Fahrt über die Station Eibsee durch immer lichter werdende Nadelwälder. Am Haltepunkt Riffelriss zeigt der Höhenmesser bereits 1 640 m an. Die letzten Nadelbäume gehen in niedriges Gehölz über. Darüber ragt steiler Fels empor, von Grasflächen − sogenannten Matten − unterbrochen.

… in den Winter
Die Zahnradbahn verschwindet in einem 4 800 m langen Tunnel und kommt auf einer Geröllwüste in etwa 2 600 m Höhe wieder ans Tageslicht. Als wir nach 73-minütiger Fahrt aussteigen, blendet uns das Weiß eines großen Gletscherfeldes. Jetzt heißt es umsteigen. In nur wenigen Minuten schweben wir in einer Gondel dem Zugspitzgipfel entgegen.
Gerade noch 7 °C zeigt das Thermometer, als wir aussteigen. Gut, dass wir so warme Kleidung dabei haben. Mit steigender Höhe sind wir mitten im Sommer im **Hochgebirgsklima** angekommen.

Lernen im Netz

Animation Höhenstufen
104029-0605

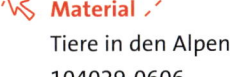

Material

Tiere in den Alpen
104029-0606

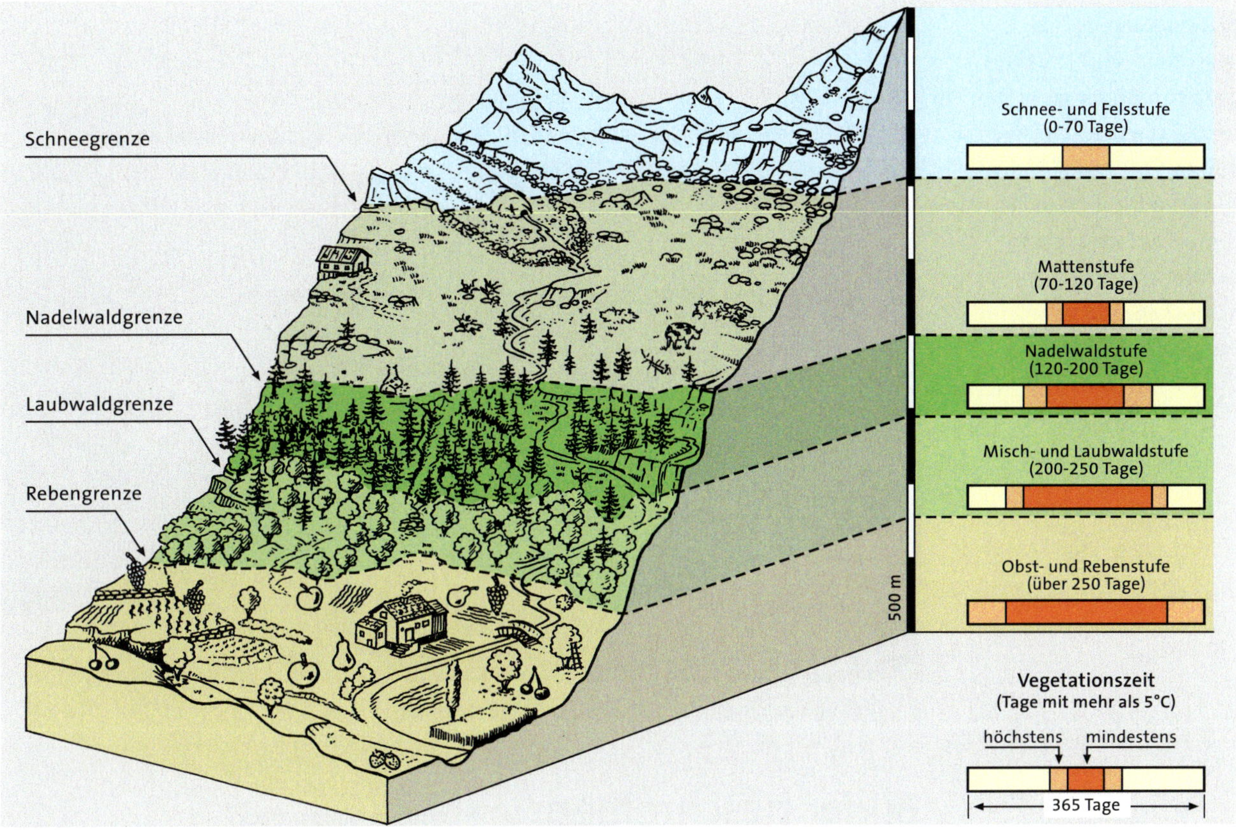

5 Modell der Höhenstufen und Höhengrenzen in den Südalpen

Höhenstufen und Höhengrenzen

Wie du bei der Fahrt auf die Zugspitze bemerkt hast, nimmt die Temperatur mit zunehmender Höhe immer mehr ab. Bei dem Höhenunterschied von 2257 m zwischen Talstation und Gipfel betrug die Temperaturabnahme 13 °C. Das sind rund 6 °C auf 1000 m. Mit dem Temperaturrückgang hat sich auch die Pflanzenwelt (**Vegetation**) vom Tal bis zum Gipfel verändert, weil die Wachstumszeit, die den Pflanzen zur Verfügung steht, mit zunehmender Höhe immer kürzer wird. Deswegen weist jede **Höhenstufe** eine ganz bestimmte Vegetation auf. Den Grenzbereich zwischen zwei Höhenstufen nennt man Höhengrenze. Diese verläuft wegen unterschiedlicher Sonneneinstrahlung nicht starr.

1 Ordne die Fotos 1 bis 3 den entsprechenden Höhenstufen zu.

2 Höhenstufen und Höhengrenzen:
a) Erläutere, was sich mit der Höhe verändert.
b) Ergänze die folgende Regel: Mit zunehmender … nimmt die … ab, die … der Pflanzen wird kürzer.

3 In der Talstation Garmisch herrschen 0 °C. Berechne die wahrscheinliche Temperatur auf der Zugspitze.

4 Erstelle mithilfe von Grafik 5 folgende Tabelle:

Höhenstufe	Höhe	Vegetationszeit	Pflanzen

6 TERRA **METHODE**

Neben Karten, Diagrammen und Tabellen gehören Bilder zu den am häufigsten eingesetzten Materialien im Geographieunterricht. Sie enthalten viele Informationen, die erschlossen und geordnet werden müssen.

1 Aidling am Riegsee bei Murnau im Alpenvorland

Bilder beschreiben

Bilder sind im Geographieunterricht ein Ersatz für die Wirklichkeit. Die Wirklichkeit sehen wir in unserer unmittelbaren Umgebung. Weit Entferntes dagegen können wir nur in Form von Bildern oder Filmen betrachten. Bilder bieten den Vorteil, dass man sie beliebig lange anschauen kann, während ein Film nur einen kurzen Eindruck hinterlässt. Bilder sind aber immer nur Ausschnitte aus der Wirklichkeit. Manche zeigen größere Ausschnitte einer Landschaft, andere nur einen begrenzten Teil.

Bilder beschreiben

1. Schritt: Orientieren

Verschaffe dir erste Informationen über das vorliegende Bild. Gibt es eine Bildunterschrift? Was stellt es dar? Wo ist es aufgenommen? Enthält es Hinweise auf den Aufnahmezeitpunkt (Jahr, Jahreszeit, Tageszeit)? Von wem stammt das Bild?

2. Schritt: Beschreiben

Zu Beginn prüfst du, ob sich das abgebildete Gebiet in Vorder-, Mittel- und Hintergrund gliedern lässt.

Bei der eigentlichen Beschreibung gehst du unterschiedlich für Landschaften, Objekte und Personen vor.

Dabei helfen dir Fragen wie:

– Sind Gewässer und Pflanzenwelt, land- und forstwirtschaftliche Nutzung erkennbar? Findet man Verkehrswege, Siedlungen, Industrieflächen oder Freizeiteinrichtungen?

Hintergrund

Mittelgrund

Vordergrund

2 Bild mit Gliederung

– Wozu dienen die abgebildeten Objekte, z. B. Gebäude? Welche Besonderheiten haben sie?
– Üben die dargestellten Personen eine Tätigkeit aus, besitzen sie besondere Merkmale, wirken sie eher reich oder arm?

3. Schritt: Erklären

Finde Erklärungen für deine Ergebnisse. Mögliche Fragestellungen sind:
Was fällt besonders auf? Erkennt man Probleme? Was erfährt man über die Entstehung auffälliger Erscheinungen?

Sind sie natürlichen Ursprungs oder ist der Mensch verantwortlich? Welche Bedeutung hat ein einzelnes Teil für das Ganze?

4. Schritt: Werten

Hier kannst du deine persönliche Überzeugung einfließen lassen.
Ist der Bildausschnitt aussagekräftig? Stehen die wichtigen Aussagen im Mittelpunkt? Ist das Bild typisch für ein Gebiet oder stellt es eher eine Ausnahme dar?

Tipp:
Du kannst Bildskizzen auch auf Folien zeichnen und mit farbigen Stiften gestalten.

1 Verschaffe dir im Atlas Informationen zu Bild 1, die dir bei der Bildbeschreibung helfen können.
2 Beschreibe Bild 1. Übernimm dazu die Bildskizze 2 in dein Heft und schreibe in die einzelnen Teilbereiche

wichtige Ergebnisse deiner Bildbeschreibung hinein.
3 Beschreibe das Bild 4 auf der Seite 125 so, wie du es auf dieser Seite gelernt hast.

1 Tschiervagletscher in den Schweizer Alpen 2001

Neuschnee

Durch wiederholtes Auftauen und Frieren entsteht körniger Altschnee, der **Firn**.

Im Laufe der Zeit entsteht daraus **Firneis**.

Weitere Schneeablagerungen pressen das Firneis zusammen. Nach einigen Jahren entsteht **Gletschereis**.

2 Wie Gletschereis entsteht

Gletscher: Ströme aus Eis

Im Hochgebirge sammeln sich im Laufe der Jahre ungeheure Mengen Schnee an. Durch sein eigenes Gewicht wird der Schnee zusammengepresst und allmählich in Eis umgewandelt. Dieses Eis fließt auf einem dünnen Gleitfilm aus Schmelzwasser als **Gletscher** langsam, aber unaufhaltsam, talwärts.

Gletscher entstehen nur oberhalb der Schneegrenze. Über viele Jahre hinweg fällt dort mehr Schnee als im kurzen Sommer abtauen kann, man spricht deswegen vom Nährgebiet des Gletschers. Fließt das Gletschereis über steil abfallende Hänge, entstehen Gletscherspalten.

Unterhalb der Schneegrenze, im Zehrgebiet, schmilzt das Ende des Eisstroms, die Gletscherzunge, im Sommer ab.

Der Gletscher hobelt beim Talabwärtsfließen mit seinem großen Gewicht Gesteinsmaterial vom Untergrund sowie den Seiten weg und lagert es ab. Diese Moränen findet man unter, zu beiden Seiten und als abschließenden Schuttwall vor der Gletscherzunge.

Flächen bedeutender Gletscher
– Lambert-Gletscher (Antarktis), 424 000 km², größter Gletscher der Erde,
– Vatnajökull (Island), 8 100 km², größter Gletscher Europas,
– Aletsch-Gletscher (Schweiz), 87 km², größter Gletscher der Alpen,
– Nördlicher Schneeferner, 0,31 km², größter Gletscher Deutschlands.

Material

Infoblatt Gletscher
104029-0607

4 Tschiervagletscher in den Schweizer Alpen 1910

Das Schmelzwasser bahnt sich seinen Weg an den Rändern und unter dem Gletscher und kommt am Gletschertor als Gletscherbach zum Vorschein.

Gletscher in Gefahr
Je nach Klima- und Niederschlagssituation dehnen sich Gletscher aus, ziehen sich zurück oder verschwinden ganz. Aber auch der hochalpine Tourismus und die zunehmende Luftverschmutzung verstärken das Abschmelzen der Gletscher.

In den Alpen ist die Veränderung der Gletscher besonders gut dokumentiert. Seit dem Beginn der alpinen Gletscherforschung in der Mitte des 19. Jahrhunderts haben die Gletscher der Alpen mehr als ein Drittel ihrer Fläche und 60 Prozent ihres Volumens eingebüßt. Setzt sich dieser Vorgang weiterhin mit dieser Geschwindigkeit fort, so wird vermutet, dass am Ende dieses Jahrhunderts alle Alpengletscher verschwunden sein werden.

Kaum zu glauben
Gletscher bewegen sich langsam aber mächtig!:
Alpen-Gletscher:
　30 – 150 m/Jahr
Himalaya-Gletscher:
　500 – 1 500 m/Jahr
Grönland-Gletscher:
　3 – 10 km/Jahr

1 Ordne den Buchstaben und Zahlen in Foto 1 folgende Begriffe zu: Seitenmoräne, Nährgebiet, Gletscherzunge, Gletscherspalten, Gletscherbach, Zehrgebiet.
2 Erkläre mithilfe von Abbildung 2 die Entstehung von Gletschereis.

3 Erläutere, wie sich Moränen an der Gletscherzunge bilden.
4 Gletscher in Gefahr:
a) Vergleiche die Abbildungen 1 und 4 miteinander. Welche Unterschiede fallen dir auf?
b) Nenne die Ursachen hierfür.

1 Wintertouristen in den Dolomiten (italienische Alpen)

Touristenmagnet Alpen

Kaum zu glauben
In den Alpen gibt es insgesamt 21 000 km Skipisten. Etwa 13 000 Bergbahnen, Seilbahnen und Lifte befördern die Touristen auf die Berge.

Im Sommer wie im Winter, die Alpen haben Touristen viel zu bieten: Wandern, Klettern, Mountainbiketouren, Rafting, Canyoning, Skifahren, Snowboarden oder Langlauf.
Mit 500 Millionen Übernachtungen und 120 Millionen Feriengästen pro Jahr sind die Alpen eines der größten Tourismusgebiete der Welt.

Auswirkungen des Tourismus
Durch den Fremdenverkehr haben sich die Alpen verändert. Kleine Bergdörfer wurden zu Zentren des **Massentourismus** mit Hotels, Pensionen, Gaststätten, Diskotheken, Schwimmbädern und anderen Freizeiteinrichtungen. Für viele Bewohner ist der Massentourismus eine wichtige Einnahmequelle, andererseits bringt er aber auch immer mehr Autoverkehr und damit Lärm mit sich.

Die zahlreichen neu gebauten Seil- und Liftanlagen zerstören massiv den Bergwald und verdrängen so die typische Tier- und Pflanzenwelt immer mehr.

Wenn der Schnee rutscht
Jeden Winter werden durch Lawinen Straßen und Ortschaften verschüttet und Menschen getötet. Als **Lawine** wird eine Rutschung am Berg bezeichnet, bei der sich große Mengen Schnee ins Tal bewegen. Besonders hohe Lawinengefahr besteht, wenn viel Neuschnee an steilen und unbewaldeten Berghängen liegt.

Wenn der Boden rutscht
Auch im Sommer drohen Gefahren, zum Beispiel durch Muren. Nach langem Regen hat sich der Boden wie ein Schwamm mit Wasser vollgesaugt.

2 Lawinenabgang bei Val d'Isère (Frankreich)

Nun können hunderte Tonnen von Schlamm und Geröll in Bewegung geraten und zu Tal rutschen. Eine Mure kann metergroße Felsblöcke und Baumstämme mitreißen. Trifft eine Mure auf Straßen, Eisenbahnlinien oder Brücken, so werden diese oft mit den Schlammmassen verschüttet.

Schutzmaßnahmen

Einen natürlichen Schutz vor Lawinen bieten gesunde Bergwälder. Die zahlreichen Bäume halten den Schnee fest, sodass er nicht abrutschen kann. Wo kein Bergwald mehr vorhanden ist, müssen teure Maßnahmen ergriffen werden. Schutzzäune am Berg verhindern das Abgehen von Lawinen. Straßen und Eisenbahnlinien werden von Galerien überdacht, sodass Lawinen über sie hinweg fließen können.

3 Lawinenschutzzäune

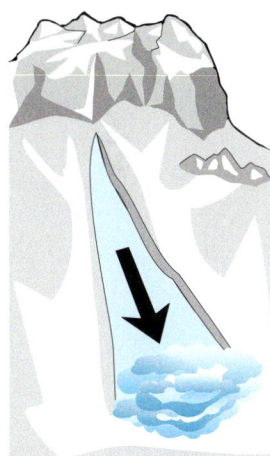

4 Eine Lawine kann bis zu 250 km/h erreichen

1 Beschreibe, wie sich viele kleine Bergdörfer in den Alpen durch den Tourismus verändert haben.

2 Gefahren im Hochgebirge:

a) Beschreibe die Gefahren für die Menschen im Hochgebirge.

b) Erkläre, wie Siedlungen und Verkehrswege geschützt werden.

3 Begründe, warum Wintersportler häufig Opfer von Lawinen sind.

4 Nenne positive und negative Auswirkungen des Alpentourismus.

TERRA **METHODE**

Bei einem Rollenspiel schlüpft jeder wie ein Schauspieler in die Rolle eines anderen Menschen. So kann er dessen Sichtweise und Handlungen besonders gut nachempfinden. Durch das Spielen von Konfliktsituationen werden uns Streitfälle des Alltags verständlicher und wir können lernen, mit diesen besser umzugehen.

Alp(en)traum – ein Rollenspiel

Ort und Konflikt

Der Wettbewerb zwischen Skiregionen ist hart. Deshalb haben die Gemeinden Serfaus, Fiss und Ladis in Österreich ihre Skigebiete durch aufwändige Lift- und Seilbahnanlagen zusammengelegt. Im benachbarten Paznauntal liegt die Gemeinde See. Ihr kleines Skigebiet gilt als schön, aber abgelegen.

See will nun sein Skigebiet erweitern und mit dem von Serfaus-Fiss-Ladis zusammenschließen. Dazu wäre der Bau von zwei großen Seilbahnanlagen und einigen Skiliften nötig. Das bisher fast unberührte hintere Urgtal um die Ascher Hütte würde zum Skigebiet.

Da die Maßnahme in der Bevölkerung sehr umstritten ist, hat der Bürgermeister von See zu einer Bürgerversammlung eingeladen. Einziger Tagesordnungspunkt: der Zusammenschluss der Skigebiete von See und Serfaus-Fiss-Ladis.

Ein Rollenspiel durchführen

1. Schritt: Situation erfassen

Macht euch mit der Situation vertraut. Worum geht es? Wertet dazu alle vorhandenen Materialien aus.

2. Schritt: Rollen verteilen

Stellt Rollenkarten her, auf denen ihr kurz die Person beschreibt und ihre Argumente notiert. Bestimmt für jede Interessensgruppe einen Rollenspieler.

3. Schritt: Rollenspiel durchführen

Die Rollenspieler spielen nun die gegebene Situation. Dabei solltet ihr beachten, dass ihr nicht eure eigene Meinung vertretet, sondern die der darzustellenden Interessengruppe.

Alle anderen Mitspieler haben die Aufgabe, Gemeindemitglieder zu spielen. Sie beobachten alles genau und können sich ebenfalls zu Wort melden. Am Ende stimmen alle über den Streitfall ab.

4. Schritt: Rollenspiel auswerten

Diskutiert Verhalten und Argumente der Rollenspieler. Haben sie die Situation so dargestellt, wie ihr sie selbst erfasst habt? Was hat euch besonders überzeugt? Wie habt ihr euch in euren Rollen gefühlt? Was habt ihr dabei gelernt?

Monika Schranz, Landwirtin, 28:
Ihr Jungvieh verbringt den Sommer auf den Hochweiden (Almen) im hinteren Urgtal. Das Gras auf Skipisten ist aber weniger wertvoll. Der Schnee wird nämlich durch Pistenraupen und Skifahrer zusammengepresst. Er vereist und bleibt länger liegen als normal. Durch Schneekanonen wird die Schneedecke unnatürlich erhöht. Manche Gräser haben nach der Schneeschmelze nicht mehr genügend Zeit zum Wachsen.

Andy Winkler, Schüler, 16:
Nach dem Schulabschluss will er eine Ausbildung als Mechaniker machen. Wenn er in See keine Ausbildungsstelle findet, wird er in eine größere Stadt abwandern. Sein Großvater war noch Bergbauer. Sein Vater aber betreibt die Landwirtschaft nur noch im Nebenerwerb. Eigentlich lohnt sich für ihn die Landwirtschaft überhaupt nicht mehr. Eine Seilbahn käme ihm recht.

Katharina Hess, Rentnerin, 64:
Sie ist engagiertes Mitglied im österreichischen Alpenverein. Naturschutz ist ihr ein wichtiges Anliegen. Für sie hat das hintere Urgtal eine wilde Ursprünglichkeit mit Bachmäandern und Seen, Murmeltieren, Gämsen und Alpenschneehühnern sowie seltenen Pflanzen. Immer häufiger werden Wildtiere von Skifahrern aufgeschreckt.

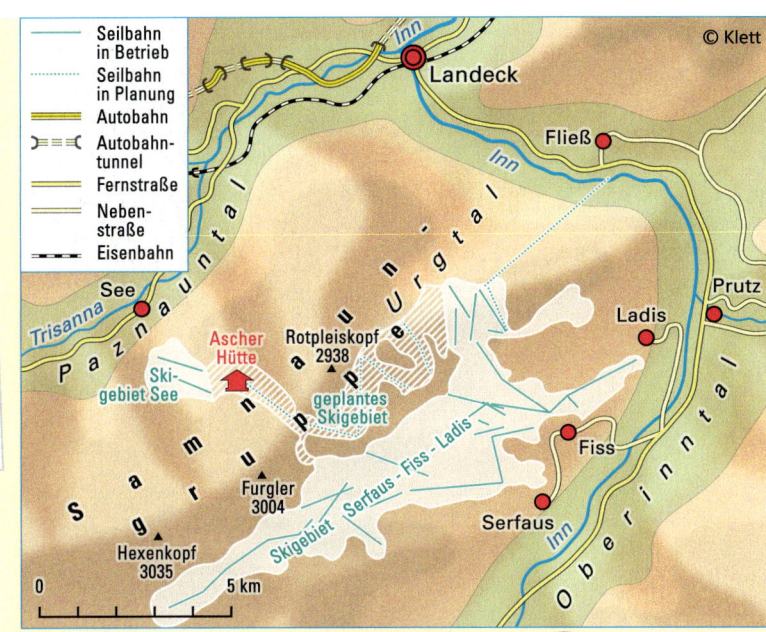

Hans Höllhuber, Gastwirt, 55:
Er hat treue Stammkunden, die nach See kommen, weil sie hier abseits des großen Trubels Urlaub machen können. Seiner Meinung nach sollten lieber die jetzigen Stärken besser verkauft werden: die Möglichkeit Skitouren in abgelegene, einsame Gebiete zu unternehmen und ohne Rummel zu wandern.

Tanja Stumpf, Angestellte der Seilbahngesellschaft, 35:
Die Seilbahngesellschaft steckt in großen finanziellen Schwierigkeiten. Deshalb stehen ihr Arbeitsplatz und noch weitere in ganz See auf dem Spiel. Nach dem Zusammenschluss wäre das Skigebiet von See der attraktivste und der größte Skizirkus im Umkreis. Ihrer Meinung nach wollen die meisten Touristen spektakuläre Skigebiete. Ski und fun ist immer mehr gefragt, am Tag auf der Piste und abends in der Disko.

Lara Ederer, Postbotin, 45:
Sie ist noch unentschlossen. Mehr Touristen bedeuten mehr Hotels, mehr Autos, mehr Lärm, mehr Müll. Das Ortsbild hat sich so verändert, dass sie sich gelegentlich nicht mehr wohl fühlt. Ihre Nachbarin führt ein großes Hotel, eine andere Freundin ein Andenkengeschäft. Sie weiß um deren Sorgen, wenn zu wenig Gäste kommen und sie dann schließen müssten.

1 Material für das Rollenspiel „Zusammenschluss der Skigebiete?"

1 Führt ein Rollenspiel zum Thema durch.

1 Reusstal nahe Amsteg

Gotthard-Tunnel

– längster Straßentunnel
  der Alpen (16,9 km)
– Eröffnung 1980
– eine Fahrspur für jede
  Richtung
– Autobahn von Nord und
  Süd bis zum Nadelöhr
  Gotthard-Tunnel

Kaum zu glauben

Die größte Menge Transit-
güter durchquert die Al-
pen fast lautlos, ohne Abgase, Tag und Nacht: Das
Öl, das durch die Pipelines
Österreichs fließt, wiegt
etwa so viel wie die Tran-
sitgüter auf Straße und
Schiene zusammen.

Verkehr durch die Alpen

Wo früher Maultiere trampelten, ...

Die Überquerung der Alpen war in frü-
heren Jahrhunderten sehr gefährlich
und anstrengend. Sie dauerte mehrere
Tage, wenn nicht Wochen. Die Alpenbewohner hatten als Träger oder als
Führer von Maultieren einen Nebenerwerb zur kargen Landwirtschaft. Denn
nur sie kannten die sichersten Pässe
und wussten um die besonderen Gefahren des Hochgebirges. Deshalb nahmen Kaufleute die Dienste der einhei-
mischen Bevölkerung gern in Anspruch,
um mit ihren Waren auf den sogenannten Saumpfaden sicher die andere Seite der Alpen zu erreichen. Zu Beginn
des 19. Jahrhunderts wurden zahlreiche Passwege zu fahrbaren Straßen für
Pferdekutschen ausgebaut.

... donnern heute Kraftfahrzeuge

Als die ersten alpenüberquerenden
Bahnstrecken Ende des 19. Jahrhunderts gebaut wurden, übernahm die Eisenbahn diesen Verkehr. Ab der Mitte
des 20. Jahrhunderts verlagerte sich der
Transport von Gütern und Personen zunehmend auf die Straße und führte zu
bisher unbekannten Verkehrsmengen.
Deshalb mussten die Passstraßen im
Laufe der Jahre ausgebaut und durch
Tunnel ergänzt werden, sogar Autobahnen führen inzwischen durch die Alpen.
Täglich brummen 25000 Lastwagen
über die Alpenstraßen, das sind nahezu
10 Millionen im Jahr! Etwa die Hälfte gehört zum **Transitverkehr**. So nennt man
den Verkehr, der von einem Land in ein
anderes durch ein Drittland führt.

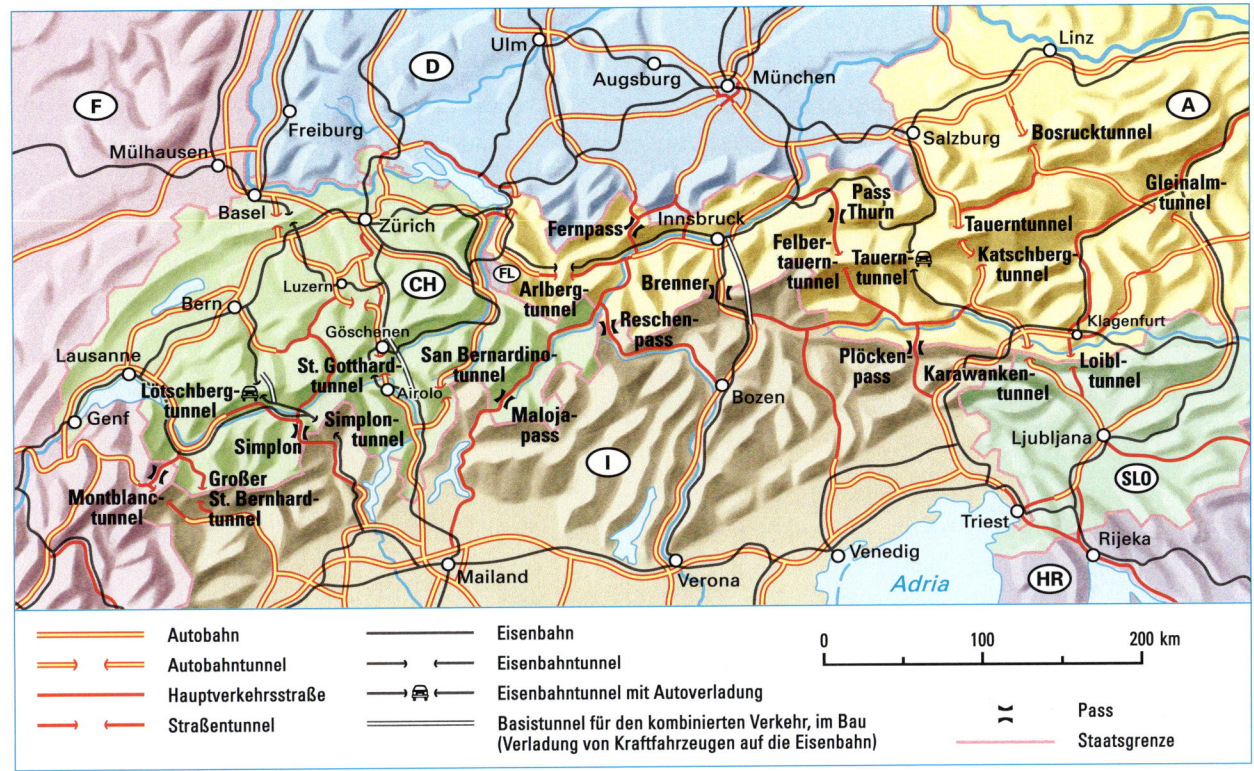

2 Hauptverkehrswege durch die Alpen

Autobahn
Autobahntunnel
Hauptverkehrsstraße
Straßentunnel

Eisenbahn
Eisenbahntunnel
Eisenbahntunnel mit Autoverladung
Basistunnel für den kombinierten Verkehr, im Bau
(Verladung von Kraftfahrzeugen auf die Eisenbahn)

Pass
Staatsgrenze

0   100   200 km

Da sich der Transitverkehr nur auf wenige Routen konzentriert, fühlen sich die Bewohner der betroffenen Täler stark belastet und belästigt. Die engen Hochgebirgstäler verstärken Lärm- und Abgasbelastung. Auch viele Touristen finden diese Verkehrsschneisen mit ihren Kunstbauten nicht attraktiv. Abhilfe will man mit dem Bau von Basistunneln schaffen, um dann den Güterverkehr auf die Bahn zu verlagern.

Trotz aller Streckenbauten sind die Alpen das größte Verkehrshindernis in Europa geblieben: Bergstraßen und Pässe bleiben wegen der Schneemassen,

Steinschlag und Lawinen, Erdrutsche oder Überschwemmungen viele Monate im Jahr gesperrt.

	im Jahr	pro Tag
auf der Brenner-Autobahn (Österreich)	2 268 000	6 214
am Gotthard-Straßentunnel (Schweiz)	963 000	2 638
am Fréjus-Straßentunnel (Frankreich)	790 000	2 164
zum Vergleich: Viernheimer Kreuz	3 170 390	8 686

3 Lkw-Anzahl auf den Transitrouten 2007

Brennerpass

– niedrigster Übergang über die Zentralalpen (1 379 m)

– erste Eisenbahnlinie über die Alpen 1867

– 1972 Eröffnung der ersten alpenquerenden, durchgehenden Autobahn

1 Ein Lkw-Fahrer muss Stationen in folgender Reihenfolge anfahren: München, Triest, Innsbruck, Mailand, Bern, Genf, Bozen, Wien. Nenne Tunnel und Pässe, die er dabei befährt.

2 Vergleiche die Bedeutung des Transitverkehrs für die Alpenbewohner früher und heute.

TERRA **ORIENTIERUNG**

Die Alpen sind nicht das einzige Hochgebirge der Erde. Auch auf den anderen Kontinenten sind große Gebirge mit hohen Gipfeln zu finden. Da aber die Alpen für uns das nächste Hochgebirge sind, ist es gut, wenn man sich hier etwas genauer orientieren kann.

Alpen und Hochgebirge der Erde

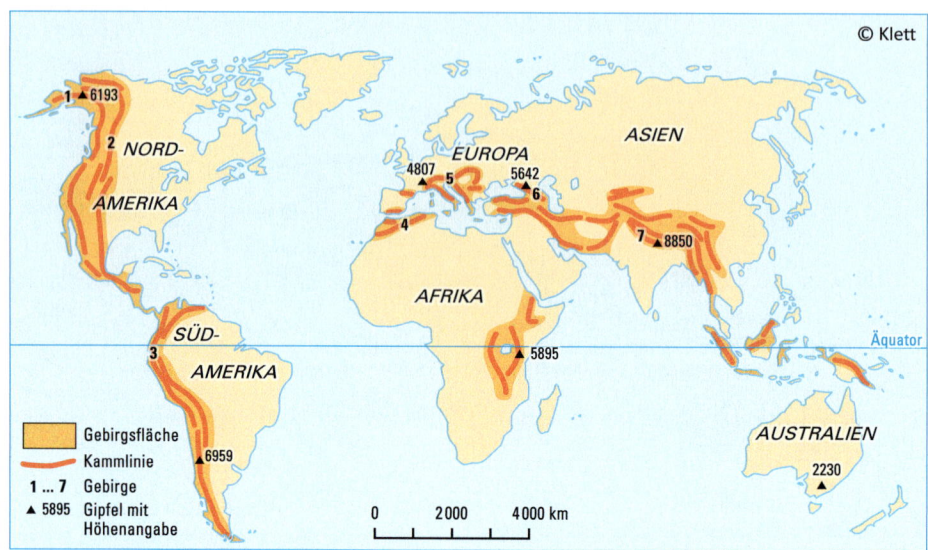

© Klett

▭	Gebirgsfläche
⌒	Kammlinie
1 ... 7	Gebirge
▲ 5895	Gipfel mit Höhenangabe

1 Hochgebirge der Erde

2 Mount Everest

3 Kilimandscharo

1 Arbeite mit den Karten 1 und 4 und benenne
a) die Hochgebirge 1 bis 7 (Karte 1),
b) die Staaten 1 bis 7,
c) die Städte 1 bis 14,
d) die Berge 1 bis 7,
e) die Flüsse und Seen a bis h,
f) die Pässe 1 bis 5.

2 Du hast für die Sommerferien mit deinen Eltern drei verschiedene Ziele im Süden zur Auswahl. Die Urlaubsorte liegen nahe bei Livorno, Rimini und Klagenfurt.
a) Nenne die Namen, unter denen diese Urlaubsregionen bekannt sind.
b) Bestimme jeweils die günstigste Reiseroute.

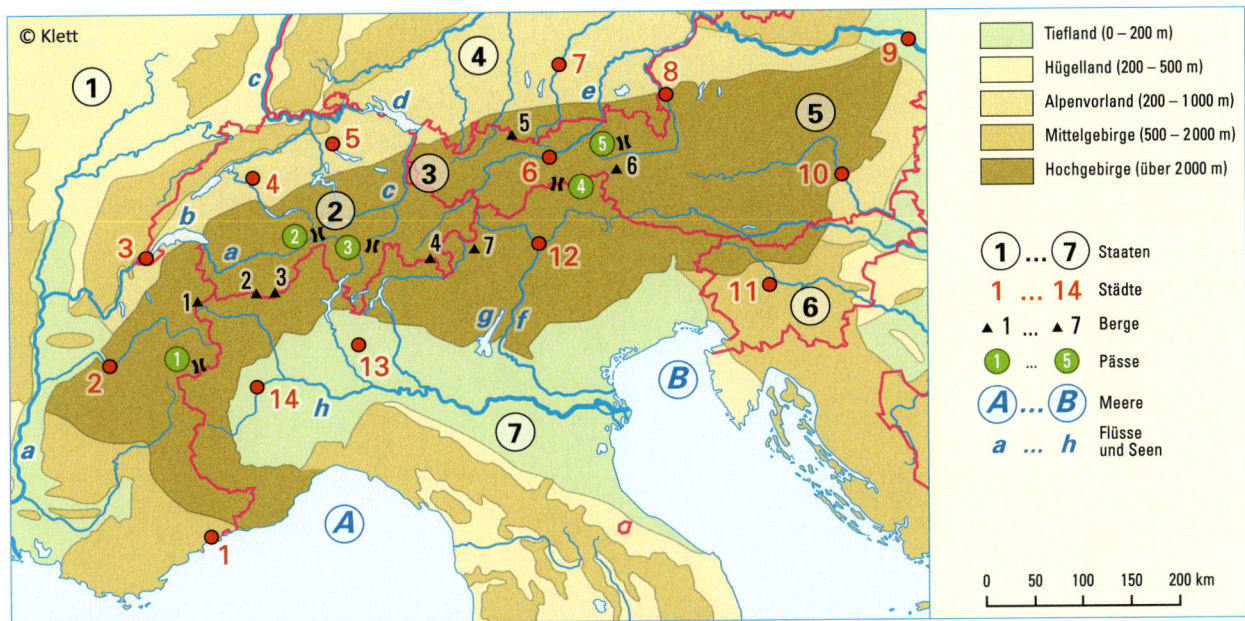

© Klett

	Tiefland (0 – 200 m)
	Hügelland (200 – 500 m)
	Alpenvorland (200 – 1 000 m)
	Mittelgebirge (500 – 2 000 m)
	Hochgebirge (über 2 000 m)

①...⑦ Staaten
1 ... 14 Städte
▲1 ... ▲7 Berge
① ... ⑤ Pässe
Ⓐ...Ⓑ Meere
a ... h Flüsse und Seen

0   50   100   150   200 km

4

5 Montblanc

6 Zams im Inntal

c) In welcher der drei Regionen würdest du am liebsten Urlaub machen? Informiere dich.

3 ▶ Bilde Paare: Was gehört jeweils zusammen?
Großglockner – Salzburg – Col de l'Iseran – Zugspitze – Glacier-Express – Wörthersee – Matterhorn – Deutschland – Zermatt – Schweiz – Festspiele – höchste Passstraße der Alpen – Österreich – Kärnten

4 ▶ Viele Firmen suchen sich für Werbezwecke die Alpen aus. Erläutere, welche Vorstellungen über die Alpen dabei zum Ausdruck kommen sollen.

6 TERRA **TRAINING**

Wichtige Begriffe

Bruchschollengebirge
endogene Kräfte
Erdaltzeit
Erdmittelzeit
Erdneuzeit
exogene Kräfte
Gletscher
Grabenbruch
Hochgebirge
Hochgebirgsklima
Höhenstufe
Lawine
Massentourismus
Mittelgebirge
Niederschlag
Steigungsregen
Talsperre
Transitverkehr
Vegetation

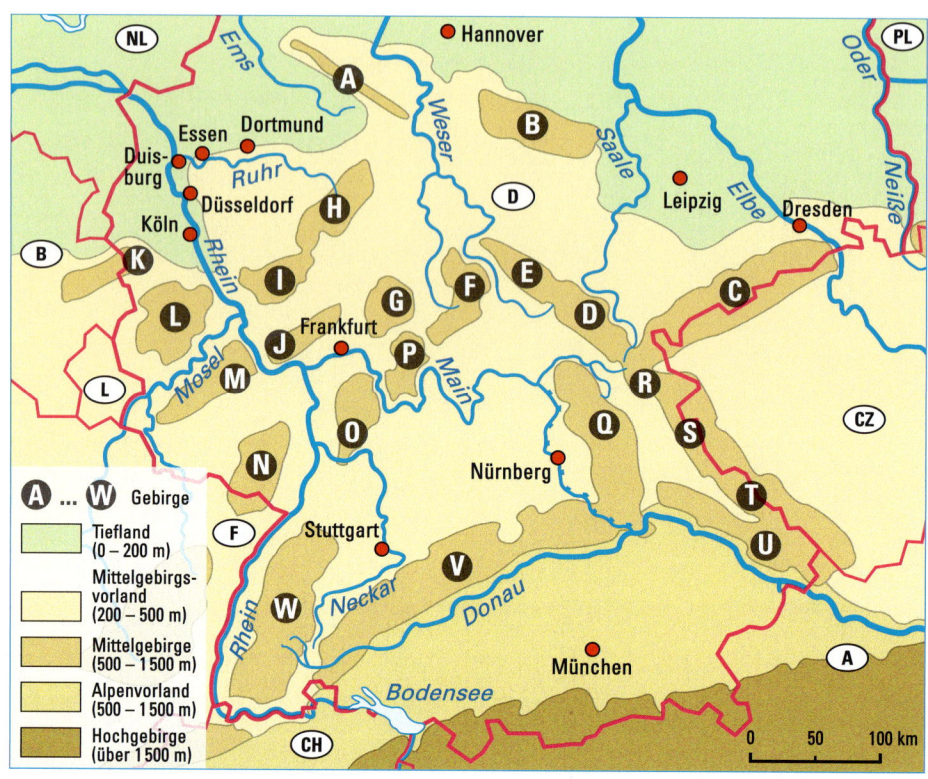

1

Sich orientieren

1 Mittelgebirge von A–W

a) Lege eine Liste an: Benenne mithilfe des Atlas die Gebirge A–W.

b) Wenn du die Buchstaben, mit
denen Fichtelgebirge, Teutoburger
Wald, Erzgebirge, Rothaargebirge,
Thüringer Wald und Eifel in der
Karte versehen sind, hinterein-
ander schreibst, erhältst du den
Namen eines Berges.
– Wie heißt der Berg (Großer ...)?
– Wie hoch ist er?
– Wie heißt das Mittelgebirge?

2 Wer kennt sich aus?

Arbeite mit deinem Atlas.

a) Benenne die Mittelgebirge, in denen folgende Flüsse entspringen:
Werra, Fulda, Donau, Spree.

b) Nenne die Alpenländer.

c) Benenne fünf Alpenpässe.

Wissen und verstehen

3 Richtig oder falsch?

Benutze auch den Atlas.

a) Schwäbische Alb und Fränkische
Alb sind Teile der Alpen.

b) Der höchste Berg der deutschen
Mittelgebirge ist über 1 500 m
hoch.

c) Die Grenze zu Tschechien bilden
mehrere Mittelgebirge.

2 A: Im Harz; B: In den Alpen

4 **Finde die Begriffe.**

a) Die Seite der Gebirge, die dem Wind zugewandt ist.

b) Ein technisches Bauwerk, das dem Hochwasserschutz dient und Wasserkraft in elektrische Energie umwandelt.

c) Das Gebiet, in dem der Gletscher entsteht.

d) Kräfte, die von außen auf die Erdoberfläche wirken.

5 **Die Höhenstufen der Vegetation verstehen**

Vervollständige. Beachte, manchmal sind mehrere Antworten möglich!

a) Mit zunehmender Höhe ... .

b) Die Vegetationszeit nennt man alle Tage mit Temperaturen über ... .

c) Gletscher findet man in der ... .

d) Fast nur noch Gräser, Flechten, Moose wachsen in der ... .

e) Laubbäume wachsen in ... .

f) Die Schneegrenze ist der Übergang von ... .

g) Landwirtschaftlich genutzt werden die ... .

Fachmethoden anwenden

6 **Bilder beschreiben und vergleichen**

Vergleiche die Fotos 2 unter Verwendung der Grafik 3. Beschreibe Unterschiede zwischen Mittelgebirgen und Hochgebirgen.

Beurteilen

7 **Beurteile die Aussagen.**

a) Gebirge können nur dann wachsen, wenn die endogenen Kräfte stärker sind als die exogenen.

b) Die Gletscher schmelzen weltweit – na und!?

c) Hochwasserkatastrophen sind Naturereignisse, die man nicht verhindern kann.

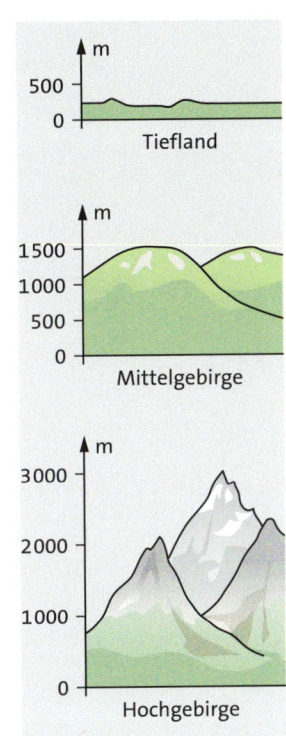

3

Teste dich selbst
mit den Aufgaben 1, 3 und 5.

Der Natur auf der Spur

Auch ihr könnt bei euch die Natur erkunden. Das Schöne dabei: Ihr könnt völlig selbstständig in kleinen Gruppen arbeiten, selbst Fragen stellen, die Antworten suchen und außerhalb der Schule lernen.

Auf den folgenden Seiten erfahrt ihr, wie ihr Forschungen in der Natur durchführen könnt.

Natur erleben

Das große Suchen
Sucht in der Natur nach den folgenden Dingen:

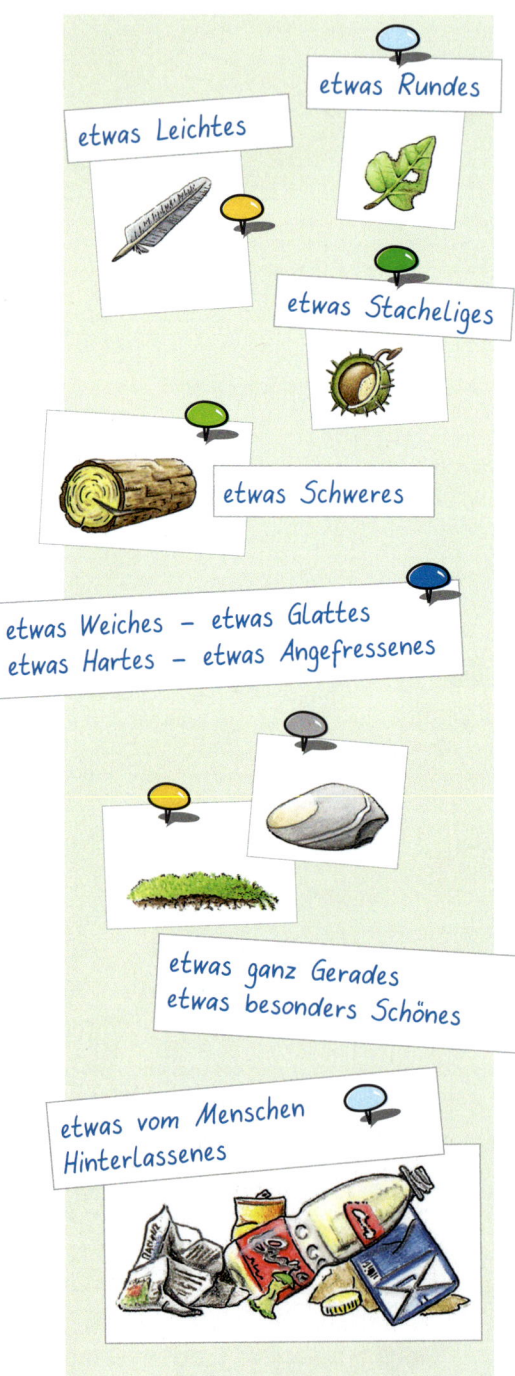

etwas Rundes

etwas Leichtes

etwas Stacheliges

etwas Schweres

etwas Weiches – etwas Glattes
etwas Hartes – etwas Angefressenes

etwas ganz Gerades
etwas besonders Schönes

etwas vom Menschen
Hinterlassenes

1

Bäume abtasten, riechen und wiederentdecken
Einem Schüler werden die Augen verbunden. Ein Zweiter führt ihn zu einem Baum und lässt diesen abtasten und riechen. Wenn der Schüler meint, dass er den Baum wiedererkennen kann, führt ihn der Partner vom Ort weg. Natürlich mit einem kleinen Umweg. Dann heißt es Augenbinde abnehmen und den Baum wiederfinden.

2 **Baum abtasten**

Mit verbundenen Augen hören
Lauscht mit verbundenen (!) Augen in einem Park, Wald oder auf einer Wiese etwa zwei Minuten allen Geräuschen. Was habt ihr alles gehört? Sprecht miteinander darüber.

Aus Steinen Türme bauen
Jeder bekommt drei Minuten Zeit und muss mit Steinen einen Turm bauen – alles unter 10 Zentimeter Höhe gilt nicht. Entscheidend ist die Anzahl der verbauten Steine.

3 **Turm aus Steinen**

Barfuß laufen

Zwei Schüler bereiten eine etwa 5 Meter lange Laufstrecke mit flach abgeschnittenen Pappkartons vor, die mit unterschiedlichen Naturmaterialien gefüllt sind, wie z. B. Gras, Erde, Moos, Sand, Rindenstücken, glatten Kieselsteinen. Mit verbundenen Augen werden alle anderen Schüler barfuß über die Strecke geleitet. Am Ende berichtet jeder, was er gefühlt hat.

Eine Tastlandschaft bauen

Jeder bringt gesammelte Naturgegenstände mit: z. B. Kieselsteine, Sand, Ton, Moos, Gras, Rinde, Holz, Farn, Felsstücke. In einer flachen Schachtel werden alle Gegenstände zu einer flachen Landschaft geordnet. Paarweise wird die „Landschaft" mit den Fingerspitzen abgetastet. Derjenige, der tastet, hat die Augen geschlossen und beschreibt, was seine Fingerkuppen fühlen.

7 **Mobile aus Naturmaterialien**

4 **Laufstrecke Naturmaterialien**

5 **Fühlkisten**

Eine Geräusche-Landkarte erstellen

Zeichnet auf ein Blatt Papier in der Mitte ein kleines Kreuz für euren eigenen Standort. Schon kann es losgehen, alle Geräusche werden entsprechend ihrem Herkunftsort festgehalten.

Riechen

Etwa fünf Minuten lang schnuppert jeder los und versucht möglichst viele Gerüche wahrzunehmen. Jeweils ein Schüler umschreibt, was er gerochen hat. Wer errät, welcher Geruch gemeint ist, darf als nächster riechen.

6 **Naturcollage als Zimmerschmuck**

1

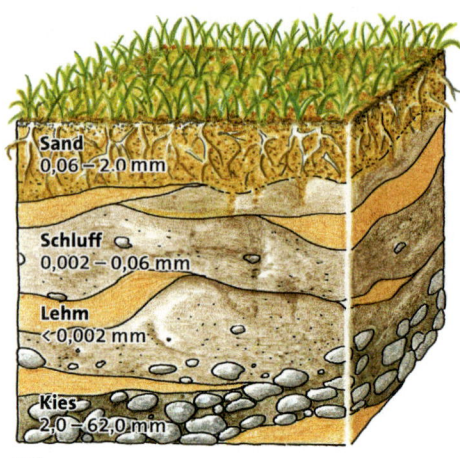

Sand
0,06 – 2,0 mm

Schluff
0,002 – 0,06 mm

Lehm
< 0,002 mm

Kies
2,0 – 62,0 mm

2

Boden untersuchen

Ohne Boden gäbe es kaum Leben auf der Erde. In ihm wurzeln die Pflanzen, von denen sich Menschen und Tiere ernähren. Diese oberste, lockere Schicht der Erdoberfläche steckt voller Geheimnisse, die du selbst entdecken kannst.

So zeichnest du ein Bodenprofil
Grabe ein 40 Zentimeter tiefes Loch in die Erde. Begradige eine Grubenlochseite und stelle einen Zollstock daran. Fertige nun maßstabsgetreu eine Zeichnung unterscheidbarer Bodenbereiche an, in die du Mächtigkeit der Schichten in Zentimeter, die Korngröße, Bodentiere usw. einträgst.

So entnimmst du eine Bodenprobe
Entnimm aus dem unteren, nicht mehr durchwurzelten Teil etwa ein bis zwei Esslöffel Erde. Achte darauf, dass die Probe keine Pflanzenteile und Wurzeln mehr enthält.

Boden ist ein Körnergemisch
Boden besteht aus einem Gemisch von Materialien mit unterschiedlichen Korngrößen: Ton, Schluff, Sand und Kies. Sind Schluff, Ton und Sand etwa zu gleichen Anteilen vertreten, liegt ein Lehmboden vor. In einem Tonboden überwiegen Körner unter 0,002 mm Korngröße.

Bodenart bestimmen
Material: Bodenprobe, etwas Wasser
Durchführung: Nimm einen Teil der Bodenprobe in die Hand, presse sie kurz zusammen. Öffne die Hand und beobachte:
Der Boden
– rieselt durch die Finger = Sand
– krümelt durch die Finger = lehmiger Sand
– bröckelt durch die Finger = sandiger Lehm
– formbar, zerbricht in der Hand = mittlerer Lehm
– formbar, einzelne Risse beim Zusammenbacken = toniger Lehm
– Boden zu Würsten formbar = Ton
Auswertung: Welche Korngrößen überwiegen in deiner Bodenprobe?

3

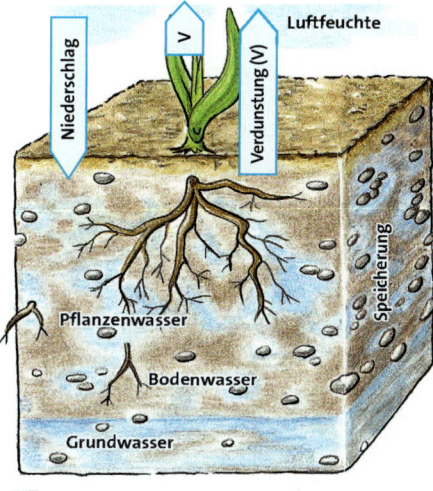

4

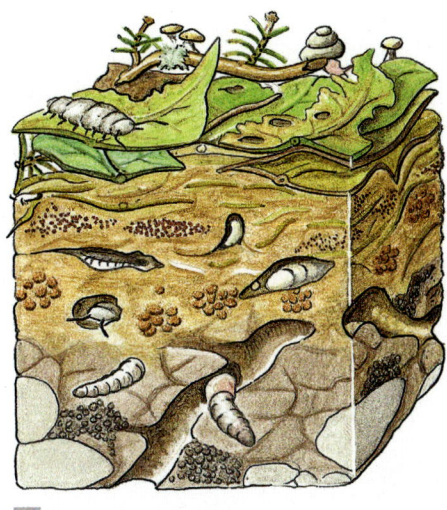

6

Kaum zu glauben

In den obersten 30 Zenti-
metern einer Bodenfläche
von 1 m x 1 m wurden fol-
gende Bodenlebewesen
gezählt: z. B.

200 Regenwürmer

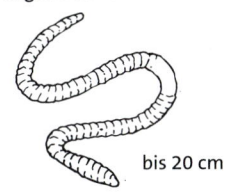

bis 20 cm

Boden ist Wasserspeicher

Boden speichert in feinen Poren Wasser und gibt es an die Pflanzenwurzeln
ab. Die Wassermenge, die ein Boden
aufnehmen kann, ist vor allem durch
die Größe und Anordnung der einzelnen Bestandteile (Korngrößen) des Bodens bestimmt.

Boden ist Lebensraum

In einer Hand voll Boden können mehr
Lebewesen enthalten sein als es Menschen auf der Erde gibt.

Dazu gehören insbesondere Kleinstlebewesen, sogenannte Bakterien, sowie Würmer, Käfer, Schnecken, Asseln,
Pilze, Algen, Spinnen und Larven.

150 Tausendfüßler u. Hundert-
füßler

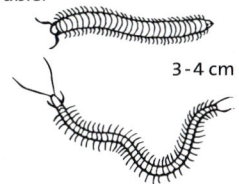

3 - 4 cm

50 Asseln

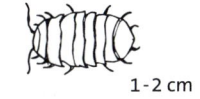

1 - 2 cm

Wasserspeichervermögen bestimmen

Material: jeweils 300 g lufttrockene
Bodenproben (Lehm, Sand- und Hu-
musboden), 3 Blumentöpfe, Becherglas, Messzylinder, Watte, Stoppuhr

Durchführung: Löcher in den Blumen-
töpfen mit Watte ab-
dichten, die Boden-
proben einfüllen, über
jede Probe genau
250 ml Wasser gießen
und die Zeit messen,
bis das erste Wasser ins Becherglas
läuft. Dann das durchgesickerte Wasser noch 2- bis 3-mal über die Proben
gießen und danach die Wassermenge
im Becherglas bestimmen.

Auswertung: Vergleiche die Messwerte und erkläre die Unterschiede.

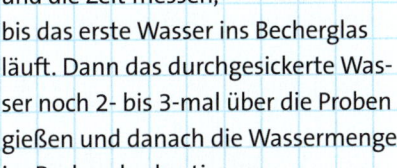

Bodentiere suchen

Material: ein großer Trichter, Küchen-
sieb, Becherglas, 100 W-Glühlampe
mit einem Ständer, Stereolupe, zwei
Bodenproben

Durchführung: Die Bodenprobe ca. 3 cm
hoch auf das Sieb im Trichter einfüllen,
das Becherglas unter die Trichteröffnung
stellen, den Trichter mit der Glühlampe
beleuchten, die lichtscheuen und tro-
ckenheitsempfindlichen Bodentiere im
Becherglas auffangen und
unter der Lupe sortieren
bzw. bestimmen.

Sieb mit Bodenprobe

Auswertung: Vergleiche
Anzahl und Artenvielzahl an
Bodentieren der zwei ver-
schiedenen Bodenproben.

100 000 Springschwänze

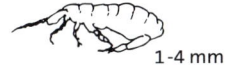

1 - 4 mm

1 000 000 Fadenwürmer

0,5 - 1,5 cm

und viele Millionen weitere
kleinste Lebewesen.

5

7

1 Haufenwolke

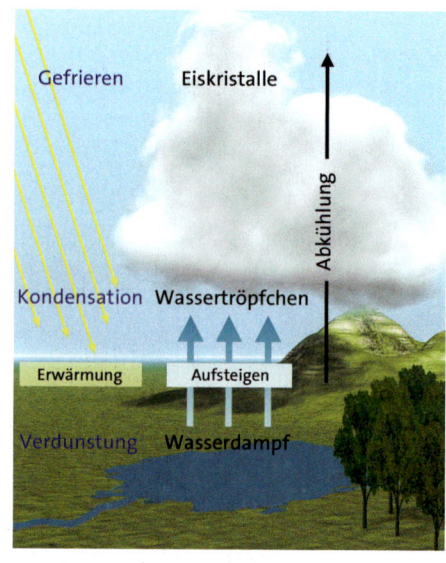

2 Wie eine Haufenwolke entsteht

Wetter beobachten und messen

Ob du morgens eine Jacke anziehen musst oder den Regenschirm nicht vergessen darfst, das liegt am Wetter. Es kann in Hannover bewölkt, stürmisch und regnerisch sein, während es gleichzeitig in Hamburg sonnig, trocken und windstill ist. Das Wetter wechselt häufig und ist oft unberechenbar.

Wolken beobachten

Gerade noch strahlend blauer Himmel, und plötzlich ist eine Wolke da. Dies ist ein sichtbares Zeichen, dass warme Luft mit unsichtbarem Wasserdampf vom Boden aufgestiegen ist. Wenn der Wasserdampf in der Höhe kondensiert, dann erscheint eine Wolke. In großer Höhe besteht diese aus Eiskristallen. Ob es bei Bewölkung regnet, nieselt oder schneit, hängt von der Größe der Wassertröpfchen oder Eisteilchen ab.

Die Wolke in der Flasche

Material: 1,5-Liter-Flasche aus Kunststoff (Getränkeflasche ohne Etikett), heißes Wasser, Beutel mit Eiswürfeln

Durchführung: Fülle das heiße Wasser in die Flasche und lasse diese etwa 5 Minuten stehen (das Wasser darf nicht zu heiß sein, weil dann die Flasche schmilzt). Gieße dann den Großteil des Wassers ab und lege den Beutel mit Eiswürfeln über die Öffnung.

Auswertung: Beobachte, wie sich im oberen Bereich der Flasche eine Wolke bildet und erkläre die Vorgänge.

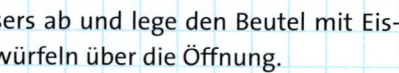

3

Nach dem Aussehen heißen die Wolken:
– Haufenwolke = Cumulus
– Schichtwolke = Stratus
– Federwolke = Cirrus (schleierförmig).

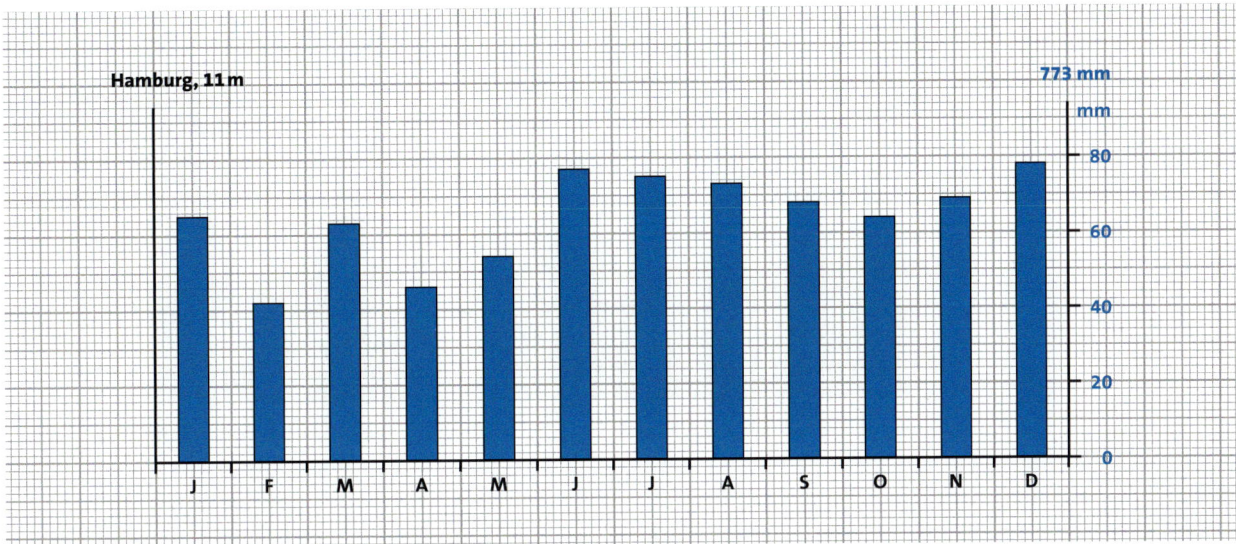

4 Monatsniederschläge in Hamburg

Niederschlag messen
Material:

mehrere Gefäße mit senkrechten Wänden und verschieden großen Öffnungen (z. B. Dosen, Becher, Gläser), Gießkanne

Durchführung:

Stelle die Gefäße neben- einander auf den Boden im Schulhof auf. Beregne mit einer Gießkanne alle Gefäße gleichmäßig.

Auswertung: Miss mit einem Line- al die Höhe des Was- serstandes in den einzelnen Behältern (= Bestimmung der Niederschlagshöhe).

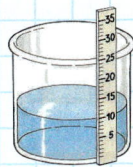

5

Niederschläge messen

In den Wetterstationen der Erde wer- den täglich die Niederschläge gemes- sen. Schnee wird vorher geschmolzen. Die Messgefäße haben eine Millimeter- einteilung. Liest man dort 5 Millimeter ab, so bedeutet das: Das Wasser stünde in der Umgebung der Messstelle über- all 5 Millimeter hoch. Natürlich nur, wenn das Wasser nicht abfließen, ver- sickern oder verdunsten würde.

Den Monats- und Jahresniederschlag berechnen

Die Niederschlagsmengen aller Tage eines Monats werden addiert. Die Sum- me ergibt den Monatsniederschlag. Durch Addition aller zwölf Monatsnie- derschläge ermittelt man dann den Jahresniederschlag.

Niederschlagsrekorde in Deutschland

größte gemessene monat- liche Niederschlagshöhe: 777 mm im Mai 1933 in Oberreute, Kreis Lindau (Bodensee).

größte gemessene Nieder- schlagsmenge innerhalb von 24 Stunden: 312 mm ab dem 12. August 2004 7 Uhr bis zum 13. August 7 Uhr in Zinnwald (Osterzgebirge).

---

1 Arbeite mit dem Diagramm 5:

a) Nenne den Monat mit den höchs- ten und geringsten Niederschlägen.

b) Beschreibe die Verteilung der Nie- derschläge im Jahresverlauf.

2 Miss täglich zur gleichen Zeit die Niederschläge wie in der Anleitung 6 und schreibe die Messwerte mit Datum auf.

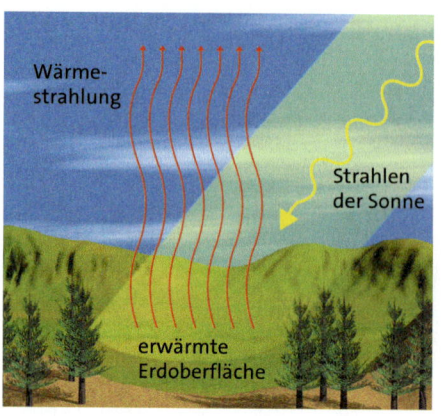

7 Wie die Luft erwärmt wird

8 Wetterwart liest die Temperatur ab

Die Lufttemperatur wird mit einem Thermometer gemessen.

Die Angabe in °C geht auf den schwedischen Astronomen Anders Celsius zurück. Er hatte 1742 eine Skala zwischen dem Gefrierpunkt des Wassers (0°) und dem Siedepunkt (100°) entwickelt.

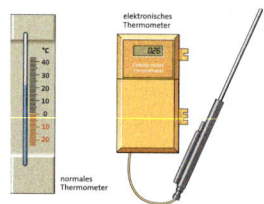

6 Thermometer

Die Lufttemperatur

Die Lufttemperatur beeinflusst in starkem Maße alle Wettervorgänge. Warme und kalte Luft entsteht jedoch nicht direkt durch die Sonnenstrahlung.

Die Lichtstrahlen der Sonne treffen auf die Erdoberfläche auf und werden dort in Wärmestrahlen umgewandelt. Erst die Wärmestrahlen, die von der Erdoberfläche ausgehen, erwärmen die Luft. In der Regel wird die Luft tagsüber vom heißen Boden erwärmt und nachts vom kalten Boden abgekühlt.

Mit Augen, Hand und Nase messen

Du siehst deinen Atem: Es ist höchstens 13°C warm.

Du drückst die Hand auf den Schnee. Bleibt der Schnee an der Hand, so liegt die Lufttemperatur unter 0°C; falls nicht, ist es wenigstens 0°C warm.

Deine Nasenflügel kleben zusammen, wenn du Luft durch die Nase einziehst: Dann ist es kälter als −6°C.

Kleben sie schon beim normalen Atmen zu, dann ist es −12°C oder kälter.

Die Lufttemperatur messen

Die Lufttemperatur darf nur im Schatten gemessen werden. Sonnenstrahlen, die direkt auf das Thermometer fallen, verfälschen das Messergebnis. Außerdem muss das Thermometer immer vor Nässe geschützt sein. Ein nasses Thermometer liefert meist zu niedrige Werte. Die Temperaturwerte liest man jeweils um 7, 14 und 21 Uhr vom Thermometer ab.

Wie die Temperaturen für den Wetterbericht gemessen werden

Jede Wetterstation hat eine Wetterhütte. Die Thermometer in der Hütte befinden sich 2 Meter über dem Erdboden, weil die Temperaturen von der Bodenbeschaffenheit beeinflusst werden. Diese Regel beachten alle Wetterstationen der Erde, damit die Messwerte miteinander vergleichbar sind. Zu den Messgeräten gehört auch ein Temperaturschreibgerät, das die Lufttemperatur in einer Kurvenlinie aufzeichnet. Jeden Tag lesen die Mitarbeiter mehrmals die gemessenen Werte ab. Es gibt auch automatisierte Stationen, die Messwerte per Funk zu einem Computer übertragen.

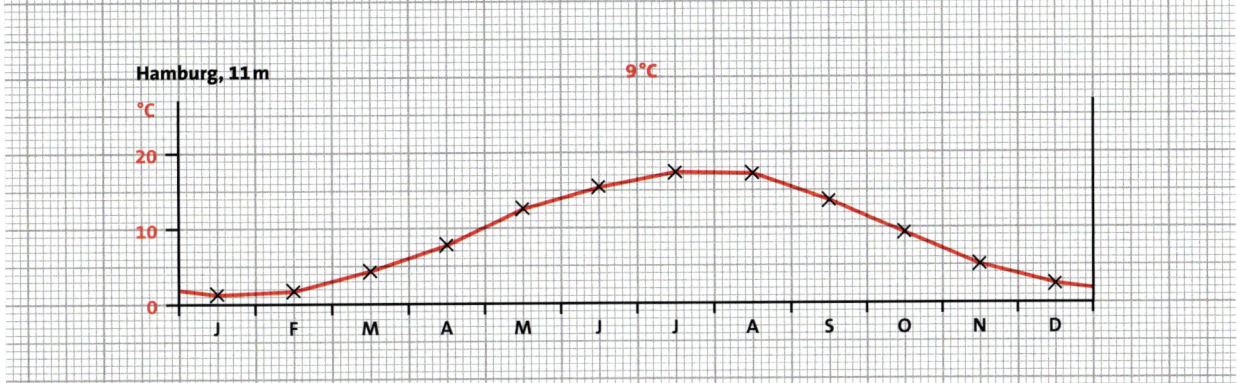

9 Monatsmitteltemperaturen in Hamburg

Die Tagesmitteltemperatur berechnen

Man addiert die Temperaturwerte für 7 Uhr und 14 Uhr sowie zweimal den Temperaturwert für 21 Uhr. Die Summe wird durch 4 geteilt:
18+30+22+22=92; 92:4=23.
Den Wert für 21 Uhr zählt man doppelt, weil man so der wirklichen Tagesmitteltemperatur am nächsten kommt.

Datum	7 Uhr	14 Uhr	21 Uhr	Tagesmittel-temperatur
14. Juli	18°C	30°C	22°C	23°C

10

Von der Tagesmitteltemperatur zu der Monatsmittel- und Jahrestemperatur

So wie ihr bei euren Zensuren den Durchschnitt ermittelt, kann man auch die Durchschnittstemperatur eines Monats oder Jahres berechnen. Wenn man die Tagesmitteltemperaturen eines Monats addiert und dann durch die Anzahl der Tage des Monats teilt, erhält man die Monatsmitteltemperatur.

Zur Berechnung der Jahrestemperatur zählt man alle Monatsmittel zusammen und teilt die Summe durch 12.

Aus dem Wetterlexikon

Frosttag: Die niedrigste Temperatur des Tages, das Temperaturminimum, liegt unter dem Gefrierpunkt (0°C), die höchste Temperatur aber über 0°C.

Eistag: Die höchste Temperatur des Tages, das Temperaturmaximum, liegt unter dem Gefrierpunkt 0°C, das heißt es herrscht durchgehender Frost.

Sommertag: Das Temperaturmaximum des Tages erreicht mindestens 25°C. Ein heißer Tag, früher auch als Tropentag bezeichnet, herrscht dann, wenn das Temperaturmaximum des Tages über 30°C liegt.

11

Temperaturrekorde in Deutschland

Die höchste Temperatur wurde am 27. Juli 1983 in Gärmersdorf bei Amberg (Oberpfalz) mit 40,2°C gemessen.

Die niedrigste Temperatur wurde mit −45,8°C am 25. Januar 2000 im Nationalpark „Berchtesgadener Land" aufgezeichnet.

3 Arbeite mit Diagramm 9:
a) Beschreibe den Verlauf der Monatsmitteltemperaturen in Hamburg.
b) Nenne den kältesten und wärmsten Monat.

4 Führe zu Hause selbst eine Temperaturmessung durch und ermittle die Tagesmitteltemperatur. Achte darauf, dass sich das Thermometer im Schatten befindet.

5 Erkläre mithilfe von Zeichnung 7, wie die Luft erwärmt wird.

145

Minerale
Die stofflich einheitlichen Körper der Erdkruste und kleinsten Bestandteile der Gesteine. So besteht Granit aus den Mineralien Feldspat, Quarz und Glimmer.

Glimmer

Quarz

Feldspat

1

Minerale mit bloßem Auge erkennbar

Minerale:
überwiegend gerundet und Schichtung erkennbar

Minerale:
überwiegend eckig und in einer Richtung angeordnet oder schiefrig

Minerale:
überwiegend eckig und richtungslos angeordnet

Ablagerungsgestein

Umwandlungsgestein

Tiefengestein

z.B. Sandstein

Farbe:
grauweiß-gelblich bis rötlich

Minerale:
sehr klein, gerundet und geschichtet; überwiegend Quarzkörner, die sich nur an einigen Stellen berühren

Alter:
100 Mio. Jahre und älter

z.B. Gneis

Farbe:
meist grau, weiß oder rötlich, Farbe in Streifen angeordnet

Minerale:
etwa wie beim Granit, aber gerichtet, streifig bzw. schiefrig angeordnet

Alter:
etwa 500 Mio. Jahre und älter

z.B. Granit

Farbe:
schwarzgrau bis rötlich gesprenkelt

Minerale:
eckig und mit dem bloßen Auge erkennbar, stoßen ohne Zwischenräume aneinander, fast gleich groß und regellos

Alter:
etwa 300 Mio. Jahre

2 Ausgewählte Erkennungsmerkmale von Gesteinen

Gesteine ordnen

Steine, an denen wir täglich vorbeigehen, können Interessantes erzählen. Sie wissen, wie es in den Tiefen der Erde aussieht und kennen Pflanzen und Tiere, die einst lebten.
Gesteine bestehen aus einem Mix unterschiedlicher Minerale. Die genaue Bestimmung von Gesteinen ist daher sehr schwierig und die Aufgabe von Geologen. Anhand sichtbarer Merkmale wie Minerale, Farbe und Festigkeit oder Größe und Anordnung ist es aber auch dir möglich, Gesteine zu ordnen. Gesteine werden nach ihrer Entstehung in Ablagerungsgesteine, Umwandlungsgesteine und Erstarrungsgesteine unterschieden. Letztere unterteilt man nochmals in Tiefengesteine und Ergussgesteine.

Gesteine sammeln und untersuchen
Auf einer Exkursion kannst du selbst als Hobbygeologe auftreten und Gesteine sammeln. Achte darauf, dass du

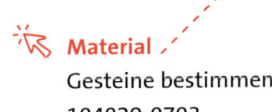

Minerale mit bloßem Auge kaum erkennbar	
bei großer Härte und Bruchfestigkeit	bei geringer Härte oder mit dem Fingernagel ritzbar
Ergussgestein	**Ablagerungsgestein**
z.B. Basalt	**z.B. Kalkstein**
Farbe: dunkelblaugrau bis schwarz	**Farbe:** grau, hell- bis weißgrau, aber auch rötlich oder grünlich bis schwarzgrau
Minerale: eckig, aber sehr klein und ohne Lupe kaum erkennbar	**Minerale:** mit bloßem Auge nicht erkennbar, sehr dicht, massig
Alter: etwa 50 Mio. Jahre	**Alter:** etwa 200 Mio. Jahre

Kaum zu glauben

Das bislang älteste Gestein der Erde wurde auf Grönland entdeckt und ist 3,8 Milliarden Jahre alt.

Achtung! Vor dem Sammeln nicht vergessen:
Mit dem Lehrer über das Verhalten im Gelände sprechen. Meist ist das Betreten von Steinbrüchen verboten und man muss eine Erlaubnis einholen. Bei der Arbeit mit dem Geologenhammer zum Schutz der Augen eine Schutzbrille tragen.

keine Steine vom Weg aufliest, da diese nicht von dort stammen könnten. Sammle Gesteinshandstücke auf dem Feld oder in einem Steinbruch. Sind keine Merkmale zu erkennen, so solltest du den Stein so gut wie möglich reinigen. Ist dies nicht ausreichend möglich, versuche den Stein zu spalten oder ein Stück abzuschlagen. Das Innere des Steines zeigt dir die unverfälschte Struktur deines Fundobjektes. Nun kannst du die sichtbaren Minerale untersuchen. Eine Zuordnung gelingt dir bestimmt mit den Informationen der Übersicht 2.

Eine Gesteinssammlung anlegen

– Je nach Festigkeit der Gesteine zu Hause die Stücke mit Seife, Wasser und Bürste reinigen.

– Für jede Probe ein Etikett mit folgenden Angaben schreiben: Gesteinsname, Gesteinsart, Fundort und Jahr.

– Zur übersichtlichen Aufbewahrung der Gesteine eignen sich am besten kleine Papp- oder Holzkästchen.

– Die Sammlung lässt sich nach verschiedenen Gesichtspunkten gliedern, z.B. nach der Art der Gesteinsentstehung.

3

Gewässer untersuchen

Du weißt bereits, dass fließendes Wasser das Relief einer Landschaft verändert. An Bächen oder kleineren Flüssen lässt sich die Arbeit des Wassers besonders gut beobachten.

Beispiele für Beobachtungen:
- Fließverhalten (ruhig, strömend, stürzend, Turbulenzen, Lage des Stromstrichs)
- Uferbeschaffenheit (Gleit- und Prallhang, Abbrüche, Unterschneidungen)
- Beschaffenheit der Ablagerungen im Flussbett (Rundungsgrad, Sortierung nach der Korngröße)
- Bachprofil (Neigung der Hänge, Höhenunterschiede, Breite der Bachsohle)

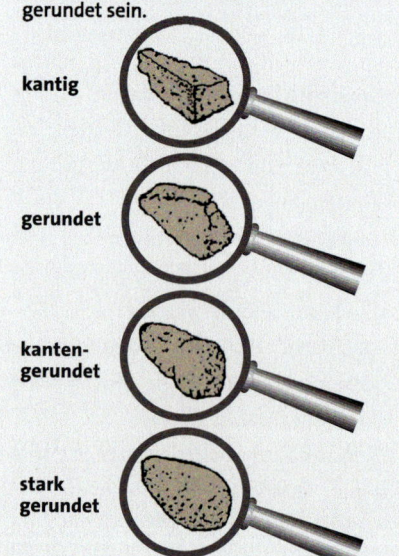

Den Rundungsgrad ermitteln:

Dazu **werden in der Regel 100 Steine** nach ihrer **Form bestimmt. Handelt** es sich um **Ablagerungen des Baches, müssen** über die **Hälfte der Steine kantengerundet und stark** gerundet sein.

kantig

gerundet

kantengerundet

stark gerundet

1

Naturnah oder naturfern?

Viele natürliche Bachläufe wurden früher begradigt, damit das Wasser rascher abfließen kann. Häufig betonierte man sogar die Bachsohle. Solche Bäche sind „naturfern", weil der Mensch den ursprünglichen Zustand stark verändert hat. Naturnah gelten dagegen Bäche, in denen die Natur nur etwas verändert wurde, z. B. durch das Beseitigen der ufernahen Vegetation.

Vielerorts macht man die Veränderungen am Bach wieder rückgängig. Diese Maßnahmen werden unter dem Fachbegriff Renaturierung zusammengefasst.

Experiment:
Fließgeschwindigkeit bestimmen
Material: Material als Ufermarkierung, ein Metermaß (Zollstock), schwimmfähige Holzstückchen, eine Stoppuhr
Durchführung: Messt am Ufer eine Strecke von 10 m ab und markiert Anfang und Ende der Strecke mit Steinen oder abgestorbenen Zweigen. Legt auf „Los" den schwimm-

fähigen Gegenstand ins Wasser und stoppt die Zeit, bis der Gegenstand das Ende der Strecke erreicht hat.
Auswertung: Nun wird die Fließgeschwindigkeit errechnet:
$10\,(m) : x\,(s) = ...\,(m/s)$.
Für x wird die gestoppte Sekundenzahl eingesetzt.

2

3 **Naturnaher Bach**

5 **Naturferner Bach**

Experiment: Wasser sortiert

Material: „Holzrutsche" etwa 120 bis 150 cm lang, Gießkanne, Holzkeil etwa 10 cm hoch, Sand und Erde mit Steinen

Durchführung: Baut mithilfe des Holzkeils eine Rutsche und schüttet Sand und Erde mit Steinen auf das obere Ende. Gießt vorsichtig Wasser über den Sandhaufen und beobachtet, was passiert.

Auswertung: Skizziere die „Holzrutsche" und notiere dann deine Beobachtungen. Erkläre das Ergebnis.

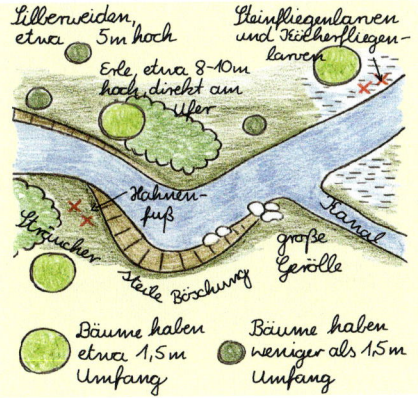

6 **Lageskizze Pflanzen am Bach**

Beobachtungsbogen

Standort:	Name:	Datum:
Name des Baches		
Breite		
Fließgeschwindigkeit		
Uferform		
Pflanzen u. Tiere am Ufer		
Gesamteindruck		

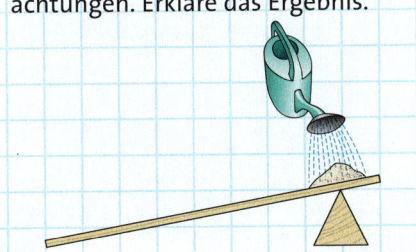

4

7

1 Fließgeschwindigkeit:

a) Miss die Fließgeschwindigkeit an verschiedenen Bachabschnitten.

b) Vergleiche die Ergebnisse und erklärt die unterschiedlichen Fließgeschwindigkeiten.

2 Erkunde in deinem Heimatgebiet zwei Bachläufe (Fotos 3, 5) und untersuche sie mithilfe des Beobachtungsbogens 7.

3 Fertige von einem Teilabschnitt dieser Bäche jeweils eine kleine Lageskizze an. Trage mit Symbolen und Farben die Pflanzen am Bachufer ein.

Anhang

In diesem Anhang findet ihr wertvolle
Hilfen für die selbstständige Arbeit im
Geographieunterricht.

151

Fläche: 357 021 km²
Bevölkerung (2010):
                 81 802 000 Einw:
Bevölkerungsdichte (2010):
                 230 Einw. je km²

Zu den 81 802 000 Einw. gehören auch rund 6 800 000 Ausländer, davon (2010):
1 629 000 Türken
916 000 Bürger aus dem ehemaligen Jugoslawien
518 000 Italiener
419 000 Polen
277 000 Griechen

Einwohnerzahlen der größten Städte (2010):
Berlin   3 461 000 Einw.
Hamburg   1 786 000 Einw.
München   1 353 000 Einw.
Köln   1 007 000 Einw.
Frankfurt am Main   680 000 Einw.
Stuttgart   607 000 Einw.
Düsseldorf   589 000 Einw.
Dortmund   580 000 Einw.
Essen   575 000 Einw.
Bremen   547 000 Einw.

Die größten Ballungsgebiete (Metropolregion) (2008):
Rhein-Ruhr   11,7 Mio. Einw.
Mitteldeutschland   6,9 Mio. Einw.
Berlin/Brandenburg   6,0 Mio. Einw.
München   5,6 Mio. Einw.
Frankfurt/Rhein-Main
                       5,5 Mio. Einw.
Stuttgart   5,3 Mio. Einw.
Hamburg   4,3 Mio. Einw.
Hannover/Braunschweig/
Göttingen/Wolfsburg
                       3,9 Mio. Einw.
Nürnberg   3,6 Mio. Einw.
Bremen-Oldenburg   2,7 Mio. Einw.

Die längsten Flüsse:
Rhein   865 km
                 (insgesamt 1 320 km)
Elbe   700 km
                 (insgesamt 1 165 km)
Donau   647 km
                 (insgesamt 2 858 km)
Main   524 km
Weser   440 km
Ems   371 km
Neckar   367 km
Mosel   242 km
                 (insgesamt 545 km)
Oder   162 km
                 (insgesamt 866 km)

Die größten Seen:
Bodensee   572 km²
Müritz   110 km²
Chiemsee   80 km²

Flächengröße der Länder:
Baden-Württemberg   35 751 km²
Bayern   70 548 km²
Berlin   890 km²
Brandenburg   29 477 km²
Bremen   404 km²
Hamburg   755 km²
Hessen   21 114 km²
Mecklenburg-Vorpommern
                    23 172 km²
Niedersachsen   47 614 km²
Nordrhein-Westfalen 34 080 km²
Rheinland-Pfalz   19 847 km²
Saarland   2 570 km²
Sachsen   18 413 km²
Sachsen-Anhalt   20 447 km²
Schleswig-Holstein 15 765 km²
Thüringen   16 172 km²

Die größten Inseln:
Rügen   930 km²
Usedom (deutscher Anteil)
                      373 km²
Fehmarn   185 km²

Europa in Zahlen

Fläche: 10 532 000 km²
Bevölkerung: 726 000 000 Einw.
(11,7 % der Erdbevölkerung)
Die Europäische Union zum Vergleich:
Fläche: 4 200 000 km²
Bevölkerung: 501 000 000 Einw.

Die flächengrößten Staaten

Russland (einschließlich asiatischer Teil)
   17 075 000 km² 145 500 000 Einw.
Ukraine
   604 000 km²   45 400 000 Einw.
Frankreich
   550 000 km²   64 700 000 Einw.
Spanien
   505 000 km²   46 000 000 Einw.
Schweden
   450 000 km²   9 300 000 Einw.
Deutschland
   357 000 km²   81 800 000 Einw.

Die größten Verdichtungsräume und Städte (Einwohner in Mio.)

	Verdichtungsraum	Stadt
Moskau	13,2	8,4
London	11,8	6,6
Istanbul	10,7	8,3
Paris	9,7	2,1
St. Petersburg	5,5	4,2
Berlin	4,2	3,4
Mailand	3,8	1,3
Madrid	5,1	3,0
Athen	3,1	0,8
Rhein-Ruhr	11,7	—

Die häufigsten Sprachen in Europa

Russisch	160 Mio. Menschen
Deutsch	94 Mio. Menschen
Französisch	60 Mio. Menschen
Englisch	60 Mio. Menschen
Italienisch	60 Mio. Menschen
Spanisch	42 Mio. Menschen

Die höchsten Berge

Alpen: Mont Blanc	4 807 m
Pyrenäen: Pico de Aneto	3 404 m
Ätna:	3 323 m
Apenninen: Gran Sasso	2 914 m
Karpaten: Gerlsdorfer Spitze	2 655 m
Dinarisches Gebirge: Durmitor	2 522 m
Skandinavisches Gebirge: Galdhøpiggen	2 489 m
Ural: Norodnaja	1 894 m

Die längsten Flüsse

Wolga	3 531 km
Donau	2 858 km
Ural	2 428 km
Dnipro	2 201 km

Die größten Seen

Ladogasee (Russland)	17 703 km²
Onegasee (Russland)	9 720 km²
Vänersee (Schweden)	5 585 km²

Die größten Inseln

Großbritannien	228 300 km²
Island	103 000 km²
Irland	84 500 km²
Spitzbergen (Norwegen)	39 000 km²
Sizilien (Italien)	25 400 km²
Sardinien (Italien)	23 300 km²
Zypern	9 300 km²
Korsika (Frankreich)	8 700 km²
Kreta (Griechenland)	8 300 km²

Die Angaben zu Europa beziehen sich auf das Jahr 2010.

Äquator: Längster → Breitenkreis (ca. 40 000 km), der die Erde in eine Nord- und eine Südhalbkugel teilt.
Atlas: Sammlung von Karten, die nach einem bestimmten System geordnet sind.

Ballungsgebiet: Wirtschaftsraum, der mindestens 100 km² groß ist und eine hohe Bevölkerungs- und Siedlungsdichte hat. Das Gebiet muss außerdem viele Industrie-, Gewerbe- und Dienstleistungsbetriebe sowie ein dichtes Verkehrsnetz aufweisen.
Binnenmeer: Meeresteil, der nur durch schmale Zugänge mit dem offenen Weltmeer verbunden ist.
Boden: Die an der Erdoberfläche anstehende Schicht aus zerkleinertem Gestein, die mit Wasser, Luft, Pflanzen und Tieren durchsetzt ist.
Börde: Niederdeutsche Bezeichnung für eine flache, baumarme Landschaft mit fruchtbaren → Böden, die sich auf → Lössablagerungen entwickelt haben.
Breitenkreis: → Gradnetz
Bruchschollengebirge: Eine Voraussetzung für die Entstehung ist, dass es durch tektonische Bewegung zum Zerbrechen der Erdkruste in Schollen kommt. Die Schollen werden dabei unterschiedlich herausgehoben oder abgesenkt.

Bundesland: Gebiet sehr unterschiedlicher Größe innerhalb Deutschlands, für das es eine eigene Verfassung, Parlament und Regierung gibt.

Deich: Künstlich aufgeschütteter Damm entlang von Meeresküsten oder Flussufern zum Schutz vor Überschwemmungen.
Dorf: Bezeichnung für eine ländliche Siedlung, die überwiegend durch die Landwirtschaft geprägt wird. Durch den Wandel zu Wohnorten und die Entwicklung des Tourismus ist jedoch die enge Bindung an die Landwirtschaft in vielen Dörfern zurückgegangen.

Ebbe: → Gezeiten
endogene Kräfte: Naturkräfte (z. B. Vulkanismus, Erdbeben), die aus dem Erdinnern wirken und hauptsächlich Großformen der Erdoberfläche hervorbringen.
Erdachse: Gedachte Linie, die durch Nordpol, Südpol und den Erdmittelpunkt verläuft und um die sich die Erde dreht.
Erdaltzeit: Ältestes der drei Erdzeitalter. Es umfasst den Zeitraum von ca. 542 Mio. Jahre bis ca. 251 Mio. Jahre vor heute.
Erdmittelzeit: Mittleres der drei Erdzeitalter. Es umfasst den Zeitraum von ca. 251 Mio. Jahren bis ca. 65,5 Mio. Jahren vor heute.

Erdneuzeit: Jüngste der drei Erdzeitalter. Der Beginn der Erdneuzeit wird vor etwa 65,5 Mio. Jahren angesetzt.
exogene Kräfte: Bezeichnung für alle Kräfte und Vorgänge, die von außen auf die Erdoberfläche einwirken und diese verändern, z. B. Meeresbrandung.

Flachküste: → Küstenform, die allmählich zum Meer abfällt.
Flut: → Gezeiten

Geographie: Wissenschaft, die sich mit der Beschaffenheit und Entwicklung der Erdoberfläche und den Einwirkungen des Menschen auf diese befasst.
Gezeiten: Das regelmäßige Steigen (Flut) und Fallen (Ebbe) des Wasserspiegels von Meeren. Der Wasserstand schwankt dabei zwischen Hochwasser und Niedrigwasser.
Gletscher: Eisstrom, der durch Anhäufung von Schnee und durch Druck entsteht und talabwärts fließt.
Globus (lateinisch = Kugel): Maßstabgerechtes und stark verkleinertes Modell (Abbild) der Erdkugel.
Grabenbruch: Oberflächenform in Gestalt eines riesigen „Tales", bei welcher ein längliches Stück der Erdkruste zwischen zwei parallel verlaufenden Verwerfungen abgesunken ist.

Gradnetz: Orientierungsnetz der Erde, das aus Linien besteht, die sich senkrecht schneiden. Die vom Nordpol zum Südpol verlaufenden Linien nennt man Meridiane oder Längenhalbkreise. Zwei gegenüber liegende Meridiane ergeben einen Längenkreis (z. B. Nullmeridian und 180. Meridian). Die parallel zum Äquator verlaufenden Linien heißen Breitenkreise.

Großlandschaft: → Landschaften mit großer Ausdehnung und gemeinsamen bzw. ähnlichen Merkmalen des Reliefs und der Höhenlage.

H

Hauptstadt: Hier befinden sich in der Regel die Regierung eines Staates und seine gewählte Volksvertretung sowie noch weitere Verwaltungseinrichtungen.

Hochgebirge: Bereiche der Erdoberfläche, die eine Höhe von über 1 500 m aufweisen.

Hochgebirgsklima: → Klima der Gebirgsbereiche oberhalb der Waldgrenze, das durch vergleichsweise niedrigere Jahresdurchschnittstemperaturen als in den benachbarten Tälern gekennzeichnet ist.

Höhenstufe: Die Abfolge unterschiedlicher → Vegetation mit zunehmender Höhe. Ursachen sind die mit der Höhe sinkenden Temperaturen und steigenden → Niederschläge.

K

Klima: Durchschnittlicher Wetterablauf über einen längeren Zeitraum an einem bestimmten Ort.

Kontinent: Große zusammenhängende Festlandmasse.

Konventionelle Landwirtschaft: Form der Landwirtschaft, bei der unter Einsatz von viel Technik, mit Düngemitteln und Schädlingsbekämpfungsmitteln möglichst hohe Erträge erzielt werden. Gegensatz: → Ökologische Landwirtschaft.

Küste: Grenzbereich zwischen Meer und Festland.

L

Landschaft: Teil der Erdoberfläche, der nach seinem äußeren Erscheinungsbild oder nach Merkmalen des geologischen Baus, Reliefs oder → Bodens abgegrenzt wird, z. B. Lüneburger Heide.

Landeshauptstadt: Jedes → Bundesland hat eine eigene Regierung. Der Sitz der Regierung ist zugleich die Hauptstadt des Bundeslandes, also die Landeshauptstadt.

Lawine: An den steilen Gebirgshängen rutschen oft große Massen an Schnee und Eis plötzlich ab. Lawinen entstehen, wenn die Schneedecke am Hang zu dick wird.

Legende: Erläuterung aller in einer Karte verwendeten Zeichen, Symbole, Abkürzungen und Farben.

Löss: Kalkhaltiges Lockergestein. In Mitteleuropa entstand er durch Windanwehung in den Kaltzeiten des Eiszeitalters. Auf dem Löss entwickeln sich fruchtbare → Böden.

M

Massentierhaltung: Eine Form der Tierhaltung mit sehr großen Stückzahlen auf engem Raum, die stark technisiert und rationell organisiert ist (z. B. Legebatterien).

Massentourismus: Form des Fremdenverkehrs, an dem eine große Anzahl von Touristen teilnimmt, z. B. Badeferien am Mittelmeer oder Wintersporturlaub in den Alpen.

Maßstab: Der Maßstab gibt an, wie stark eine Karte gegenüber der Wirklichkeit verkleinert ist.

Meridian (Längenhalbkreis): → Gradnetz

Mittelgebirge: Bereiche der Erdoberfläche mit Höhen von 500 bis 1500 Meter. Im Unterschied zum Hochgebirge sind die Gipfel nicht spitz, sondern gerundet.

N

Nacht: Der Wechsel von Tag und Nacht entsteht durch die → Rotation der Erde. Wegen dieser Drehung wird immer nur eine Hälfte der Erde beleuchtet, auf der dann Tag ist. Gleichzeitig ist es auf der anderen Seite dunkel: Nacht.

Nationalpark: Großräumiges Schutzgebiet, das wegen seiner Schönheit bzw. Einmaligkeit als besonders schützenswert gilt.

Niederschlag: Alle Formen von Wasser, die aus der Atmosphäre auf die Erde gelangen, zählen zum Niederschlag (Regen, Nebel, Tau, Schnee, Graupel, Hagel, Reif).

O

Öffentlicher Personennahverkehr (ÖPNV): Menschen, die nicht mit dem Auto oder dem Fahrrad kürzere Strecken innerhalb einer Stadt oder eines → Ballungsgebietes fahren, benutzen den Öffentlichen Personennahverkehr: z. B. Busse oder Bahnen.

Ökologische Landwirtschaft: Form der Landwirtschaft, die nach strengen Richtlinien ihre Produkte anbaut, u.a. ohne chemische Unkraut- oder Schädlingsbekämpfungsmittel.

Ozean: Bezeichnung für große zusammenhängende Wassermassen der Erde. Die Ozeane bilden mit ihren → Randmeeren das Weltmeer.

P

Pendler: Personen, die regelmäßig eine größere Entfernung zurücklegen müssen, um von ihrem Wohnort zu ihrem Arbeitsort (= Berufspendler), ihrer Schule (= Ausbildungspendler) oder einem Einkaufsort (= Einkaufspendler) zu gelangen.

primärer Sektor: → Wirtschaft

R

Randmeer: Meeresteil, der durch Inseln oder Halbinseln vom offenen Weltmeer abgetrennt ist, zum Beispiel die Nordsee.

Regierungsviertel: Der Bereich einer → Hauptstadt, in dem sich die Gebäude der Regierung finden. Neben diesen Regierungsgebäuden trifft man im Regierungsviertel häufig auch z.B. auf Zentralen von großen Unternehmen oder Fernsehsender, da für diese die Nähe zur Regierung sehr wichtig ist.

Rotation: Drehung der Erde um die → Erdachse, wodurch der Wechsel von → Tag und → Nacht bedingt ist.

S

Schrägluftbild: Foto, das schräg aus der Luft aufgenommen wurde. Man kann darauf noch Häuserfassaden, Bäume u.a. deutlich erkennen.

sekundärer Sektor:
→ Wirtschaft

Senkrechtluftbild: Foto, welches senkrecht aus der Luft aufgenommen wurde. Man kann darauf nur noch Grundrisse erkennen.

Stadt: Bezeichnung für Siedlungen die im Vergleich zum → Dorf eine höhere Einwohnerzahl, ein größeres Angebot an Arbeitsplätzen (außerhalb der Landwirtschaft) sowie eine dichte Bebauung aufweisen. Städte sind Verkehrszentren und versorgen ihr → Umland mit Gütern und Dienstleistungen.

Stadtplan: Stadtpläne gibt es meist im → Maßstab 1:10 000 oder 1:20 000. Es sind darauf die einzelnen Gebäude oder die bebauten Flächen im Grundriss eingezeichnet. Dazu sind die Straßen, wichtige Gebäude, Parkplätze und oft auch Buslinien eingetragen.

Standortfaktor: Alle Gründe und Bedingungen, die die Standortwahl eines Betriebes beeinflussen. Wichtige Standortfaktoren sind z.B. vorhandene Rohstoffe oder qualifizierte Arbeitskräfte.

Steigungsregen: Niederschläge, die an der Luv-Seite eines Gebirges entstehen, wenn feuchte Luftmassen gezwungen sind, am Gebirgsrand aufzusteigen. Beim Aufstieg kühlen sich die Luftmassen ab und der unsichtbare Wasserdampf kondensiert zu kleinen Wassertröpfchen. Sind die Wassertröpfchen groß genug, beginnt es zu regnen.

Steilküste: Küstenform, die steil zum Meer abfällt.

Strukturwandel: Starke Veränderung, die sowohl die Arbeitswelt als auch das Aussehen eines Gebiets oder einer Stadt betrifft.

T

Tag: → Nacht

Talsperre: Technische Anlage (Staudamm) zur Absperrung eines Flusstales. Durch das Aufstauen des Wassers entsteht ein Stausee. Eine Talsperre dient dem Hochwasserschutz, der Trinkwasserversorgung und oft auch der Umwandlung von Wasserkraft in elektrische Energie.

tertiärer Sektor: → Wirtschaft

Tiefland: Bereiche der Erdoberfläche, die sich von der Küste bis zu einer Höhe von 200 m erstrecken.

Transitverkehr: Personen- oder Güterverkehr durch ein Land, das weder Ausgangsort noch Zielort der Fahrt ist. So führt der Verkehr von Deutschland nach Italien durch die Transitländer Österreich, Schweiz oder Frankreich.

Umland: Allgemeine Bezeichnung für die Umgebung einer → Stadt, aus der die Menschen zur Arbeit, zum Einkaufen, zur Schule oder zur Unterhaltung in die Stadt fahren.

Vegetation: Gesamtheit der Pflanzen, die in einem Gebiet wachsen.

Verkehr: Die Bewegung von Personen, Gütern und Nachrichten zwischen verschiedenen Orten.

Verkehrsverbund: Ein Verkehrsverbund ist ein organisatorischer Zusammenschluss verschiedener Verkehrsträger (Bus, Bahn) in einer Region. In einem Verbundgebiet sind die Fahrpläne und Tarife aufeinander abgestimmt.

W

Wattenmeer: Der Bereich einer flachen Gezeitenküste, der bei Ebbe trocken fällt und bei Flut vom Meerwasser bedeckt ist. Den bei Niedrigwasser freigelegten Meeresboden bezeichnet man als Watt. Dieses ist durchzogen von Wasserläufen (Prielen).

Wirtschaft: Die Wirtschaft eines jeden Landes wird in drei große Bereiche oder auch Sektoren eingeteilt.
Primärer Sektor: Land- und Forstwirtschaft, Fischerei und Bergbau;
Sekundärer Sektor: produzierendes Gewerbe (Industrie und Handwerk);
Tertiärer Sektor: Dienstleistungen. Die Wirtschaftsbereiche Industrie und Dienstleistungen sind wiederum in unterschiedliche Zweige oder Branchen unterteilt, in denen ähnliche Produkte (z. B. Fahrzeuge) hergestellt oder Dienstleistungen (z. B. Bildung) angeboten werden.

Z

Zentraler Ort: Ein Ort, der für ein weites → Umland im Hinblick auf Arbeitsplätze, Einkaufsmöglichkeiten, Dienstleistungen und sonstige Angebote einen Mittelpunkt darstellt. Je nach Bedeutung und Ausstattung eines zentralen Ortes unterscheidet man Ober-, Mittel- und Unterzentren.

Bildquellennachweis

Cover AEROPLOT Jörg Umrath, Tübingen; **2.1** ddp images/AP Photo, Hamburg; **2.2** Klett-Archiv (Helmut Obermann, Ettlingen), Stuttgart; **2.3** Das Luftbild-Archiv, Wenningsen; **2.4** Klett-Archiv (Jens Joachim, Leipzig), Stuttgart; **3.5** Imago (Hans Blossey), Berlin; **3.6** Mauritius Images (K.W. Gruber), Mittenwald; **3.8** Klett-Archiv (Reiner Enkelmann, Filderstadt), Stuttgart; **5.m.l.** Klett-Archiv (Roland Hahn, Stuttgart), Stuttgart; **5.m.r.** Klett-Archiv (Dr. Egbert Brodengeier, Lichtenberg), Stuttgart; **5.o.r.** ddp images/AP Photo, Hamburg; **5.u.l.** Claas KGaA, Harsewinkel; **5.u.r.** Action Press GmbH, Hamburg; **7.o.l.** Getty Images (Eco Images), München; **7.o.m.** Imago (imagebroker/ puchinger), Berlin; **7.o.r.** Avenue Images GmbH (stock disc), Hamburg; **7.u.l.** Corbis (Rob Howard), Düsseldorf; **7.u.m.** shutterstock (Perkus), New York, NY; **7.u.r.** shutterstock (Dennis Donohue), New York, NY; **9.o.** Blees Verlag Inh. Erika Gerth, Düren; **9.u.l.** Klett-Archiv (Marion Rausch, Linsenhofen), Stuttgart; **9.u.m.** Klett-Archiv (Helmut Obermann, Ettlingen), Stuttgart; **9.u.r.** Klett-Archiv (Herbert Paul, Asperg), Stuttgart; **10.1** Klett-Archiv (Christian Porth, Frechen), Stuttgart; **13.2** Kartengrundlage: Katasterkarte Maßstab 1:5000; **14.2** Picture-Alliance (ZB/euroluftbild), Frankfurt; **14.3; 4** Landesbetrieb Geoinformation und Vermessung, Hamburg; **17.4** Datengrundlage: Hessische Verwaltung für Bodenmanagement und Geoinformation, Lizenznummer 2012-3-64; **17.5** Falk Verlag, D-73760 Ostfildern; **18.2** Klett-Archiv, Stuttgart; **19.4; 5; 6** Klett-Archiv, Stuttgart; **20.1** Corbis (Guravich), Düsseldorf; **21.5; 6; 7; 8** Klett-Archiv (Lothar Rother, Schwäbisch Gmünd), Stuttgart; **23.2** Klett-Archiv (Dr. Joachim Bierwirth, Bad Nauheim), Stuttgart; **23.3** Klett-Archiv (Mandy Görner, Oederan), Stuttgart; **24.1A** Mauritius Images, Mittenwald; **24.1B** Das Luftbild-Archiv, Wenningsen; **25.1C** Klett-Archiv (Reiner Enkelmann, Filderstadt), Stuttgart; **25.1D** Arco Images GmbH (Hütter), Lünen; **28.1** Das Luftbild-Archiv, Wenningsen; **28.2** Klett-Archiv (Patricia Neumann, Altenburg), Stuttgart; **28.3** Klett-Archiv (Rother, Schwäbisch Gmünd), Stuttgart; **30.2** Klett-Archiv, Stuttgart; **30.4** Klett-Archiv (Marion Rausch, Linsenhofen), Stuttgart; **31.6; 7** Klett-Archiv, Stuttgart; **32.1** Astrofoto (Bernd Koch), Sörth; **32.2** Klett-Archiv (Klett-Perthes), Stuttgart; **33.3** Astrofoto (Numazawa), Sörth; **33.4** Astrofoto, Sörth; **35.2** Bezirksregierung Köln, Bonn; **35.3** Klett-Archiv (Michael Geiger, Landau), Stuttgart; **37.1** Das Luftbild-Archiv, Wenningsen; **37.2** FOCUS (Urs Kluyver), Hamburg; **37.3** Bildagentur Huber, Fotoverlag (Bäck), Garmisch-Partenkirchen; **37.4** Klett-Archiv (Johannes Heil, Uslar), Stuttgart; **39.2** NASA, Washington, D.C.; **39.3A** Klett-Archiv (Lehmann (Berlin)), Stuttgart; **39.3B** Picture-Alliance (YPS collection), Frankfurt; **39.3C** LOOK Gmbh (Karl Johaentges), München; **39.3D** Okapia (Willi Rolfes), Frankfurt; **40.2** Klett-Archiv (Maik Jährig, Oderwitz), Stuttgart; **41.4** VISUM Foto GmbH (Aufwind-Luftbilder), Hamburg; **41.5** Klett-Archiv (Patricia Neumann, Altenburg), Stuttgart; **42.1** Klett-Archiv (Wilhelmi, Wackernheim), Stuttgart; **43.3** Klett-Archiv (Erich Puls, Husum), Stuttgart; **45.1** Klett-Archiv (Ralph Plamann, Sudershausen), Stuttgart; **45.3** Siemens Corporate Archives, München; **46.1; 46.2** Klett-Archiv (Maik Jährig, Oderwitz), Stuttgart; **47.3; 47.4** Klett-Archiv (Maik Jährig, Oderwitz), Stuttgart; **48.1** Mauritius Images (Edith Laue), Mittenwald; **48.2** Klett-Archiv (Christophersen (Marienaue)), Stuttgart; **48.3** Klett-Archiv (Gregor C. Falk, Berlin), Stuttgart; **49.4** Klett-Archiv (Klett-Perthes), Stuttgart; **52.1** Syltpicture (Maike Frenzel), Westerland; **53.3** Klaus Wernicke Tier- und Naturfotograf, Dagebüll; **59.2** TOPICMedia (Becker), Putzbrunn; **59.3** Wikimedia Deutschland (cc-by-sa-3.0 (Willow)), Berlin; **59.4** Picture-Alliance (Peter Zimmermann), Frankfurt; **60.1** Mohr, Walter, Wangen;

60.2 Fotolia LLC (kameramann), New York; **61.3** Klett-Archiv (Bittokleit), Stuttgart; **61.5** Landpixel, Göttingen; **62.1** Bayerische Landesanstalt für Landwirtschaft (LfL), Freising; **62.2** Klett-Archiv (Reiner Enkelmann, Filderstadt), Stuttgart; **64.4; 5** Klett-Archiv (Sebastian Pungel, Bonn), Stuttgart; **66.2** Logo, Stuttgart; **66.4** agrar-press (Ziechaus), St. Goar; **71.o.; 71.u.** Klett-Archiv (Jens Joachim, Leipzig), Stuttgart; **72.1; 2; 3** Klett-Archiv (Jens Joachim, Leipzig), Stuttgart; **73.5; 6; 7** Klett-Archiv (Jens Joachim, Leipzig), Stuttgart; **74.2** Klett-Archiv (Jens Joachim, Leipzig), Stuttgart; **75.7; 8; 9; 10** Klett-Archiv (Jens Joachim, Leipzig), Stuttgart; **76.1** © Landeshauptstadt Schwerin (Nr. 20/12-0001) Stand: 02.01.2012; **77.2** © Landeshauptstadt Schwerin (Nr. 20/12-0001) Stand: 02.01.2012; **78.1** Nahverkehr Schwerin GmbH, Schwerin; **79.4; 79.5; 6** Klett-Archiv (Jens Joachim, Leipzig), Stuttgart; **80.1; 2** HVV, Hamburg; **81.3; 5; 7** HVV, Hamburg; **83.1** Klett-Archiv (Eberhard Pyritz, Schloss Holte-Stukenbrock), Stuttgart; **84.2** Hülzer, Stefan, Köln; **84.1 o.l.** Klett-Archiv (Lothar Rother, Schwäbisch Gmünd), Stuttgart; **84.1 o.r.; 84.1 u.m.; 84.1 u.r.** Klett-Archiv (Marion Rausch, Linsenhofen), Stuttgart; **84.1 u.l.** Klett-Archiv (Rainer Kistermann, Berlin), Stuttgart; **85.1 o.** Klett-Archiv (Lothar Rother, Schwäbisch Gmünd), Stuttgart; **85.1 u.** Klett-Archiv (Rausch, Linsenhofen), Stuttgart; **86.1** luftbild-design.de (Kuttler & Schnieders), Düsseldorf; **86.2** Das Fotoarchiv, Essen; **87.3** Staatsbetrieb Geobasisinformation und Vermessung Sachsen (GeoSN); **89** Voigt, Corneel, Essen-Horst; **92.1** ThyssenKrupp Konzernarchiv, Duisburg; **93.2** CentrO, Oberhausen; **96.1** Klett-Archiv, Stuttgart; **97.2** BMW AG MediaPool, München; **101.9** Sartorius Konzern, Göttingen; **101.10** nach http://www.bio-m. org/_resources/dynamic/hauptbereich/bio_m_ publikationen/muenchner_biotechnologie_ report_2008_ihk_de.pdf; **102.2** metronome, Uelzen; **102.3** Lehnartz, Berlin; **102.4** Deutscher Bundestag, Berlin; **102.5** Wikimedia Deutschland (Georg Slickers), Berlin; **103.6** Das Fotoarchiv (Paas), Essen; **103.7** Picture-Alliance (dpa), Frankfurt; **103.8** Klett-Archiv (Bittokleit, Nischwitz), Stuttgart; **103.9** Lehnartz, Berlin; **104.1** Klett-Archiv (Robert Jansen, Aachen), Stuttgart; **104.2 l.; 104.2 r.** Imago (F. Berger), Berlin; **110.1** Fotolia LLC (Achim Thomae), New York; **111** Mauritius Images (K.W. Gruber), Mittenwald; **112.1** Mauritius Images, Mittenwald; **113.5** Klett-Archiv (Steffen Werner, Berlin), Stuttgart; **114.3** Klett-Archiv (Jost Schuster, Eschenbergen), Stuttgart; **114.4** Klett-Archiv (Marion Rausch, Linsenhofen), Stuttgart; **115.5** Klett-Archiv (Steffen Werner, Berlin), Stuttgart; **116.2** Klett-Archiv (Diana Jäckel, Erfurt), Stuttgart; **117.5** Picture-Alliance (Wolf), Frankfurt; **118.1** © MairDumont/Studio Berann-Vielkind, D-73760 Ostfildern; **118.3** WILDLIFE Bildagentur GmbH (Oxford), Hamburg; **118.4** Getty Images RF (Martial Colomb), München; **120.1; 2; 3** Klett-Archiv (Hermann Summer, Steventon), Stuttgart; **120.4** Klett-Archiv (Reiner Enkelmann, Filderstadt), Stuttgart; **122.1** blickwinkel (C. Wermter), Witten; **123.2** blickwinkel (C. Wermter), Witten; **124.1** Sammlung Gesellschaft für ökologische Forschung (Sylvia Hamberger), München; **125.4** Sammlung Gesellschaft für ökologische Forschung, München; **126.1** Ullstein Bild GmbH (Winfried Schäfer), Berlin; **127.2** Fotolia LLC (Éric Bargis), New York; **127.3** Klett-Archiv (Michael Geiger, Landau), Stuttgart; **130.1** Comet Photoshopping GmbH, Weisslingen; **132.2** WILDLIFE Bildagentur GmbH (Oxford), Hamburg; **132.3** FOCUS (Kluyver), Hamburg; **133.4** Klett-Archiv, Stuttgart; **133.5** Corbis (Busselle), Düsseldorf; **133.6** Mauritius Images (Mallaun), Mittenwald; **135.2 A** VISUM Foto GmbH, Hamburg; **135.2 B** Klett-Archiv (Reiner Enkelmann, Filderstadt), Stuttgart; **138.2** Klett-Archiv (Egbert Brodengeier, Lichtenberg), Stuttgart; **138.3** Klett-Archiv (Marion Rausch, Linsenhofen), Stuttgart; **139.5; 139.6** Klett-Archiv (Egbert Brodengeier, Lichtenberg), Stuttgart; **139.7** Klett-Archiv (Marion Rausch, Linsenhofen),

Stuttgart; **140.1** Waldemar Viehof, Niederkassel; **142.1** Klett-Archiv (Heinz Nolzen, Stegen), Stuttgart; **142.2** Klett-Archiv (Klett-Archiv), Stuttgart; **144.7** Feske, Klaus, Ammerbuch; **144.8** Klett-Archiv (Heinz Nolzen, Stegen), Stuttgart; **146.1** Klett-Archiv (Berthold Wiedersich, Meckenbeuren-Liebenau), Stuttgart; **146.2** Ulrike Medenbach, Witten (Granit), Jens Bickel, Altenburg (Sandstein), Marion Rausch, Linsenhofen (Gneis, Basalt, Kalkstein); **149.3** Klett-Archiv (Marion Rausch, Linsenhofen), Stuttgart; **149.5** Klett-Archiv (Maik Jährig, Oderwitz), Stuttgart; **150** Klett-Archiv (Reiner Enkelmann, Filderstadt), Stuttgart

Grafiknachweis

26.5 © Statistisches Bundesamt, Wiesbaden, 2012
66.3 Öko-Anbaufläche in der EU. Quelle: Zahlen, Daten, Fakten: Die Bio-Branche. Bund Ökologische Lebensmittelwirtschaft e.V., verschiedene Jahrgänge
72.4 Statistisches Informationssystem Online: Sozialversicherungspflichtig Beschäftigte (Arbeitsort) nach Wirtschaftsabschnitten (WZ2008), Daten; unter: http://sisonline.statistik.m-v.de/sachgebiete/A625406K_ Sozialversicherungspflichtig_Beschaeftigte_Arbeitsort_ nach_WirtschaftsabschnittenWZ2008 (Zugriff: 05.03.12)
98.1, 98.2 © Statistisches Amt für Hamburg und Schleswig-Holstein: Bruttoinlandsprodukt und Erwerbstätige 1995 bis 2010 in Hamburg und in Schleswig-Holstein
99.3 Statistisches Amt für Hamburg und Schleswig-Holstein: Statistik informiert ...: Tourismus in Hamburg, verschiedene Jahrgänge
99.4 Statistisches Amt für Hamburg und Schleswig-Holstein: Ankünfte, Übernachtungen und Aufenthaltsdauer der Gäste in Beherbergungsbetrieben (einschl. Camping) in Hamburg nach dem Herkunftsland

Tabellen

42.4 © 2012 Bundesamt für Seeschifffahrt und Hydrographie; unter www.bsh.de/de/Meeresdaten/ Vorhersagen/Gezeiten/index.jsp (Zugriff: 04/2012)
78.2 © Statistische Ämter des Bundes und der Länder, 2012: Regionaldatenbank Deutschland: Sozialversicherungspflichtig Beschäftigte am Arbeits- und Wohnort sowie Ein- und Auspendler über Gemeindegrenzen nach Geschlecht – Stichtag 30.06. – Gemeinden
85.4 © Statistisches Bundesamt, Wiesbaden 2011: Bevölkerung und Erwerbstätigkeit. Ausländische Bevölkerung 2010
91 MS Regionalverband Ruhr: Analysen und Statistik. unter: www.metropoleruhr.de/regionalverband-ruhr/ analysen-statistik.html (Zugriff: 05.03.12)
94.1 Regionalverband Ruhr: RVR: Sozialversicherungspflichtig beschäftigte Arbeitnehmer nach Wirtschaftsbereichen unter: www.metropoleruhr.de /regionalverband-ruhr/analysen-statistik/regionalstatistik/ erwerbstaetigkeit.html (Zugriff: 04/2012)
97.3 Arbeitsmarktstatistik der Bundesagentur für Arbeit (BA)
95.2, 98.2 © Statistisches Amt für Hamburg und Schleswig-Holstein: Bruttoinlandsprodukt und Erwerbstätige 1995 bis 2010 in Hamburg und in Schleswig-Holstein
107.3 Eurostat

Sollte es in einem Einzelfall nicht gelungen sein, den korrekten Rechteinhaber ausfindig zu machen, so werden berechtigte Ansprüche selbstverständlich im Rahmen der üblichen Regelungen abgegolten.

Teste dich selbst – Lösungen

Seiten 34 / 35

2

c) Anteil am Tiefland und am Mittelgebirgsland: Nordrhein-Westfalen, Niedersachsen, Sachsen-Anhalt und Sachsen. Anteil am Mittelgebirgsland und Alpenvorland: Baden-Württemberg und Bayern

5

Sydney: Australien; Tokyo: Asien; Seoul: Asien; Bali: Asien; London: Europa; Beijing (Peking): Asien; New York: Nordamerika; Paris: Europa

7

A = Breitenkreise;
B = Meridiane oder Längenhalbkreise;
C = Gradnetz;
D = Äquator;
E = Nullmeridian;
F = Nordpol;
G = Südpol;
H = Erdachse

Seiten 68 / 69

2

Meeresteile: Kieler Bucht, Helgoländer Bucht, Lübecker Bucht
Inseln, Halbinseln: Rügen, Usedom, Darß, Zingst, Fehmarn
Flüsse, Kanäle: Warnow, Nord-Ostsee-Kanal, Elbe, Weser, Ems
Städte: Greifswald, Stralsund, Kiel, Zingst, Rostock, Bremen, Wilhelmshaven, Hamburg, Lübeck, Emden

7

a) falsch: In der Ökologischen Landwirtschaft haben Tiere Freiraum zum Leben.
b) richtig
c) richtig
d) falsch: Roggen, Gerste und Weizen sind Getreidearten.

Seiten 86 / 87

1

a) Schwerin liegt als einzige Stadt in Mecklenburg-Vorpommern.
b) Bremerhaven ist keine Landeshauptstadt.
c) Neumünster liegt nicht an der Elbe.

2

a) Zentraler Ort
b) Pendler

Seiten 108 / 109

1

c) Berlin, Hamburg, Stuttgart, München

2

Standortfaktor: Alle Gründe und Bedingungen, die die Standortwahl eines Betriebes beeinflussen.

4

a) ca. 1/4 aller Beschäftigten ≈ 9 934 250 Beschäftigte

5

a) Ruhrgebiet; Halle / Leipzig; München

Seiten 134 /135

1

a) A-Teutoburger Wald, B-Harz, C-Erzgebirge, D-Frankenwald, E-Thüringer Wald, F-Rhön, G-Vogelsberg, H-Rothaargebirge, I-Westerwald, J-Taunus, K-Ardennen, L-Eifel, M-Hunsrück, N-Pfälzer Wald, O-Odenwald, P-Spessart, Q-Fränkische Alb, R-Fichtelgebirge, S-Oberpfälzer Wald, T-Böhmerwald, U-Bayerischer Wald, V-Schwäbische Alb, W-Schwarzwald

b) Großer Feldberg, 878 m, Taunus

3

a) falsch
b) falsch
c) richtig

5

a) Mit zunehmender Höhe:
– nimmt die Temperatur ab,
– nimmt die Wuchshöhe der Pflanzen ab,
– nimmt die Zahl der Schneefelder zu,
– nimmt die Vegetationszeit ab.
b) Vegetationszeit sind Tage mit Temperaturen über 5 °C.
c) Gletscher findet man in der Fels- und Eisstufe und auch in der Mattenstufe.
d) Fast nur noch Gräser, Flechten, Moose wachsen in der Mattenstufe.
e) Laubbäume wachsen in der Laub- und Mischwaldstufe, aber auch in der Obst- und Rebenstufe.
f) Die Schneegrenze ist der Übergang von der Mattenstufe zur Schnee- und Felsstufe.
g) Landwirtschaftlichen genutzt werden die Obst- und Rebenstufe und die Mattenstufe. Hier weiden vom Frühsommer bis in den Herbst Rinder.

8 Klimastationen in Europa

		J	F	M	A	M	J	J	A	S	O	N	D	Jahr
Athen, 107 m	°C	9,3	9,8	11,7	15,4	20,1	24,6	27,0	26,7	23,3	18,3	14,5	11,2	17,7
(Griechenland)	mm	44	48	42	29	18	10	3	4	12	50	51	66	377
Belgrad, 132 m	°C	0,4	2,6	7,1	12,2	17,3	20,1	21,6	21,2	17,5	12,4	7,2	2,3	11,8
(Serbien)	mm	49	44	51	59	70	91	66	53	52	41	56	58	690
Bergen, 36 m	°C	1,5	1,3	3,1	5,8	10,2	12,6	15,0	14,7	12,0	8,3	5,5	3,3	7,8
(Norwegen)	mm	179	139	109	140	83	126	141	167	228	236	207	203	1958
Berlin, 51 m	°C	0,5	1,2	4,6	8,7	13,9	16,6	18,4	17,8	13,6	9,1	4,4	1,8	9,2
(Deutschland)	mm	43	36	41	38	53	67	55	62	45	37	45	57	578
Budapest, 130 m	°C	−1,6	2,1	6,5	12,0	16,9	20,0	21,7	21,1	17,2	10,9	4,8	0,4	10,4
(Ungarn)	mm	32	39	35	42	62	69	45	56	39	34	52	40	518
Bukarest, 90 m	°C	−2,1	0,5	5,5	11,9	16,8	20,6	22,4	21,8	17,3	11,8	6,3	0,6	11,1
(Rumänien)	mm	47	39	42	48	78	73	57	52	43	47	54	48	628
Chur, 555 m	°C	−1,5	−0,1	4,3	8,0	12,7	15,4	16,9	16,4	13,5	8,6	3,4	−0,2	8,1
(Schweiz)	mm	41	36	44	43	61	79	111	108	70	62	50	51	755
Dresden, 226 m	°C	−0,7	0,4	3,9	8,1	13,3	16,5	18,0	17,7	14,2	9,8	4,4	1,0	8,9
(Deutschland)	mm	46	39	41	53	63	75	69	76	51	45	52	58	668
Hamburg, 11 m	°C	1,3	1,7	4,4	7,8	12,6	15,4	17,4	17,2	13,6	9,4	5,1	2,5	9,0
	mm	65	42	63	46	54	77	75	73	68	64	69	78	773
Helsinki, 56 m	°C	−6,9	−6,8	−2,9	2,9	9,9	14,9	16,6	15,0	10,0	5,4	0,1	−4,1	4,5
(Finnland)	mm	41	31	34	37	35	44	73	80	73	73	72	58	651
Kasan, 64 m	°C	−13,1	−11,5	−5,3	4,6	13,2	17,3	19,4	17,2	11,2	3,5	−3,2	−9,1	3,7
(Russland)	mm	33	28	26	36	37	70	69	67	46	47	46	37	542
Kiew, 179 m	°C	−5,3	−4,2	0,7	8,7	15,3	18,2	19,2	18,5	13,9	8,0	2,1	−2,2	7,8
(Ukraine)	mm	46	46	38	48	52	69	87	67	43	39	50	47	832
Lissabon, 95 m	°C	11,1	12,3	13,7	15,2	17,5	20,5	22,8	23,1	22,2	18,6	15,1	12,3	17,1
(Portugal)	mm	79	96	69	67	53	13	5	7	21	81	118	102	679
London, 62 m	°C	3,9	4,1	5,9	8,0	11,3	14,4	16,3	16,2	13,8	10,9	6,7	4,7	9,7
(Großbritannien)	mm	78	53	60	54	55	58	44	55	67	73	76	80	753
Lugano, 273 m	°C	2,5	3,6	6,8	10,9	15,3	18,5	20,3	19,8	16,5	11,7	6,8	3,0	11,3
(Schweiz)	mm	57	67	125	159	204	186	181	193	158	181	130	92	1733
Marseille, 36 m	°C	6,4	7,6	9,9	12,9	16,9	20,7	23,6	22,9	20,0	15,8	10,5	7,0	14,5
(Frankreich)	mm	46	54	43	46	42	28	14	27	47	78	57	52	534
Moskau, 156 m	°C	−9,3	−7,7	−2,2	5,8	12,9	16,6	18,1	16,4	10,9	5,0	−1,1	−6,1	5,0
(Russland)	mm	45	37	34	40	58	76	92	74	64	58	58	52	688
Palma de Mallorca, 8 m	°C	9,2	9,6	10,6	12,5	16,4	20,8	23,8	24,1	21,6	17,6	13,1	10,5	15,8
(Spanien)	mm	37	35	36	39	30	14	9	20	50	63	47	44	414
Prag, 374 m	°C	−2,4	−0,8	3,0	7,7	12,7	15,9	17,5	17,0	13,3	8,3	2,8	−0,6	7,8
(Tschechische Republik)	mm	23	23	28	38	77	73	66	70	40	30	32	26	526
Reykjavik, 61 m	°C	−0,5	0,4	0,5	2,9	6,3	9,1	10,6	10,3	7,4	4,4	1,2	−0,2	4,4
(Island)	mm	76	81	83	58	44	51	51	62	67	86	73	78	800
Sonnblick, 3105 m	°C	−11,7	−12,2	−10,9	−8,3	−3,3	−0,4	2,1	2,3	−0,6	−3,7	−8,3	−10,5	−5,5
(Österreich)	mm	128	110	152	159	139	146	164	148	117	120	145	145	1673
Tromsø, 10 m	°C	−4,0	−3,7	−2,2	0,7	4,9	9,3	11,7	10,9	6,8	2,9	−0,8	−3,0	2,8
(Norwegen)	mm	81	86	64	60	48	53	72	82	94	125	104	104	973
Warschau, 107 m	°C	−3,3	−2,0	2,0	7,8	13,4	16,6	17,9	17,3	13,2	8,3	3,2	−0,9	7,8
(Polen)	mm	22	21	28	32	59	72	67	63	43	38	42	32	519
Zugspitze, 2960 m	°C	−10,4	−10,9	−9,8	−7,6	−2,6	0,0	2,5	2,9	0,2	−2,5	−7,3	−9,1	−4,6
(Deutschland)	mm	175	148	202	195	155	188	187	163	128	113	182	189	2024